한국,
남자

* 이 도서의 국립중앙도서관 출판예정도서목록(CIP)은 서지정보유통지원시스템 홈페이지 (http://seoji.nl.go.kr)와 국가자료공동목록시스템(http://www.nl.go.kr/korisnet)에서 이용하실 수 있습니다. (CIP제어번호: CIP2018031704)

귀남이부터
군무새까지

그 곤란함의
사회사

한국,
남자

최태섭
지음

은행나무

차례

지금, 한국의 남자들

성재기와 남성 "연대"

2013년 어느 날 시민 단체인 '남성 연대'의 성재기 대표가 마포대교 난간에 위태롭게 섰다. 그가 다리 위에 서 있게 된 이유는 단체의 운영을 위한 후원금 모금을 요청하면서 던졌던 "성금으로 1억이 모이지 않으면 한강에 투신하겠다"라는 말을 실천하기 위해서였다. 그에게는 단체를 운영하면서 생긴 2억 원의 빚이 있었다. 그러나 그는 자신의 투신이 자살을 의미하는 것이 아니라 성금 모금 실패에 따른 퍼포먼스일 뿐이라고 주장했다. 해병대를 나와 수영을 잘하고 최소한의 안전 조치들을 해놨으며, 그날 저녁에 고기 파티를 벌이기로 했다는 것 등이 그가 제시했던 증거였다. 하지만 결국 나흘이 지난 뒤 강의 하류에서 그의 시신이 발견되며 퍼포먼스는 사망 사고로 끝이 나고 말았다.

그의 죽음을 정의하는 것은 매우 난처한 일이다. 사인死因부터 애매하다. 그가 생전에 주장한 바에 따르면 이것은 자살이 아니라 사고다. 하지만 장마로 불어난 한강 물에 별다른 조치 없이 맨몸으로 투신하면서 멀쩡할 수 있다고 판단했다는 것은 상식적으로 납득하기 어렵다. 의도적 자살이라고 보기는 어려울 수 있어도, 평범한 안전사고로 바라

보기도 어렵다.

하지만 더 곤란한 것은 이 죽음의 의미다. 그의 죽음은 어떤 의미를 갖고 있는가? 그는 개인 신변의 문제나 우발적인 사고로 사망한 것이 아니다. 생전에 그는 일련의 사회적 주장과 요구들을 꾸준히 해왔다. 그렇다면 그의 죽음에는 마땅히 그의 활동들과 연계된 의미가 부여되어야 할 것이다. 하지만 그가 내건 투신의 이유는 단체의 운영비가 모금되지 않았다는 사실이었기 때문에, 그가 평소 역설하던 더치페이나 남성 역차별 문제를 위해서였다고 말하기도 어렵다. 후일 발표된 남성 연대의 성명서에서는 이 퍼포먼스에 겉으로 드러나지 않은 주장(성매매 적발 시 구매자만을 처벌하는 내용의 성매매 특별법 개정안에 대한 반대)이 포괄적으로 포함되어 있다고 말했으나, 그의 죽음에는 그런 것이 하나도 드러나지 않았다. 그러므로 이 죽음이 어떤 의미를 갖는다면, 그것은 한강 투신의 위험성에 대한 환기 이상도 이하도 아니다.

성 대표의 사망 이후 그의 죽음을 추모하는 남성들이 온라인에 대거 나타났다. 생각해보면 그들이야말로 성 대표를 살릴 수 있었던 이들이다. 후원을 했다면, 또는 그의 '퍼포먼스'를 진심으로 말렸다면 그가 불귀의 객이 되는 것을 막을 수 있었을 것이다. 그러나 남성 연대를 향한 남성들의 '연대'는 그다지 끈끈하게 작동하지 않았다. 성 대표는 생전에 장난 후원에 대해 언급한 적이 있다. 2012년 즈음 일베 저장소 www.ilbe.com (이하 '일베')의 회원들이 남성 연대에 후원을 했다며 많게는 수백만 원의 송금 확인증을 인증하는 일이 있었는데, 그것이 대부분 장난이거나 조작이었다는 것이다. 심지어 성 대표의 사후에도 장례식장을 찾아가 조의금으로 500원이나 1000원을 낸 이들도 적지 않았다고 한다. 그의 주장에 동조하고 지지한다고 말하는 사람들의 수에 비해 실질적인 도움들은 매우 저조했던 것이다.

의리 없는 전쟁

한국 사회를 뒤덮고 있는 여성 혐오의 물결에 편승하고 싶어 하는 '관심 종자'들은 넘쳐나지만, 이들은 굳이 따지자면 '소모되고 버려지는' 존재에 가깝다. 온라인에서 관련 논쟁이나 싸움이 벌어지면 약방의 감초처럼 불려 나오는 것에 비해, 정작 세력화는 그다지 진전되고 있지 않다. 누군가가 여성 혐오적 발언이나 행동을 통해 주목을 받기 시작하면, 온라인에서는 그들에 대한 응원(물론 대부분은 실질적인 도움은 되지 않는)이 쇄도한다. 그러나 그들이 형사처벌 또는 소송 등의 이유로 위기에 처했을 때, 응원은 곧잘 조롱으로 뒤바뀐다. 그러니까 이런 식이다. 여성 혐오에 동조하는 남성들의 여론은 누군가가 주목을 받기 위해 나서면 그에게 관심을 주며 더 과격한 행동을 부추기다가, 그가 실제로 선을 넘고 처벌을 받으면 빠르게 '손절*'한다. 이들은 이런 행위를 부끄러워하지 않으며, 그것이 냉혹한 세상의 법칙이고 제때 손절하지 못한 이들이 잘못이라고 단정하곤 한다.

---

* 손해를 끊어버리는 매매인 손절매(損絶賣)의 줄임말로서, 손해를 보기 전에 거래, 투자, 관계 등을 단절한다는 뜻이다.

가장 큰 이유는 과격한 트롤링trolling을 통해 주목받기 경쟁을 벌이고자 하는 남성들의 대부분이 남성 사회의 중심으로부터 소외되어 있기 때문일 것이다. 남성 사회의 주류는 이런 구도에 별 관심이 없을 가능성이 크다. 그들이 모두 페미니스트여서가 아니라, 이미 유리하게 살고 있는데 굳이 이런 구질구질한 판에 끼어들 이유가 없기 때문이다. 그것이 계급적인 것이든, 혹은 남성성에 대한 경쟁에서 패배한 것이든, 연애와 섹스의 시장으로부터 배척당한 것이든 간에, 이 전쟁에 끼어드는 제1의 동인動因은 단연코 결핍이다. 나머지 침묵하는 다수는 그런 결핍된 남자들이 벌이는 쇼를 즐기고 그것이 만들어낸 이득들은 공유하되, 책임을 나누지는 않는다.

여전히 남자들의 중요한 덕목으로 의리를 말하곤 하지만, 이 성전性戰에 그런 것은 존재하지 않는다. 그리고 이 의리 없음이야말로 젠더 권력이 어디로 쏠려 있는지를 보여주는 증거다. 남자들은 굳이 나서서 연대할 필요가 없다. 굳이 남성의 인권을 소리 높여 외칠 필요도 없다. 가장 효과적인 대응 전략은 그저 가만히 있는 것이다. 모든 문제 제기와 평등에의 목소리를 뭉개면서 가만히 버티기만 하면 되는 것이다.

버튼 눌린 남자들

하지만 최근 가만히 있지 못하는 남자들의 수는 점점 늘고 있다. 2015년 등장했다가 사라졌으나 영원히 한국 남자의 마음속에서 살아가는 '메갈리아' 이후의 일이다. 메갈리아는 '여자도 사람이다'라는 급진적인 메시지를 넘어, '여자도 남자를 아프게 할 수 있다'라는 경천동지적인 메시지를 던졌다. 그동안 여성들에게 쏟아졌던 수많은 혐오 표현들을 반전한 '미러링'은 순백의 설원 같던 남자들의 마음에 거친 발자국을 남겼다.

마음껏 여성 혐오적 표현을 사용하던 남자들, 혹은 커뮤니티에 올라온 '김여사'나 '된장녀' 짤방을 보며 남의 일인 듯 히죽거리던 남자들은 그야말로 광분했다. 그 수많은 반격들 중에서 가장 핵심은 한국 남성의 성기 크기에 대한 것이다. 인터넷에서 흔히 찾을 수 있는 자료들에서는 한국 남자의 평균 성기 크기를 발기 전 6.9센티미터 발기 후 9.6센티미터라고 표기하고 있으며 1위 콩고(12/16cm)나 일본(8/13cm)보다 작은 것은 물론 인도(발기 후 10.02cm)보다 작은 최하위권으로 표시하고 있다.* 한국 남자의 작은 성기를 손동작으로 나타낸 메갈리아의 로고는 남자들로 하여금 비슷한 손동작만 봐도 신경질적인 반응을 보이게 하는 대상이 되었다.

---

* 9.6센티미터는 1999년 비뇨기과전문의인 손환철 박사가 발표한 「20대 한국 남성의 음경 크기와 그에 대한 자신의 인식에 대한 연구」(《Korean Journal of Urology》 제40권 제8호, 대한비뇨기과학회, 1999)에 대한 인용에서 비롯된 것이다. 이 연구는 국군진해병원에 입원한 군장병 156명(평균 연령 22.4세)을 대상으로 진행된 것인데, 결과 데이터 중 발기 전 길이가 6.9센티미터, 손으로 늘어뜨린 성기 길이(stretched length)에 해당하는 값이 9.6센티미터였고, 발기 후 길이는 10.8±1.3 센티미터로 측정되었다. 그런데 이후 2003년 동료 연구자들과 함께 해외 학술지에 게재한 논문에는 발기 후 길이가 빠져 있고 늘어뜨린 길이만 기록되어 있어서 이것이 한국 남성의 발기된 성기 길이로 해외에서 인용되기 시작했다는 것이 현재까지 알려진 바다.

다른 한편으로 이런 반응은 남자들 간의 경쟁에서뿐만 아니라, 여자들과의 경쟁에서도 패배하기 시작한 남성들이 증가하면서 심화되었다. 오늘날 남성들의 학력 저하는 전 세계적인 현상으로, 초·중·고·대를 막론하고 학교 현장에서 남자들은 뒤처지고 있다. 또한 제조업이 위기를 맞이하고 서비스업이 대두되는 산업구조의 변화는 특히 하층 계급의 남성들에게 불리하게 작용했다. 물론 여전히 소득이나 취업률을 비롯한 대부분의 경제적 지표들은 남성의 우위를 압도적으로 보여주고 있다. 그러나 남자들이 지금보다 더 나은 경제적 삶을 기대하기 힘들어진 것은 확실하며, 곳곳에서 추락의 징후들도 나타나고 있다. 그리고 이런 위협을 느끼고 있는 남성들은 사회적 약자들의 삶을 보호하기 위한 조치들을 자신에 대한 역차별로 인지하여 공격하고 있다.

물론 남성에게 더 강하게 적용되는 제약들이 존재하지 않는 것은 아니다. 생계 부양자가 되어야 한다는 압박은 그것이 얼마나 현실적으로 가능한지와는 상관없이 사회 대부분의 남성에게 작용하는 압력이다. 결혼을 해 정상 가족을 꾸리고 생계 부양자로서 경제활동을 하지 못하면 제대로 된 남자가 아니라는 식의 인식은 사회 전반에 퍼져 있으며, 강력하게 구속력을 행사한다. 반대로 그렇기 때문에 남성 가장을 가족의 '주인'으로 여기고, 구성원들을 비인격화하는 풍조 역시 성립하게 된다.

한국 사회 남성들의 오래되고 집단적인 트라우마인 군 복무의 경험 역시 남성들에게 제약으로 인식된다. 군 복무는 2년에 가까운 시간을 별다른 사회적 보상 없이 의무로서 허비해야 하는 시간이다. 그리고 이 과정에서 다양한 폭력과 위험에 노출되며, 특정한 관점과 의견을 강제적으로 받아들여야 한다. 이것은 분명 문제적이지만, 이에 대한 남성들의 불만이 주로 또래의 여성들을 향한다는 것 역시 문제적이다. 남성들이 병역의무에 대해 쏟아내는 주장을 종합하면 자신들의 병역은 분단 상황에서 어쩔 수 없는 일이지만, 그것은 자신에게 너무 큰 손해이자 상처였고, 그렇기 때문에 그것의 수고와 고통을 여성들이 알아주어야 하는데, 여성들은 오히려 자신들의 권리만을 요구하고 남성들을 위로해주지 않는다는 것이 불만이라는 식의 기괴한 전개가 된다. 재미있는 것은 여성들을 포함하여 많은 사회운동 주체들이 진행해온 징병제 개선 운동(혹은 모병제 전환 운동)이 남성 일반에게 인기를 끈 적이 별로 없다는 사실이다. 병영 인권화 조치에 대해 가장 많은 비난을 쏟아내는 집단은 다름 아닌 예비역들이다. 그래서 이 문제를 전향적으로 풀고자 하는 이들에게는 어떤 장단에 발을 맞춰야 할지 알 수 없는 엇박자의 상황이 이어지게 된다.

최근 무자비하게 일어나고 있는 사회경제적 삶의 전반적인 후퇴에 대한 남성들의 반응 역시 문제적이다. 그리고 남자들 역시 이 여파를 정면으로 마주하고 있으며, 양극화로 인해 이전과는 비교가 되지 않는 수준의 격차에 시달려야 한다는 것은 분명한 사회적 사실이다. 하지만 이런 여파는 사회적 약자들의 경우에 더 심각하게 다가오기 마련이다. 그리고 이성애자 남성이라는 지위는 적어도 젠더라는 범주에서는 언제나 주류의 지위를 차지한다. 물론 개개인의 위치는 젠더만이 만들어내는 것은 아니며, 계급이나 인종(지역), 장애 여부와 같은 다른 범주들과의 교차 속에서 정해진다. 그러므로 오로지 이성애자 남자이기 때문에 언제나 다른 젠더를 가진 사람들 위에 군림할 수 있는 것은 아니다. 그러나 각각의 범주는 그 시간과 장소에 따라서 그 영향력의 차이는 발생할 수 있을지언정, 스위치처럼 개별적으로 켜고 끌 수 있는 것은 아니다. 그러므로 이성애자 남자라는 젠더는 그가 빈곤하거나 유색인이거나 장애인일지라도 남성 지배의 지분을 일정 정도 공유하며, 각자의 상황에 따라 그것을 행사하게 된다. 이것이 특권이 되지 못하는 아주 소수의 공간들이 있지만, 거기에서 남자들이 느끼는 불편함이 남자가 아닌 이들이 세상을 살아가면서 느끼는 불편함에 비길 수 있는 바는 결코 아니다.

하지만 오늘날의 세계는 이런 조건들이 아무 의미 없으며, 모든 것이 개인의 노력에 달렸고, 누구나 성공할 수 있으며, 패배는 각자의 책임이라고 가르친다. 과거에는 윤리적인 영역에 속했던 정체성의 문제들이 이제는 이해득실의 영역으로 옮겨갔다. 사람들은 특권을 부끄러워하지 않으며, 다른 사람의 고통에는 관심이 없고, 내 손에 쥐어지지 않는 모든 것은 나에 대한 (역)차별로 인식하곤 한다. 오로지 내 눈앞의 풍경만이 진실이다. 그 속에서 남자들은 자기 연민과 정당성을 주조해낸다. 이 남자들은 기만자들이 아니라, 자기가 믿고자 하는 것을 믿고 있는 이들이다.

한(국) 남(자)의 기원과 현재

이 책이 다루고자 하는 것은 한국 남자라는 곤란한 존재들이다. 이 곤란함은 이중적이다. 한국 남자는 그 시작부터 현재에 이르기까지 단한 번도 이상적인 상을 현실로 구현해내지 못했다. 그리고 그 실패를 언제나 다른 사회적 약자들 특히나 여성의 탓으로 돌려왔다. 사회적으로는 폭력과 억압의 주체이고, 내적으로는 실패와 좌절에 파묻혀 있다.

1장에서는 오늘날 지구 곳곳에서 부상하고 있는 '남자 문제'를 살핀다. 남자는 오랜 시간 동안 인간이라는 종족의 기본이었기에 남자의 문제는 곧 인류의 문제로 다루어져왔다. 그러나 최근 아시아 및 동유럽에서 남성 과잉 인구와 학습, 경제활동에서의 남성들의 부진이 부각되면서 남자들이 그 자체로 문제시되는 새로운 경향이 나타나고 있다. 2장에서는 보편자로서의 남자가 아니라 개별자로서의 남자라는 존재에 대한 다양한 이론적/학문적인 검토들을 살펴본다. 이런 관점을 가능하게 만든 것은 페미니즘이라는 나머지 절반에 대한 이론이자 운동이다. 그러나 이 책에서 페미니즘에 대한 이야기들은 의도적으로 배제되었다. 그 이유는 이 책이 주제로 삼고 있는 남자라는 존재에 좀 더집중하기 위해서이기도 하고, 동시에 이미 존경받아 마땅한 수많은 페미니스트들의 의견이나 관점을 배울 수 있는 좋은 책들이 세상에 넘쳐나기 때문이다. 그럼에도 불구하고 이 책에 가장 많이 등장하는 의견들은 대부분 페미니스트들의 것이다. 남자들이 한가하게 사무실 물통이나 들먹이고 있던 시간에, 페미니스트들은 이 남자들과 그들의 지배를 공고히 하는 체제인 가부장제에 대해서 치열한 연구를 거듭해왔던 까닭이다. 3장에서는 한국 사회라는 특정한 사회에 집중하여 한국 남자의 기원과 역사를 다룬다. 오늘날 남자라는 존재에 따라붙고 있는 수많은 가치들이 불과 한 세기 전만 하더라도 매우 낯선 것이었음을 살펴볼 수 있을 것이다. 4장에서는 한국 남자가 변곡점을 맞이했던 1990년대의 풍경들을 다루면서, 변화의 욕망과 위기 담론들이 어떻게 한국 남자의 자기 연민만을 증대했는지를 살필 것이다. 마지막으로 5장에서는 2000년대 이후 벌어지고 있는 젠더 전쟁의 양상을 자세히 살피면서 그 논리와 문제점들을 규명해볼 것이다.

이런 작업들이 필요한 이유는 먼저 이해하기 위해서다. 이해는 타협을 위해서도 싸움을 위해서도 반드시 필요한 선행 과정이다. 이 과정에서 대상을 구성하는 핵심과 취약점들에 대한 인식이 얻어지기 때문이다. 사실 남자들은 생각보다 남자를 모른다. 그저 자기와 주변의 남자들이 살아가는 모습들의 파편으로 하나의 상을 그려낼 수 있을 뿐이다. 그러므로 이것은 남자로서의 자기 인식인 동시에 사회적 객관을 위한 고민의 산물이기도 하다.

개인적으로는 한국 남자로서 30대 중반이 된 나 자신이 처한 고민도 이 작업에 동기를 부여했다. 누군가를 억압하지 않으면서도 한 사람의 주체로, 또 타인과 연대하고 돌보는 자로 살아갈 수 있을 것인가라는 물음이다. 내가 생각하기에 남자라는 정체성을 사유하지 않고서 이 질문에 답하는 길은 없어 보인다. 이 책이 나에게도, 또 비슷한 고민을 하고 있는 다른 사람들에게도 하나의 실마리를 제공하기를 간절히 바란다.

1
문제적 남자
'귀남이'들이 불러온 위기

대를 잇는 아들

아주 오랜 시간 동안 인류는 '아들'을 낳기 위해 노력해왔다. 아버지가 중심이 되는 가부장제, 그리고 그 아버지의 뒤를 이어 가문을 존속하는 아들이라는 구도는 편차가 있을지언정 세계 곳곳에서 볼 수 있는 보편적인 양상이었다. 프리드리히 엥겔스의 유명한 글 《가족, 사유재산, 국가의 기원》은 이런 장자상속의 구도가 생긴 원인을 신석기시대 농업혁명을 통해 발생하기 시작한 잉여 생산물에서 찾는다. 수렵과 채집에 의존하던 때와 다르게 먹고도 남을 만큼의 식량을 생산하기 시작한 인류가, 이를 자신의 자손들에게 물려주어야겠다는 생각을 하게 되었다. 그러기 위해서는 누가 나의 자식인지가 명확해야 했고, 여자들보다 힘이 센 남자들이 기존의 난잡하고 평화로웠던 관계를 금지하고 여자들을 부자유스러운 생활로 몰아넣었다는 유명한 이야기다.

자신이 죽은 뒤에도 무언가가 남아 자신을 대신하길 바라는 추상적이고 초월적인 사고가 시작된 이래로, 수많은 것들이 생겨나고 사라져갔다. 공기 중에서 흩어져 사라지는 말 대신에 문자가 발명되고, 거대한 무덤, 신전, 성들이 세워지고, 국가와 법이 생겼다. 그 와중에 수많은 아들들이 태어났고, 아버지의 이름과 권위를 이어받았다.

왜 아들에게 이런 것들을 물려주게 되었는지에 대해서는 여러 가지 설명이 존재한다. 힘이 더 센 아들이 생존과 방어에 유리했기 때문이라는 식의 설명이 있고, 여자들을 종속적인 지위에 둔 남자들이 그 상태를 유지하길 원했다는 이야기도 있으며, 여자들은 아이를 낳고 돌보길 더 좋아했기 때문에 가문의 명예를 지키는 것은 남자들에게 넘겼다는 식의 설명도 있다. 사실 이 중 어떤 것도 오늘날까지 이어지는 '아들이 대를 잇는다'라는 인식에 대한 완전한 설명을 해주지는 못한다.

물론 역사상 아들들 대신에 대를 이었던 수많은 딸들도 존재한다. 일부에서는 모계를 따라서 상속되는 사회가 문명화와 가부장제의 거센 파도를 뚫고 존속되기도 했다. 그러나 대부분의 경우 딸들에게 기회가 주어지는 것은 대체로 아들이 없을 때나 죽은 뒤였다. 아들이 우선이긴 하지만 그보다도 같은 혈통인 것이 더 중요했던 문화들이 있었고, 그와 상관없이 무조건 아들이어야 하는 문화가 있었다. 알려진 한반도의 역사를 통틀어 여왕은 신분제도가 장자상속보다 더 중시되었던 신라에서 나온 세 명(선덕여왕, 진덕여왕, 진성여왕)이 전부였다. 재미있는 것은 이것이 중국이나 일본의 역사에 기록된 것보다는 많다는 사실이다. 물론 왕이 아니지만 실질적인 왕이었던 이들의 숫자는 이보다 좀 더 많은데, 이들은 대부분 권력욕에 폭주하는 희대의 '악녀'들로 역사에 남았다. 물론 이에 대한 기록과 평가는 모조리 남자들에 의한 것이었다는 사실은 굳이 말할 필요도 없을 것이다.

호주제와 여성의 재식민화

한반도에 존재했던 수많은 국가들 역시, 가부장제와 남아 선호의 긴 역사를 갖고 있다. 하지만 여기서는 오늘날 우리가 살고 있는 사회의 시발점인 대한민국의 건국으로 돌아가 보자.

대한민국이 건국된 이후 가족의 구성 요소를 결정한 것은 가족법이었다. 그리고 이 가족법 아래 호주제가 있었다. 국가기록원 자료에 따르면 「호주제」란 호주를 중심으로 가족 구성원들의 출생·혼인·사망 등의 신분 변동을 기록하는 것으로, 민법 제4편(친족편)에 의한 제도였다. (……) 호주 승계 순위가 아들-딸(미혼)-처-어머니-며느리 순으로 되어 있어, 가족 속에서 아들과 딸을 차별하는 모순을 법으로 정한 것이나 마찬가지였다". 요컨대 호주제는 국가에서 인정하는 공식적인 가족의 대표자가 부계를 중심으로 결정되도록 정하는 법이었다. 여성은 결혼 전에는 아버지의 호적에 있다가 결혼 후에는 남편의 호적으로, 남편이 죽으면 아들의 호적으로 옮겨 다녀야 했다. 이 제도 안에서 여성은 마치 남성의 사유재산처럼 다루어졌고, 아들 상속은 문자 그대로 법이 되었다.

여성 단체들은 이 법의 제정에 반대했지만, 호주제를 포함한 가족법은 민법에 안착하게 되었다. 이 과정을 일컬어 국문학 연구자 강지윤은 "남성에 의한 여성의 식민화-탈식민화-재식민화"라고 말한다. 남한 사회가 해방, 분단, 전쟁을 거쳐 새로운 민족국가를 건설하면서 '민족'의 정체성을 남성 중심으로 구축하였기에 여성은 젠더적 식민화를 다

시금 체험하게 되었다는 것이다.[*]

　가령 한국 사회는 건국 이후 미국의 헌법을 그대로 받아들임으로써, 서구의 많은 나라에서도 아직 주어지지 않았던 여성 투표권을 건국과 동시에 시행했다. 뿐만 아니라 그 이전인 식민지 시기에는 신여성으로 대표되는 기존의 전근대적이고 유교적인 성별 질서와 정조의 문제를 급진적으로 극복하려는 시도도 있었다. 그런데 이 호주제가 법제도 안에 안착함으로써 여성들은 다시금 남성 중심의 가족 질서 안으로 강제 편입되었을 뿐만 아니라, 자신의 호주인 남성을 경유하지 않고서는 공적인 것에 닿을 수 없게 되었다.

　물론 호주제에 대한 저항은 계속되어 폐지되기 이전에도 수차례의 개정이 이루어졌다. 1958년에는 결혼한 여자가 법률행위를 할 때 나이와 관계없이 남편의 허가를 받아야 했던 처의 무능력 제도와 아내의 재산도 남편이 마음대로 처분할 수 있었던 관리 공동제를 폐지하고 각각의 사유재산을 인정하는 부부별산제가 도입되었다. 1977년에는 남녀 모두 성인이 되면 부모의 동의 없이 혼인할 수 있게 되었고, 친권을 부모가 공동으로 행사하게 되었으며, 딸과 아들의 상속 몫이 같아졌다. 1990년에는 맏아들이라도 강제로 호주가 되지는 않게 했고, 친족의 범위를 양쪽 모두 평등하게 하였으며, 이혼한 배우자의 재산 분할 청구권이 신설되고, 이혼한 어머니도 친권자가 될 수 있게 되었다. 결국 2005년에는 수많은 여성 단체들의 각고의 노력 끝에 호주

---

[*]　강지윤, 「원한과 내면─탈식민 주체와 젠더 역학의 불안들」, 〈상허학보〉 제50집, 상허학회, 2017, 25~26쪽

제도가 폐지되었다.

이 역사를 보자면 새로운 대한민국은 여성에게 있어 현대 국가에서 가장 기본적인 권리라고 할 수 있는 법적으로 독립된 개인이자, 사유재산의 소유자이자, 자신의 의사에 따라 결혼과 이혼을 할 수 있는 결정권자이자, 자신이 낳은 아이의 친권자가 되는 일들을 금지했었다는 사실을 알 수 있다. 호주제와 함께 폐지된 재혼 금지 기간 제도는 혹시라도 아이가 태어났을 때 그 아이의 친부가 누구인지 명확하게 하기 위해 여성에게 6개월의 결혼 금지 기간을 두었던 제도다. 이쯤 되면 국가가 생각하는 여성의 '용도'가 너무 투명해서 부끄러워질 지경이다.

'귀남이'들

이렇듯 고고한 남아 선호의 역사 아래, 아들을 낳아야 한다는 것은 한국 사회의 여성들에게 거대한 압박이었다. 아들을 낳게 해주는 정체불명의 한약, 만지면 아들을 낳게 해준다는 전국 곳곳의 남근 모양의 사물들, 용한 점집, 절, 교회에서 이어지는 기도와 헌금, 심지어는 섹스 체위에 이르기까지. 한 산부인과의 홈페이지에는 "왕자를 낳기 위한 임신법"이라는 이름의 조언들이 올라와 있는데, 대략적인 골자는 질을 알칼리성으로 만들어야 Y염색체를 가진 정자가 더 잘 살아남기 때문에 섹스 전 여성의 질을 소다수로 씻고 알칼리성 식품을 많이 먹으라는 등의 이야기다. 여성 질의 산도는 세균의 증식을 예방하는 것으로 균형이 무너질 경우 질병에 취약해짐에도 불구하고, 근거 없는 정보를 다른 곳도 아닌 병원의 홈페이지에서 게시하고 있는 것이다. 하지만 여전히 이와 비슷한 게시글들이 수많은 커뮤니티에서 재생산되고 있다.

1992년 10월부터 MBC에서 7개월간 방영되었던 드라마 〈아들과 딸〉은 최고 시청률 61.1퍼센트를 달성하며 역대 드라마 시청률 7위에 랭크된 인기 드라마였다. 이란성 쌍둥이인 귀남과 후남의 생애를 따라가며 1970년대의 남아 선호를 현실성 넘치게 표현해 인기가 높았다. 가족을 돌보지 않는 한량 아버지와, 아들인 귀남에게 온 애정과 기대를 쏟아내는 반면 똑똑하고 재능 있는 후남을 못마땅해하는 어머니가 등장한다. 후남은 귀남의 학비를 대기 위해 자신의 꿈과 재능을 버리고 취직을 하고, 귀남은 법관이 되라는 부모님의 기대에 부응하지 못한 채 결혼하여 은행에 취직한다. 큰딸과 막내딸을 포함해 1남 3녀를 둔 이 가정에서 모든 지원과 애정은 유일한 아들인 귀남에게 쏟아진다.

이 드라마의 시청률은 후남의 상황에 따라서 달라졌다. 후남이 가족 안에서 온갖 차별에 시달리고 있을 때의 시청률은 30~40퍼센트를 오가다가, 후남이 자신의 인생을 찾기 위해 노력하고 훌륭한 배우자를 만나 꿈을 이루는 부분에서는 시청률이 50~60퍼센트대로 치솟았다. 단지 아들을 낳기 위해서 '낳아진' 수많은 누나들과, 밥상머리에서부터 시작되어 성인이 돼서도 이어지는 차별 대우 같은 것이 일상적이던 시대를 살아온 이들의 울분과 공감이 그 이유일 터다.

하지만 이제는 그런 차별 대우가 없다고 말할 수 있을까? 2013년에

레진코믹스 www.lezhin.com 에서 연재된 웹툰 〈단지〉는 1980년대생인 작가가 오빠와 남동생이 있는 집의 둘째 딸로 태어나 받아야 했던 차별과 폭력을 다루고 있다. 작가는 자신이 겪은 일들을 각색 없이 그렸는데, 작품에는 크고 작은 차별부터 심각한 폭력까지 모두 적나라하게 드러나 있었다. 비슷한 또래의 남자 형제가 있는 여성들 중에는 이 내용에 공감하는 이들이 많았다. 반면 이 만화에 대한 논란도 그만큼 거셌다.

〈단지〉에 대한 비난은 크게 세 가지로 정리할 수 있다. 작가가 자신의 가족을 욕하고 있다는 것, 개인의 사례를 전체의 일인 것처럼 일반화하고 있다는 것, 그 정도로 고통스러웠다면 작가가 가족과의 단절을 선언하고 독립을 했어야 한다는 것이다. 하지만 이 세 가지가 다 아무런 의미 없는 말들이라는 것은 쉽게 알 수 있다. 자신에게 상처를 입힌 것이 가족이고, 도움은커녕 자연재해와 같은 위치를 맡고 있는 이들의 명예를 피해자인 작가가 지켜야 할 의무 같은 것은 없기 때문이다. 이 작품에 일반화가 있었다면 그것은 작가가 아니라 작가의 경험에 공감하는 수많은 '딸'들에 의해서 일어난 일이고, 이것은 비록 정확한 조사만큼은 아니겠지만 무언가를 일반화할 수 있는 일반적인 과정 중에 하나다. 가족으로부터 왜 미리 떠나지 않았느냐는 주장은 무책임한 이야기다. 어린 시절부터 학대에 가까운 대접을 받으며 자란 이들이 어느 날 갑자기 모든 것을 훌훌 털어버리고 가족과 단절할 수 있다는 것은, 왕따는 '의지의 차이'라고 말하는 것과 비슷한 이야기다. 결국 '논란'이라고 명명되었지만, 만화 자체에서 연유된 논란은 하나도 없고, 이 만화를 불편해하는 이들이 갖다 붙인 이유들이다. 그렇다면 남는 것은 '왜 이 만화가 불편한가?'라는 질문이다. 물론 이런 폭력과 학대의 기록을 편하게만 볼 수는 없다. 하지만 그것에 대한 비난은 자신도 비슷한 무언가에 연루되어 있다는 죄책감과 그것을 억누르기 위한 반발심 때문 말고는 딱히 설명 가능한 이유가 없다.

물론 이런 일들의 모든 책임이 귀남이들에게 있다고 이야기할 수는 없을 것이다. 차별적인 구조를 만들어낸 것은 가족의 절대 권력자인 부모와 어른들이기 때문이다. 이것이 잘못되었다는 사실을 어린아이들이 쉽게 알아낼 수 있는 것은 아니다. 하지만 이런저런 교육을 받고, 이것이 잘못된 것이라는 것을 인지할 수 있게 된 시점에는 이야기가 다르다. 자신이 잘못된 시스템으로부터 수혜를 받아왔다는 것을 인지하고 어떻게 이 문제를 해결할 것인가를 고민하는 대신에, 자신의 치부를 드러내지 않기 위해 피해를 입은 사람의 입을 다물게 하려는 것은 방관이나 묵인을 넘어서는 적극적인 가해이기 때문이다.

삭제된 여아들

귀남이들의 문제는 비단 가정 내에 그치는 것이 아니다. 귀남이를 얻기 위해 한국의 부모들이 감행했던 적극적인 성 감별 임신중절은 오늘날 심각한 사회문제들의 직접적인 원인이 되었다. 2017년 10월에 발표된 2015년 인구주택총조사 기반 추계인구에 따르면 우리나라의 성비는 100.50으로, 60대 이전에 모든 연령대에서는 남성이 여성보다 많

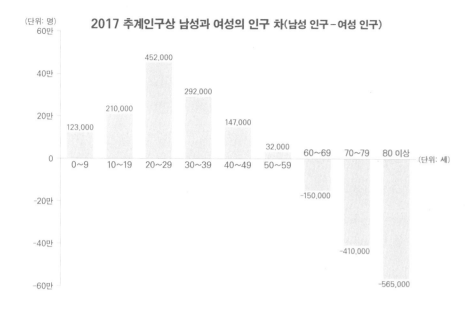

지만, 60대 이후에는 여성이 남성보다 많은 구조를 갖고 있다.

노년층에서의 성별 인구 격차는 평균수명의 차이에 따른 사망률에 의한 것이다. 하지만 이하에서 발생하는 격차는 자연 출생 성비를 적용해도 이해되지 않는 수준이다. 특히 20~29세 구간에서 볼 수 있는 45만 2000명(성비 114)이라는 어마어마한 숫자는 1970년대에 시작되어 1990년에 정점을 찍었던 성 감별 임신중절, 일명 '젠더사이드Gendercide'에 의한 것이다.

한국은 1960년대 이후의 근대화·공업화 과정에서 강력한 인구조절 정책을 펼쳤고, 국제적으로는 성공 사례로서 손꼽히는 나라다. 1960년도에 6.0이었던 합계 출산율이 1990년에는 1.5로 감소했고, 2017년을 기준으로는 세계에서 가장 낮은 수준의 출산율인 1.170을 기록하고 있기 때문이다. 한국은 임신중절 수술을 제한적으로만 허용하는 나라지만, 산아 제한에 대한 군부독재 정권의 강력한 의지에 힘입어 임신중절은 이 시기에 별다른 제재 없이 일상적인 의료 행위로 이루어졌다. 또 전국의 보건소에 가족계획 요원을 파견하여 캠페인을 벌임과 동시에 피임 도구 및 시술을 보급하고, 자녀가 적거나 불임 시술을 받은 이들에게 각종 특혜를 주는 방식의 적극적 조치들을 도입했다.

이 당시에 예비군과 민방위 훈련장 한 켠에서는 남성들에게 정관수술을 하는 조건으로 훈련을 면제해주기도 했다. 또 현역병 중에서도 기혼 지원자를 모집하여 시술 후에 휴가를 주기도 했다. 하지만 시술의 간편함이나 위험도에서 큰 차이가 남에도 불구하고 불임 시술을 받은 사람의 수는 여성이 압도적이었다(남성 시술자의 세 배). 이 중에는 가족계획 요원에 의하여 시술의 목적을 인지하지 못하고 불임 시술을 받은 여성들도 있었다.*

요컨대 가족계획의 성공은 여성의 불임 시술, 경구피임약, 임신중절 등에 힘입은 것이었고, 다시 말해 여성의 건강권과 자기 결정권에 대한 막대한 침해를 발판 삼아 이룩한 것이다. 여기에 아들을 낳아야 한다는 사회적 압력이 더해져 태어난 '귀한' 아들들이 오늘날의 20~40대까지의 남성들이다. 가령 1990년의 116.5라는 성비는 다자녀로 갈수록 더 엄청난 수준으로 넘어가는데, 1990년의 자녀 수별 성비는 첫째 108.5, 둘째 117.1, 셋째 이상 193.3으로 나타난다. 다자녀 출산의 동

---

* "6, 70년대 가족계획의 실체를 보자—박정희 경제 발전 논리와 여성 재생산권 ①", 〈일다〉, 2004. 8. 8.

기가 아들을 낳기 위해서였다는 것을 명확하게 보여주는 지점이다.

인구 조정 계획

한국의 출생 성비가 이른바 자연 성비에 도달한 시점은 2011년(105.7) 이후다. 세계은행에서는 2009년에 경제 발전으로 인한 도시화와 교육의 확대, 새로운 성 인지적 정책 공세가 공조하여 성차별적인 가치가 약화된 결과 한국 사회가 출생 성비의 균형을 되찾았다는 내용의 보고서를 발간한 바 있다. 하지만 〈사이언스〉의 저널리스트이자 《남성 과잉 사회》의 저자인 마라 비슨달은 이러한 세계은행의 진단이 완전히 틀렸다고 말한다. 한국의 성비 회복은 급격하고 극단적인 저출산과 관련 있으며, 자녀의 성별보다는 숫자에 더 중요성을 둔 결과라는 것이다. 성비 불균형이 나타나는 지역들에 대한 면밀한 조사를 통해 저자가 얻은 결론은 성비 불균형의 원인인 성 감별 임신중절이 시작되는 곳은 '교육받은' 엘리트 중간 계급들이 기거하는 '도시'라는 사실이다. "엘리트층이 MRI 스캐너든 스마트폰이든 초음파 기계든, 신기술을 먼저 접한다. 한국에서는 선택적 낙태를 한 최초의 부모들이 서울 시민들이었고 아제르바이잔에서는 수도인 바쿠 시민들이었다."*

2010년, 연구단체인 미국인구협회Population Association of America는 성 감

---

* 마라 비슨달, 《남성 과잉 사회》, 박우정 옮김, 현암사, 2013, 33~34쪽

별 임신중절이나 충분한 보호를 받지 못해 사망한 여성의 숫자가 1억 2600만이라고 추산했다. 이 중 아시아인은 1억 1200만 명인데, 절반 가까이가 남자아이를 낳기 위한 임신중절 수술의 결과로 추정되고 있다. 더불어 프랑스 개발조사연구소Institut de recherche pour le développement의 크리스토프 길모토Christophe Guilmoto 박사는 2050년 중국의 결혼 적령기 남녀의 성비가 여성 100명당 186명이 될 예정이며, 인도는 2060년 기준 191명이 될 것으로 예상했다. 최근 발전을 거듭하고 있는 베트남 역시 2014년을 기준으로 114의 출생 성비를 기록했다. 현 상황이 지속되면 베트남에서는 230만~430만 정도의 결혼 적령기 남성 과잉 인구가 나타날 것으로 보인다.*

아시아 지역의 성비 불균형 문제는 일반적으로 아시아의 전통적인 남아 선호 사상 때문인 것으로 생각되어왔다. 이에 따르면 전통의 영향력이 더 강한 비도시 지역의 출생 성비가 더 심각하게 왜곡되어야 한다. 하지만 정작 결과는 앞서 이야기한 대로, 이 흐름은 발전 도상에 있는 국가들의 수도에서부터 시작되어 나머지 지역으로 퍼져나가는 형국이다. 비슷달은 이 성비 불균형의 기원을 서구 엘리트들이 저개발 국가들에 적극적으로 퍼트렸던 인구 조절 정책으로부터 찾는다.

규제가 없는 인구 증가가 개발도상국의 자원에 무리를 주고 빈곤을 심화한다는 것은 분명한 사실이다. 하지만 서구의 원조국들은 내심 가난보

---

* "베트남 더 강해진 남아 선호… 성비 불균형 '비상'", 《연합뉴스》, 2015. 8. 17.

다는 세계의 힘의 균형과 특히 빈곤의 결과 중 하나라고 믿었던 공산주의의 확장을 더 많이 걱정했다. 인구 조절 운동은 서구 강대국들이 아시아, 아프리카, 라틴아메리카에 대한 통제력을 잃은 것과 정확히 같은 시기에 일어났다. 따라서 초기의 많은 인구 운동가가 미국 재계와 정계의 엘리트들이었다. (……) 이들은 미국이 아시아와 라틴아메리카의 동맹국을 시급하게 요하는 시기에 [이 국가들의―인용자] 높은 출생률은 이 국가들이 공산주의를 받아들일 가능성을 높인다고 판단했다.*

인구 증가와 그로 인한 빈곤이 공산주의의 확산을 가져온다고 믿었던 서구의 엘리트들은 저개발 국가들에 강력한 인구 조절책을 도입할 것을 요구하며, 그것을 공공 원조와 연계했다. 이 인구 조절책의 핵심은 출생아 수를 급격하게 줄이는 것으로, 두 명 혹은 한 명의 자녀만을 낳도록 사실상 강제하는 것이었다. 이때 도입되어 맹활약한 의료 기술이 바로 초음파 검사기와 낙태 시술이었다. 인도는 1960년대에 연간 150억 달러 규모의 개발 원조를 받았는데 이 돈의 대부분은 미국 정부, UN 인구기금, 포드Ford재단, 세계은행으로부터 나왔다. 이는 인구정책을 시행하는 데 이용되어, 1975년에만 620만 명의 인도 남성이 불임 시술을 받았다. 중국 역시 1979년부터 4년간 5000만 달러 규모의 인구 조절 자금을 지원받아 1980년대 말부터 그 유명한 '한 자녀 정책'이 도입되었다. 임신중절 시술은 인구 조절을 위한 효과적인

---

* 위의 책, 62쪽

수단으로 이용되었다.

한국 역시 인구 조절의 모범생답게, 서구의 인구 조절 정책을 성공적으로 수행했다. 박정희 정권기에 군사 작전을 방불케 하는 인구 조절 정책이 시행되었는가 하면, 1977년 서울의 의사들은 한 명 출생 대비 2.75건 꼴의 임신중절 수술을 집도했다. 뒤이은 전두환 정권 역시 세계은행으로부터 3000만 달러의 차관을 제공받아 인구 조절 정책을 펼쳤다.

그리고 이 나라들에서 성 감별 임신중절은 효과적인 인구 조절책으로 묵인되거나 심지어는 선호되었다. 그 이유는 아시아의 여성들이 아들을 낳기 위해 계속해서 자녀를 낳는 것이 출산율 증가의 원인으로 지목되었기 때문이다. 성 감별 임신중절을 통해 아들이 아니면 출산하지 않을 수 있고 아들을 낳으면 더 이상 아이를 낳지 않을 것이기에, 그렇다면 서구도, 해당 국가도, 아이를 낳은 부모도 모두 만족하는 방법이었던 것이다.

비슷달은 성 감별 임신중절을 기꺼이 수행하는 아시아의 여성들의 동기를 이렇게 분석한다.

중국과 인도, 한국, 베트남, 아제르바이잔에서 낙태 결정은 대부분 여성이 내린다. 임산부 자신이나 아들의 자녀에 관심을 쏟는 시어머니가 결정하는 것이다. (……) 결국 성별 선택은 모든 사람이 성공하려고 애쓰는 분위기에서 일어나며 여성은 비록 같은 여성을 희생시키면서 얻는 것이라 할지라도 위신을 세우려는 갈망에서 자유롭지 못하다. (……) 좀 더 비극적인 다른 요인은 여성이 된다는 것이 얼마나 어려운지 여성이 가장 잘 안다는 것이다.*

여러 가지 이유로 감행된 국가적이고 개인적인 선택의 결과는 오늘날 아시아의 남성 과잉 인구로 나타났다. 비슷달은 여성의 권리에 대한 다양한 주장이 있지만 이 남성 과잉 인구야말로 여성의 권리에 대한 가장 큰 위협이 될 것이라고 경고한다. 하지만 성 감별 임신중절과 남아 선호가 일어나는 지역들에서 성비 불균형에 대해 갖는 생각은 아마도 이렇게 요약될 수 있을 것이다.

인구학자 리슈줘가 높은 성비 불균형이 나타난 중국 중부의 한 지역을 소개하며 말했다. "일반 시민들도 모두 그 사실을 알고 있습니다. 모든 사람이 알죠. 하지만 그들 모두 아들에게 투자를 많이 해서 아들이 잘 자라면 좋은 며느리를 구할 수 있다고 생각해요. 다른 사람의 아들은 자기가 상관할 바 아니지요."**

몰락하는 남자들

하지만 이렇게 갖은 방법을 동원해 태어난 남자들의 최근 상황은 좋

---

* 같은 책, 54쪽
** 같은 책, 52쪽

지 못하다. 저널리스트 해나 로진은 저서 《남자의 종말》을 통해 미국에서 벌어지고 있는 남자들의 몰락을 드라마틱하게 다루고 있다. 2009년 미국 언론을 장식한 신조어 '맨세션mancession' 또는 '히세션he-session'은 리먼브러더스Lehman Brothers 파산으로 시작된 금융 위기 이후의 경기 하강 국면에서 제조업과 건설업 등에 종사하던 남성들이 실직과 미취업 상태로 전락한 상황을 담고 있는 단어다. 2000년 이후로 제조업 분야의 일자리가 3분의 1이상 사라졌고, 주택 시장마저 붕괴되며 건설 및 관련 업계가 사양길로 접어들었기 때문이다. 하지만 로진은 이것이 일시적인 현상이 아니라 남자들이 지속적으로 겪게 될 상태라고 주장한다. 남자들이 여전히 사양 업종에 매달리는 반면, 최근 일자리가 확대되고 있는 서비스와 건강, 교육 분야는 여성이 주도하고 있다는 것이다.

로진은 1940년대까지 미국에서 남자를 재는 척도는 매우 간단한 것이었다고 말한다. 그것은 '부양자', 즉 가정을 꾸리고 아내와 자식을 먹여 살리는 남자이다. 벌어들이는 돈과 지위가 곧 그가 어떤 남자인지를 말해주는 척도였고, 결혼이란 "남편은 아내를 부양하고, 아내는 남편을 존경하고 섬긴다"*라는 간단한 공식으로 이루어졌다.

그러나 남자들이 이런 틀에 갇히는 것을 거부하며 "정신적 미성숙", "영구적인 청년기에의 갈망"이라는 질병에 걸렸던 1950년대를 지나, 페미니즘과 젠더 혁명이 터져 나왔던 1960년대를 거치며 부양자의

* 해나 로진,《남자의 종말》, 배현·김수안 옮김, 민음인, 2012, 92쪽

가치는 조금씩 흔들렸다. 하지만 이것을 '끝장'내버린 것은 신자유주의가 전면화되고 제조업 중심의 조직 노동이 쇠퇴(혹은 글로벌화)하기 시작한 2000년대. 남성-생계 부양자였던 이들은 직장을 잃었으나, 새로운 산업구조에서 구직에 필요한 능력을 키우지 못하고 천덕꾸러기가 되었다. 젊은 남성들은 자신이 가족을 부양할 수 있을 것이라는 기대 자체를 하지 못한다. 미국에서는 이제 가부장이 아니라 여성 생계 부양자가 새로이 발전하는 산업에서 일을 해 가족을 먹여 살리는 가모장제가 나타나고 있고, 젊은 여성들은 성에 차지 않는 남성들과의 결혼을 꺼리며 차라리 혼자 살거나 '싱글 맘'이 되기를 택한다.

사실 가장 두드러진 변화는 필경 미국식 가모장제의 출현일 것이다. 이런 생활 방식에서는 특히 젊은 남자들이 정처가 없어지고, 역사상 그 어느 때보다, 적어도 사회적 효용성이라는 굉장히 전통적인 잣대에 비추어 볼 때 쓸모없어진다. 그리고 여자들이 남아 그 잔해를 줍게 된다.[*]

미국의 중산층, 즉 대체로 대학에 입학했지만 졸업하지 못했거나, 고등학교만을 졸업한 이들로 이루어진 미국의 중추 집단은 극심한 변화를 겪고 있다. 1967년에는 고등학교를 졸업한 미국 남성의 97퍼센트가 일을 했지만 2010년에는 76퍼센트만이 일을 하고 있다.[**] 이른바 러스트벨트rust belt라 불리는 미국의 공업 지대는 지난 미국 대선에

* 같은 책, 118쪽
** 같은 책, 123쪽

서 트럼프의 당선에 혁혁한 공을 세운 바 있다. 한편 빈곤한 지역에서는 "여자들이 혼자 아이를 키우고 남자들의 3분의 1은 감옥에 갇혀" 있다. 재미있는 것은 아버지가 감옥에 갇혀 있는 아이들의 졸업률이 아버지가 함께 사는 아이들보다 더 높다는 점이다. 빈곤한 아프리카계 미국인 가정의 아버지는 아이의 학업에 도움이 되지 못하고, 자녀의 경우 남자아이들은 대학에 가는 것도, 대학을 졸업하는 것도 여자아이들에 비해 현저하게 드물다.*

대학 이상의 학력을 갖는 중·상류 엘리트들의 지형도도 변한다. 대학은 남학생을 뽑기 위해 안간힘을 쏟고 있는데, 성적으로만 따지면 대학은 여학생으로 거의 다 채워지기 때문이다. 여학생의 비율을 60퍼센트 이하로 만들기 위해서 모자란 남학생들의 상태를 눈감아줄 수많은 방법과 수사가 만들어졌다. 대학을 졸업한 어머니 밑에서 자란 딸들은 대학에 진학하고 졸업할 확률이 높지만 아들의 경우 어머니나 아버지가 대학을 졸업했더라도 꼭 대학에 진학하거나 졸업하지 않는 것으로 분석된다. 그래서 중산층 가족은 과거 아들에게 집중했던 투자를 성공의 가능성이 더 높아진 딸에게로 돌리기 시작했다.**

이러한 남자들의 몰락은 대학 진학 이전, 즉 학령기에서의 학습 부진이 누적된 데서 그 근본적 원인을 찾을 수 있다. 미국의 학령기 남학생들이 학교생활에서 뒤처지는 이유를 연구한 리처드 위트마이어는 언어 교육을 시작하는 시기가 과거에 비해서 더 빨라진 것에서 하나

---

* 같은 책, 127쪽
** 같은 책, 218~219쪽

의 원인을 찾았다. 그에 따르면 "언어 교육 과정은 남자아이들이 걸맞게 성숙하기 훨씬 전에 본격적으로 시작"하고, 반복되는 좌절 속에서 남자아이들은 "일찍부터 스스로를 열등생으로 생각하게" 되며, 그 결과 유급을 반복하면서 중학교 3학년에 정체되어 있다가 학업을 포기하는 남학생들이 증가하게 되었다는 것이다. 또한 남학생들은 '비인지적 능력'이라는 것에서 다시 한 번 좌절을 겪는데, 이는 "집중하고, 계획을 세우고, 문제를 일으키지 않는 능력"이다. 인종과 성장 계층을 막론하고 남학생들은 더 많이 문제를 일으키고, 유급을 당하고, 숙제를 하지 않는다. "사실, 학업적인 성공을 예측하는 가장 유용한 방법은 정형화된 착한 여자의 자질이라는 데 합의가 도출되고 있다."*

이것이 미국에서만 벌어지고 있는 현상은 아니다. 호주에서는 국가가 남학생들의 학업 부진에 대하여 국가 차원의 조사를 벌여 「남자아이들: 올바른 이해**」라는 제목의 보고서를 만들기에 이르렀다. 이 보고서는 현재의 교육 체계가 남자들에게 불리하다고 주장한다. 싱글 맘 가정이나 교사 중 남성이 20퍼센트 정도밖에 되지 않는 초등학교에서 남자아이들은 적절한 동성 성인 모델을 접할 기회를 박탈당하고 있으며, 초등교육과정에서도 여자아이들의 특성에 편향된 학습 스타일을 권장한다는 것이다.

---

* 　같은 책, 233쪽에서 재인용
** 　House of Representatives Standing Committee on Educa-
tion and Training, "Boys: Getting it right—Report on the in-
quiry into the education of boys", Canberra: Parliament of the
Commonwealth of Australia, 2002

이외에도 서구의 여러 나라들은 뒤처지는 남학생 문제에 대한 다양한 대응책을 마련하고 있다. 노동시장마저 남성이 전담하던 육체노동이나 전통적 숙련노동 직업이 쇠퇴하고 여성들에게 더 유리한 커뮤니케이션 능력이나 대인관계 능력이 강조되는 방향으로 변모하는 마당에, 남학생들의 학습 부진은 남성 몰락의 근본적인 원인으로 문제시될 수밖에 없다. 물론 이런 능력 차이의 원인에 대해서는 다양한 이론이 존재한다. 어쨌거나 학습 능력에 대한 과거의 성차별적 모델(여자가 학습에 적합하지 않다)은 확실히 몰락하고 있다.

일본의 사회학자 다가 후토시는 《남자 문제의 시대》에서 서양에서 먼저 제기된 학령기 남자들의 문제가 일본에서는 제기되지 않는 데에 주목한다. 그는 그 원인을 사회의 성차별 정도 때문으로 본다. 즉 일본에서는 학령기에 남학생들이 뒤처진다고 하더라도 성인이 된 이후에는 여성보다 훨씬 더 유리한 위치에 서게 되기 때문에, 굳이 학령기의 문제를 들먹일 필요가 없다는 것이다.[*]

서양 국가들에서는 이미 1970년대부터 제조업 쇠퇴와 서비스업 확대에 따른 고용의 유동화가 시작되고 성과주의적 경쟁의 정도가 심화되었다. (……) 이와 달리, 일본은 적어도 1990년대 초반까지는 남성 고용 노동자를 한 집안의 부양자로 하는, 장기 안정 고용이 표준인 상태가 지속되었다. 당시 일본은 제조업이 쇠퇴하지 않았고, 버블기의 호황도 일조하여, 많은

---

[*] 다가 후토시, 《남자 문제의 시대》, 책사소 옮김, 들녘, 2017, 34쪽

남성들이 구미에서처럼 철저한 성과주의적 경쟁에 노출됨 없이 승급과 승진을 기대할 수 있었다. (……) 그런데 1990년대 후반이 되자 일본도 고용의 유동화가 가속화하고, 젊은 남성의 고용 상황도 악화하기 시작했다.*

후토시는 지연된 신자유주의적 변화가 적어도 1990년대 중반까지는 일본 남성의 지위를 서양보다는 나은 상황 속에 두었다고 본다. 서구에서는 이미 사라지고 있었던 남성-생계 부양자 모델이 여전히 작동할 수 있었다는 것이다. 하지만 1990년대 후반 일본 역시 변화의 한가운데로 빨려 들어가면서 젊은 세대의 남성을 중심으로 불안정성에 노출되는 일이 집중적으로 일어나기 시작했다. 이때 등장한 것이 이른바 프리터フリーター, 니트NEET 등에 대한 사회적 담론인데, 후토시는 이것이 구조적인 문제를 어른이 되지 못한 개인의 문제로 환원하려는 전략의 일환이었다고 본다. 가령 그 이전부터 대다수의 기혼 여성은 시간제로만 일을 하고 있었지만, 아무런 사회문제가 되지 않았다. 그러나 젊은 남성들이 시간제 근로로 대거 진입하자 이른바 프리터, 니트가 문제시되기 시작했다. 즉 이것은 생계 부양자여야 하는 성인 남성들이 그 역할을 하지 못하게 되었기 때문이며, 나아가 이것이 기존의 남성성, 남자다움이라는 가치를 흔들 것이라는 불안의 표출이라는 것이다.**

*　같은 책, 34~35쪽
**　같은 책, 26~28쪽

남자의 종말 in 한국

한국의 상황은 일본과 좀 더 비슷하다. 한국에서도 학령기 남성의 뒤처짐은 이미 학부모와 교육자들 사이에서 공공연하게 이야기되는 현상이다. 최근 아들을 양육하는 학부모들은 아이가 남자들만 있는 중학교와 고등학교에 진학하길 바라고, 담임교사가 남자일 경우에는 '로또'라며 기뻐하는 일이 많다. 2017학년도 수능 성적 분석 결과에 따르면 국어, 영어, 수학 모두 여학생의 평균이 남학생보다 높게 나타났다. 특히 여성이 남성에 뒤진다고 이야기되곤 하는 수학 역시 여학생의 성적이 남학생과 같거나 높게 나타났다.* 2007년 교육부가 성별을 분리해 내신 성적을 산출하는 것을 금지한 이후로, 남녀공학 학교의 상위권은 거의 여학생들의 차지였다. OECD가 2012년 국제학업성취도평가PISA를 분석한 결과에서도 남학생이 기준 이하의 성적을 받은 비율이 더 높게 나타났다. 읽기, 수학, 과학에서 한 과목 이상 기준 이하의 성적을 받은 비율은 남학생이 61퍼센트, 여학생 39퍼센트였으며, 한국의 경우에는 남학생이 66퍼센트, 여학생이 34퍼센트로 OECD 평균보다 더 큰 격차를 보였다.**

2000년에 남성이 여성에 앞섰던 대학 진학률의 경우, 남성의 대학 진학률이 2005년 이래로 점차 하락하는 가운데 여성의 대학 진학률

---

* "작년 수능도 여학생이 잘 봤다…제주, 모든 영역 평균 점수 1위", 〈연합뉴스〉, 2017. 9. 26.
** "'10대 남학생, 여학생보다 학업 성취도 낮아' 〈OECD 보고서〉", 〈연합뉴스〉, 2015. 3. 5.

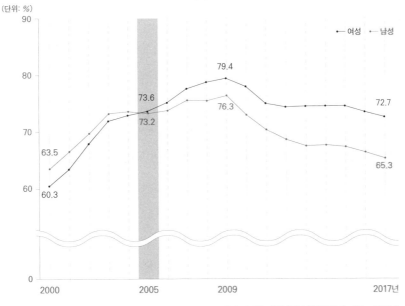

대학 진학률

(단위: %)

출처: 통계청·여성가족부, 『2018 통계로 보는 여성의 삶』

은 꾸준히 상승했다. 2005년에 처음으로 여성의 대학 진학률이 남성의 대학 진학률을 앞질렀고, 이후 여성의 대학 진학률이 계속 높은 가운데 그 차이는 점차 벌어지고 있다.

취업을 위한 시험, 고시에서도 여성들의 선전이 이어진다. 여성 초과(이하 '여초')가 가장 도드라지는 곳은 교육 현장이다. 2016년 기준 전체 교원의 59.6퍼센트가 여성으로, 초등학교가 77.0퍼센트로 가장 많고 중학교 68.8퍼센트, 고등학교 50.8퍼센트 수준이다. 교사를 양성하는 전문 교육 기관인 교육대학교들은 입학생들에 대하여 15~40퍼센트 정도의 '남학생 쿼터'를 두고 있다. 성적순으로만 뽑으면 남학생을 거의 선발할 수 없기 때문에, 교원의 성비를 고려하여 만들어진 조치다. 그럼에도 임용고시에 합격하는 남성은 20퍼센트가 안 된다.

이외에도 각종 공무원 시험의 합격률을 보면 9급 공무원에 합격한 사람의 57.6퍼센트가 여성이었고, 7급 41.7퍼센트, 사법고시 36.7퍼센트, 외무고시 70.7퍼센트, 행정고시 41.4퍼센트 등으로 나타났다. 재미있는 것은 1996년 공공 영역에서 여성의 사회 진출을 돕기 위해 여성에게 최소 20퍼센트의 쿼터를 할당한 여성 채용 목표제가 2003년 여성과 남성 모두에 최소 30퍼센트의 쿼터를 보장하도록 하는 양성평등 채용 목표제로 바뀐 이후의 일이다. 2010년부터 6년간 이 제도를 통해 추가 합격된 사람의 74.4퍼센트는 남성이었다. 이 제도가 여성의 사회 진출을 보조한다는 원래의 취지가 상실된 것은 물론이고, 경쟁에서 도태된 일부 남성들을 구제하는 용도로 사용되고 있다는 증거다.[*]

하지만 고용률의 상황은 이런 경향을 전혀 반영하지 못하고 있다. 고용률은 15세 이상의 인구 중 경제활동을 하고 있는 인구의 비율을 말하는데, 2016년 기준 남성의 고용률은 71.1퍼센트, 여성은 50.2퍼센트로 20.9퍼센트의 차이를 보인다. 여성과 남성의 고용률 차이는 2000년 23.7퍼센트, 2010년 22.3퍼센트, 2015년 21.9퍼센트로, 전반적으로는 감소하고 있는 추세이긴 하나 격차에 비해 그 속도가 더디다.[**]

한국 사회에 언제나 예정된 불명예를 안겨주는 OECD의 통계에 따

---

[*] "성별 할당제 딜레마…여풍 불어닥친 공직·교직계 남성 할당제 시대", 〈여성경제신문〉, 2017. 3. 8.
[**] 통계청, 〈2017 통계로 보는 여성의 삶〉, 20017

르면 2016년 4분기를 기준으로 할 때 한국의 고용률(66.2%)은 전체 평균(67.0%)에 비해 조금 낮다. OECD의 고용률은 통계청의 데이터와 다르게 15~64세의 인구만을 조사의 대상으로 삼고 있지만 그 범주의 차이가 고용률의 경향성을 왜곡하는 것은 아니다. 이 중 주목할 지점은 첫째로는 15~24세 인구의 고용률(27.3%)이 OECD 국가 전체(41.1%)에 비해 매우 낮은 것이고, 둘째로는 여성의 고용률(56.8%) 역시 평균(59.7%)에 비해 낮다는 점이다. 반면 남성의 고용률(76.1%)은 평균(74.9%)보다 높고, 연령대로는 55~64세의 고령 인구에서만 한국이(66.8%) 평균(59.5%)에 앞선다.

여기에 더해 2016년을 기준으로 남성 취업자 중 비정규직의 비율은 26.4퍼센트지만 여성은 41퍼센트가 비정규직인 것으로 나타나고 있다. 그런데 비정규직 중에서도 시간제 근로자의 비율에서 남녀 간의 많은 차이가 나타나고 있다. 남성의 경우 전체 비정규직 290만 6000명 중, 24.5퍼센트에 해당하는 71만 1000명만이 시간제 근로자였던 데 반해, 여성은 전체 비정규직 353만 8000명 중 50.1퍼센트에 해당하는 177만 2000명이 시간제 근로자였다. 전체 취업자 수에서의 차이에도 불구하고 여성이 남성에 비해 절대 수로도 더 많이 비정규직으로 일하고 있고, 그중에도 절반이 시간제 근로를 하고 있는 셈이다.

한국에서 여성이 남성보다 고용률에서 앞서는 구간은 30세 미만 구간뿐이다. 30세 이전 여성의 고용률이 더 높은 이유는 한국의 높은 고등교육 진학률과 남성들의 군 복무다. 남성들의 취업률이 급증하는 30세는 최근 취업 준비나 어학연수 등을 이유로 남성들 역시 군 휴학을 제외한 별도의 휴학 등을 하고 있는 세태를 반영하는 것이다. 이는 또한 청년 실업이 증가하고 취업이 어려워져 취업 준비라는 별도의 단계를 거쳐야 취업이 용이해지는 상황의 반영이기도 하다. 반면 30대 여성의 취업률이 급격하게 낮아지는 것은 결혼과 출산, 육아 등을 이유로 직장을 그만두어야 하거나, 저임금, 불안정한 지위, 성차별적 직장 문화 등 열악한 노동 환경의 문제 때문이다. 서울시 여성가족재단의 한 연구에서는 그동안 30대 여성 경력 단절의 주된 원인으로 지목되어왔던 결혼, 출산, 육아보다도, 열악한 근로 환경이 더 큰 요인으로 조사되기도 했다. 특히 미혼 여성들 역시 비정규직으로 일하다가 계약이 만료되거나 근로 환경 문제로 인해 30대의 경력 단절을 경험하고 있다는 것도 드러났다.[*] 출산과 육아 역시 대부분의 책임이 여성에게 전가되는 현실을 감안한다면 한국 여성의 저조한 경제활동 참여율의 기저에는 차별이 있는 것이다.

요컨대 한국이나 일본이 미국과 서구에 비해 좀 더 '성차별적'인 탓에 해나 로진이 미국에서 발흥하고 있다고 이야기하는 '가모장제'가 나타날 가능성은 낮다고 볼 수 있다. 하지만 그렇다고 해서 아시아가 여전히 남성 생계 부양자 모델을 유지할 수 있는 경제 구조인 것도 아니다. 어쩌면 서구보다도 더 신자유주의의 최전선이 되어버린 아시아는 노동 조건이 쇠퇴함과 동시에 안 그래도 허약했던 사회적 안전망도 해체되어 각자가 알아서 재주껏 살아남아야 하는 상황으로 변했다.

---

[*] "여성 경력 단절, 출산보다 '직장 환경' 탓", 《한겨레》, 2015. 11. 5.

한국의 여성들은 저임금과 불안정한 일자리에 시달리면서도, 성차별로 가득한 결혼 제도에 편입되는 것을 거부하여 결혼과 출산을 하지 않고 살아가는 것을 택하는 경우가 점점 늘어나고 있다.

2016년 통계청 조사에 의하면 남성 중에서 결혼을 해야 한다고 응답한 사람은 56.3퍼센트로 2010년(70.5%)에 비해 대폭 낮아졌다. 여성의 경우에는 결혼을 반드시 해야 한다고 응답한 사람은 45.5퍼센트에 그쳤다. 2016년 한 리서치 전문 기업이 진행한 조사에서는 결혼이 걱정되는 이유로 남자는 '가족 부양에 대한 부담', '결혼 비용에 대한 부담', '자녀 양육에 대한 부담'을 꼽은 반면, 여성은 '자유로운 생활이 없어지기 때문', '새로운 가족 관계('시월드')에 대한 부담', '자녀 양육에 대한 부담'을 각각 꼽았다. 이 조사의 결과를 놓고 보면 남성은 경제적 부담을, 여성은 가부장제하의 결혼 제도에 편입되는 데 대한 부담을 결혼을 망설이는 요인으로서 가장 크게 보고 있는 것이다.* 고등교육을 받고 직장에 다니면서 사회생활 경험이 있는 20·30대 여성들에게 한국의 결혼 제도와 그에 뒤따르는 불평등한 가족 관계는 불합리의 영역이다. 반면 남성들도 결혼에 대한 부담감을 느끼지만 대부분은 경제적인 고민들에 머물러 있다. 간단히 말하면 돈이 없어서 결혼을 '못'하겠다는 것에 좀 더 가깝다는 얘기다.

---

* "비혼 선택 왜?…남 "경제적 부담" 여 "가부장제"", 〈한국일보〉, 2017. 2. 25.

쌓여가는 남자들

펀칭憤靑('분노 청년'의 준말)은 2000년대 중반쯤 중국의 온라인을 중심으로 등장한 애국 청년들이다. 이들의 등장 배경은 1989년 톈안먼 사태부터 시작한다. 민주화 시위를 강제 진압한 뒤 중국 공산당은 '애국주의 교육'을 강화하게 되는데, 이 교육을 받고 자란 1980년대 이후 출생자들은 애국주의에 불타는 펀칭이 되거나, 경제 성장을 통한 풍요를 누리며 자라난 중국판 오렌지족인 샤오쯔小資가 되었다. 전자가 후자에 비해 블루칼라 출신인 경우가 많지만, 엘리트 계층도 상당히 섞여 있다. 중국에서는 펀칭에 대해 "파괴성이 많다," "하늘과 사람을 원망하는 패배자," "(펀칭의) 분노는 뒤떨어진 사상과 분투하지 않는 현실에 대한 분노지만, 실제로 행동하는 이는 적다"라는 식의 평가가 오가고 있다.*

UN 인구기금 등의 지원을 받아 중국 정부가 벌였던 일명 '한 자녀 정책'은 엄청난 수의 성 감별 임신중절을 불러왔고, 지난 30년간 지속된 출생 성비의 왜곡으로 인하여 오늘날 약 3400만 명의 남성이 '초과 상태'다.** 마라 비슨달은 이 펀칭들이 중국 정부가 일찍이 벌였던 강력한 인구 조절 정책하에서 태어난 남자들이라고 말한다. 이 '초과 남성'인 펀칭들은 애국주의적 집회를 열고, 모형 총기를 들고 모여 서

---

* "중국 '펀칭(분노 청년)' 패배자인가 변혁가인가", 〈한겨레〉, 2005. 10. 23.
** "중국 남녀 성비 불균형 '최악'", 〈이코노믹리뷰〉, 2017. 1. 27.

바이벌 게임을 벌이고, 술집에 몰려가 욱일기旭日旗를 두른 종업원을 때린다. 종종 이들의 과격한 행위는 중국과 관련된 국제적인 이슈(티베트 사태 등과 같은)가 터질 때마다 세계 언론을 통해 보도되곤 했다. "하지만 분청[펀칭—인용자]의 활동은 종종 강한 애국심의 산물이라기보다 불분명한 분노의 결과로 보인다."* 그리고 이 갈 곳 잃은 분노는 범죄율의 증가로 이어진다.

비슨달은 젊은 남성 인구가 급증한 것에 발맞춰 아시아 대륙의 범죄율도 급증했다고 말한다. 1992년에서 2004년 사이 중국의 범죄율은 두 배로 뛰었으며, 인도에서는 2003~2007년 동안 강간 사건은 30퍼센트, 유괴 사건은 50퍼센트 증가했다. 한 연구에 의하면 중국에서 출생 성비가 높아진 성들에서 범죄율이 급증했다. 출생 성비가 1퍼센트만 증가해도 지역의 범죄율은 5~6퍼센트 증가했는데, 연구진은 젊은 남성 인구의 급증이 중국 전체 범죄 증가율의 3분의 1을 설명할 수도 있다고 말했다.**

물론 비슨달의 주장은 한국 상황과는 조금 다르다. 한국은 현재 남성 인구 자체의 고령화가 진행 중이다. 20~29세의 남성 인구는 계속해서 줄어들고 있는 추세로, 2000년 422만 2000명이었던 것이 2017년에는 367만 7000명이 되었다. 전체 남성 인구 대비 14.3퍼센트로, 30대(15.2%), 40대(17%), 50대(16.4%)보다 적다***.

---

* 마라 비슨달, 앞의 책, 298쪽
** 같은 책, 301쪽
*** 경찰청, 「2016 범죄 통계」, 2017

한국의 범죄는 2016년을 기준으로 인구 10만 명당 3577.5건 꼴로 집계된다. 범죄 피의자 중 남성의 비율은 81.2퍼센트로, 41~50세 남성의 비율(19.8%)이 가장 높고, 그 다음이 51~60세 남성(17.7%), 31~40세 남성(16.6%), 21~30세 남성(13.2%), 20세 이하 남성(5.4%) 순으로 나타난다. 그리고 공교롭게도 이 순서는 해당 연령대의 남성 인구의 비중에 비례한다.*

40대 남성의 범죄율이 가장 높아진 것은 이미 몇 년 전의 일이다. 통상적으로 10대 후반의 범죄율이 가장 높다는 것이 세계 범죄학계의 정설인 것에 반한다. 영산대 경찰행정학과 교수 정은경은 중장년층 남성의 범죄율 증가 원인으로 '경제 압박으로 인한 스트레스'를 꼽았다. 청소년기가 길어지고 청년 실업이 심해지면서 중장년층 가장에게 가해지는 경제적 압박이 더 심해졌다는 것이다. 또 경제 위기가 실업과 이혼 등의 원인이 되어 더 극심한 스트레스 상황으로 몰리는 일도 많다. 현재 범죄율이 가장 높은 세대는 한국의 베이비붐 1세대, 즉 1955년에서 1963년에 출생한 이들과 일치한다. 이들은 노동시장에 진입했을 때 일자리 부족에 시달리고, 1990년대에는 IMF 외환 위기 때문에 실업과 이혼을 겪은 세대다. 나아가 증가하는 노년 범죄 역시 사회보장제도의 미비로 인한 노인 빈곤이 그 직간접적인 원인이 된 것으로 보았다. 범죄 연령의 증가는 수법이 교묘해지고 피해액, 대범함, 잔인성이 커지는 경향이 있어 더 위험하다.**

*   같은 자료
** 정은경, 「한국의 연령-범죄 곡선에 대한 사회문화적 접근」, 《형사정

오히려 한국의 젊은 남성들은 최근 스스로의 '피해자성'을 적극적으로 주장하고 있다. 2017년 청와대에서 만든 정책 청원 사이트^{www1.}president.go.kr/petitions에는 20만이 넘는 인원이 여성 징병을 요구하는 청원을 한 바 있다. 청원의 내용은 신성한 국방의 의무에서 여성이 배제되어서는 안 된다는 식의 주장이었지만, 정책적 실현 가능성이나 고민의 수준으로 볼 때 명분을 뒷받침할 만한 내용은 별로 없었다. 사실이 청원의 핵심은 2000년대 이후 한국의 인터넷에서 흔하게 볼 수 있었던 '남자만 군대 가는 것이 억울하다'라는 정서다. 이외에도 인터넷에는 "권리만 누리려 하고 의무는 다하지 않으려는 한국 여성"이라는 편견 가득한 이념형이 사실관계와는 상관없이 널리 퍼져 있다. 여자를 상대로 아쉬운 소리를 하는 것을 수치로 여겼던 전근대적 마초들 대신에, 소수자 정치의 외피를 맥락 없이 뒤집어쓰고 나타난 새로운 남성들은 '거친 세상의 풍파 속에서도 내 가족만은 지켜내는 자본주의 사회의 가부장'이 될 의지도 능력도 없어 보인다. 요컨대 이들은 가부장제의 비용을 지불하지 않으면서도 가부장제의 수혜를 누리겠다는, 양심의 새로운 지평을 열고 있다.

지금까지 간략하게 살펴본 것은 우리들의 시대에 새롭게 부상하고 있는 남자 문제다. 그 남자 문제는 인구 문제, 노동시장 구조의 변화, 사회적·문화적 맥락 등 나라마다 세대마다 다양한 요인에 의해 다양

책연구〉 제25권 제2호, 2014, 101~122쪽

한 양상으로 나타나고 있다. 문제가 된 남자들의 곤란함은 그 문제의 당사자들이 어쨌거나 아직까지 사회에서 주류이고, 압도적 우위를 점하고 있다는 것이다. 게다가 이것이 문제가 된 이유도 그 압도적 우위가 여러 가지 환경적 요인들로 인해 약간이나마 침식되고 있기 때문이다. 때문에 남자 문제를 문제시하는 것 자체가 남자들의 지배를 보조하고 연장하는 방식으로 작동할 가능성도 있다. 그러나 이런 가능성 때문에 남자라는 젠더 자체에 대한 질문을 멈추거나 평면적으로만 다루는 것 역시 남성 지배를 해체하는 데 별다른 도움이 되지 않는다. 그러므로 올바른 질문과 탐구를 위해서는 앞서서 이루어졌던 고민과 연구를 살펴볼 필요가 있다. 이어지는 장에서 우리는 '남자란 무엇인가?'라는 질문에 대한 앞선 대답들을 만날 수 있을 것이다.

2

진짜 남자™를 찾아서

'헤게모니적 남성성'의 기원

진짜 남자™

진짜 남자는 어떤 남자인가?

가장 먼저 떠오르는 것은 힘이 센 남자다. 선천적으로 남자는 여자보다 힘이 세다. 때문에 선사시대부터 남자의 역할은 강력한 신체적 능력으로 동물이나 자연환경에 맞서는 것이었다. 이런 남자의 힘은 역사시대에도 남자를 전사로서 활약하게 했다. 침입해 오는 적과 맞서고, 때로는 적의 땅으로 쳐들어가 새로운 땅과 재화와 노예들을 얻어 오는 것이 남자들이 했던 일이다.

강한 남자는 지혜로운 남자를 이기지 못한다. 오로지 근육과 힘만을 맹신하는 남자였던 골리앗이, 지혜로운 미소년 다윗의 돌팔매에 쓰러진 지도 벌써 수천 년이 지났다. 아무리 천하장사라고 해도 자연의 힘 앞에서는 인간의 힘 따위는 우스운 법이다. 지혜로운 남자는 힘이 약해도, 궁지에 몰려도 승리하는 법을 안다. 또 지혜로운 남자는 무엇보다도 통치하는 자다. 통치자로서는 호랑이보다 여우가 뛰어나다는 것이 동서고금을 막론한 정설이다.

지혜로운 자는 자기 꾀에 자만한다. 트로이에 목마를 들여보냈던 오디세우스는 그 꾀를 낸 벌로 집으로 돌아가는 험난하고 기나긴 여정을 떠나야 했다. 꾀로 적을 물리쳐왔던 군사軍師들의 말로는 대체로 좋지 못했다. 지혜로운 남자들은 고결한 남자들을 굴복시킬 수 없다. 고결한 남자들은 자신이 믿는 것을 지키는 남자다. 이들은 성자, 은둔한 현자, 순교자들이다. 나를 재상으로 만들 수도 사지를 찢어 죽일 수도 있는 알렉산더보다 굴로 들어오는 한 조각 햇빛을 원했던 디오게네스, 자신에게 세상을 맡기려 하는 성군의 청에 귀를 씻고 산으로 들어가버린 허유가 있었다. 이들은 목숨도 아까워하지 않으면서 인간이 다다를 수 있는 경지를 드높여왔다.

드높은 이상은 현실에 무력하고, 사람들의 고통을 해결하지 못한다. 그래서 새롭게 등장하는 남자는 저항하는 남자, 혁명가다. 이들은 고결한 이상을 가지고 초야에 묻히기보다는 그것을 이 세상에서 직접 실현하고자 한다. 저항하는 남자들은 권력을 가진 남자들이 만든 잘못된 세계를 뒤엎고 새로운 세계를 세우려는 남자들이다. 이들에게는 대의가 있다. 자신의 영달이 아니라 고통 받고 억압받는 다수를 위한다. 과거에 얽매이지 않으며, 희생을 두려워하지 않는다. 이들은 부패하고 타락한 아버지의 목을 베는 아들들이다.

그런데 역사는 승자의 기록이다. 과연 지금껏 세상을 유지해온 것이 이런 거인들일까? 큰 바위 얼굴은 마을을 오랫동안 지켜온 가장 겸손한 자의 얼굴이었다. 역사에 나오지 못한 수많은 평범한 남자들. 가족을 보호하고 먹여 살리기 위해 헌신했던 아버지, 혁명의 대오에서 두려움을 이기며 거리를 지키던 소시민, 전쟁과 재난 속에서 다른 이들을 지키기 위해 산화했던 보통 남자들이야말로 진정한 남자인 것은 아닐까?

하지만 과연 남자들만이 이런 일들을 해냈을까? 전장을 누비던, 지혜롭게 세상을 통치하던, 고결함을 위해 목숨도 아끼지 않았던, 혁명의 깃발을 들고 가장 앞에 서 있었던, 그 모든 역사와 사건들 속에서 타인을 돌보고, 삶을 지키려 했던 수많은 여자들이 있었다. 이 여자들은 단 한 번도 자신의 편이 아니었던 국가, 역사, 민족을 위해 기꺼이 헌신하고 또 희생되었다. 그렇다면 이들이야말로 '진짜 남자'는 아닐까? 하지만 이들은 이름부터 '여자'이고, 결코 남자가 아니다. 그렇다면 우리는 다시 첫 질문으로 되돌아간다. 대체 진짜 남자란 무엇일까?

남자다움의 신체적 기원

'남자다움'을 정의했던 가장 오래된 방식은 아주 간단하다. 신체적으로 남자의 특성을 가진 이들의 습성과 행동 방식이다. 남자는 가슴이 없고 남근을 가지고 있다. 여자는 가슴과 질이 있고 아이를 잉태할 수 있다. 이 구분법은 신체에 대한 과학과 의학이 충분히 발전하기 전까지 절대적인 기준이었다. 물론 남자도 여자도 아닌 간성intersex의 존재가 수많은 역사적 문헌에서 발견되고 있지만, 이것이 몸의 표면을 통한 구분 자체를 교란하지는 못했던 것으로 보인다. 사실 의학이 충분하게 발전한 오늘날에도 인간의 성을 구분하는 가장 쉽고도 광범위하게 퍼져 있는 기준은 외형이다. 외형을 통한 식별 가능성에 대한 인류의 집착은 중성적인, 혹은 어디에도 속하지 않은 외모를 가진 이들을 불러 세워 너는 남자냐 여자냐고 기어코 묻게 만드는 힘(?)을 가지고 있다. 할 수만 있다면 사람들은 속옷을 벗겨서라도 자신의 궁금증을 풀고야 말 것이다. 왜냐하면 성별이야말로, 우리가 하나의 생명체 혹은 인간을 분류하는 가장 근본적인 기준으로 작동하고 있기 때문이다.

성에 있어 남성과 여성이라는 카테고리를 들었을 때 자동적으로 연상되는 것은 '음경'이나 '질'과 같은 몇 안 되는 얄팍한 연결고리가 아니다. 암묵적 연상의 정도를 측정하면, 남성은 여성보다 과학, 수학, 경력, 계급, 높은 권위와 암묵적 연상 정도가 강하다는 것이 드러난다. 반대로 여성은 남성보다 인문, 교양, 가족과 가정생활, 평등주의, 낮은 권위와 암묵적 연상 정도가 강하다.[*]

궁금증을 충족한 인류가 그 사실을 긍휼하게 받아들이고 그 이상의 어떤 의미도 발생시키지 않는다면 이 성적 식별 가능성에 대한 집착은 별스러운 관심 정도로 끝날 것이다. 하지만 문제는 우리가 그토록 누군가의 성별을 궁금해하는 이유는 그에 뒤따르는 수많은 의미들 때문이라는 것이다. 즉 그가 남자라면 그를 남자로 대해야 할 것이고,

[*] 코델리아 파인, 《젠더, 만들어진 성》, 이지윤 옮김, 휴먼사이언스, 2014, 36쪽

그가 여자라면 그를 여자답게 '다루어야' 하기 때문에, 우리는 누군가의 '내밀한 표면'을 그토록 궁금해한다. 남자다움과 그에 대응하는 여자다움이라는 속성들의 연쇄는 우리가 누군가의 성별을 알게 되었을 때 하게 될 생각과 말과 행동을 결정한다. 하지만 그 속성들은 대체 누가 결정한 것일까?

가령 우리는 계산을 하는 과정에서 남근을 사용할 여지는 별로 없다는 것을 정규 수학교육과정을 통해 알게 되었다. 또 높은 자리에 있는 이들에게는 남근의 존재가 오히려 수많은 스캔들의 근원으로서, 어쩌면 거세를 고위직의 전제 조건으로 만드는 것이 모든 이들에게 좋은 일이 아닐까 싶은 만큼 많은 성추문을 접해왔다. 권위가 남근에서 나온다면 세계의 모든 권위는 평균 성기 크기에서 언제나 세계 1위를 차지하는 콩고의 남성들에게 주어져야 하지만, 그들보다 훨씬 더 작은 성기를 가지고 있을 가능성이 큰 백인 남성들과 그들보다도 작은 성기를 가지고 있을 가능성이 큰 아시아의 남성들에게 주어지고 있다는 것도 알고 있다. 그렇다면 우리에게는 이 모든 것이 남자들의 바지 속에서 나오지 않는다는 합리적인 추론을 할 충분한 근거가 있다.

그럼에도 불구하고 남자다움과 여자다움의 근거로 가장 많이 지목되는 것은 그들의 서로 다른 몸이다. 여자는 아이를 잉태하고 낳기 때문에, 그리고 이는 인간이 아닌 동물들에서도 광범위하게 관찰되는 현상이기에 자연의 이치이며, 이 이치에 따르면 여자는 승진보다 남편보다 먼저 퇴근해 아이를 돌보며 저녁을 차리는 것을 더 좋아한다. 물론 암사자나 암컷 자이언트 판다도 배우자보다 먼저 퇴근해서 저녁을 차리는지에 대해서는 아직까지 알려진 바가 없지만 말이다.

사실 이 정당화의 논리를 찾기 위해 가장 열심히 뛰어다닌 것은 다름 아닌 과학과 의학이었다. 미국의 사회학자 베스 B. 헤스Beth B. Hess의 말처럼 "2000년 동안 '공명정대한 전문가'들은 여성이 체온을 높여 영혼을 정화하기에는 열기가 부족하고, 머리가 너무 작고, 자궁은 너무 크며, 그 호르몬이 심신을 약화하고, 가슴으로 생각하거나 부적절한 뇌 부위로 생각을 한다는 정통을 찌르는 통찰"*을 제시해왔다. 1915년 신경학자 찰스 L. 데이나Charles Loomis Dana는 여성 참정권에 대한 그의 의견을 〈뉴욕 타임스The New York Times〉에 실으며, "여성의 뇌 줄기는 상대적으로 크고, 뇌의 피질과 기저 신경절은 더 작다. 척수의 상반은 더 작고, 골반과 팔다리를 통제하는 아래쪽은 훨씬 더 크다. (……) 이런 차이 때문에 여성이 남성이 되는 일은 절대 없고, 여성의 효율성은 특정 영역에 머무르되, 그것이 지역 사회 조직 내에서의 정치적 주도권이나 사법 권한에 있지 않다는 사실을 짚어낸다"**라고 썼다. 이외에도 얼굴의 각도, 두개골의 크기와 너비, 뇌의 크기 등등이 지치지 않고 새로운 과학적 근거로 제시되었다.

하지만 최근에는 과학이 지나치게 발전하는 바람에, 이런 이야기들이 이론의 여지 없는 헛소리라는 것이 드러났다. 그럼에도 여전히 과학의 일각에서는 여자와 남자 간의 차이를 규명하려는 시도가 이루어지고 있다. 이 중 가장 대표적인 것은 테스토스테론 즉 남성호르몬

---

* 같은 책, 155쪽에서 재인용
** 같은 책, 197~198쪽에서 재인용

이 미치는 영향에 대한 연구와, 두 성이 서로 다른 뇌를 가지고 있다는 이른바 여자 뇌/남자 뇌에 대한 주장이다. 최근에 이런 연구는 두 가지 측면으로 이용되고 있는데, 예의 남성 지배를 과학적으로 정당화하려는 목적과, 동시에 최근 전 지구적으로 일어나는 남성의 몰락(특히 학령기 남성의 학업 성취도 저하 문제)을 변명하려는 목적이다. 그러니까 남자가 계속해서 강자인 이유를 규명하려는 과학과, 남자가 왜 약자인지를 규명하려는 과학적 연구가 상호 간의 별다른 협의나 논쟁 없이 각각 진행되고 있는 것이다.

심리학자 코델리아 파인은 연일 뉴스 지면을 뒤덮고 있는 이런 종류의 과학 지식들이 얼마나 허약한 기반으로부터 생산된 것인지를 지적한다. 가령 1980년 노만 게슈윈드Norman Geschwind와 동료들은 태아기에 남성이 겪는 높은 태아기 테스토스테론 수치가 뇌 좌반구의 성장 속도를 느리게 한다는 견해를 보였으며, 이 때문에 남성이 "예술성, 음악성, 수학적 재능을 비롯해 뛰어난 우뇌 재능을 가질" 엄청난 잠재력이 있다고 주장했다. 하지만 이는 후속 연구들에서 사실이 아니라고 밝혀졌는데, 그럼에도 불구하고 이런 관점은 케임브리지대 심리학과 교수인 사이먼 배런코언을 필두로 한 현 세대 연구자들에게 계승되었다. 배런코언은 태아기의 테스토스테론 수치가 뇌를 여성형(E형) 또는 남성형(S형)으로 만드는 것을 결정한다는 주장을 폈다. 그러나 이 과정을 태아를 연구해 직접적으로 규명하기는 매우 어렵다. 그래서 나온 것이 산모의 혈액, 양수, 성인의 손가락 길이 비율 등을 통해 태아기의 테스토스테론 양을 대략적으로 추산하는 방법들이다. 나아가 남아와 여아

를 대상으로 하는 심리 실험들이 덧붙었다.[*]

예를 들어 생후 평균 하루 반나절이 지난 신생아들에게서 성차를 보기 위해 모빌과 사람의 얼굴을 보여주고서 무엇을 더 많이 응시하는가를 재는 실험을 진행했다. 결과는 남아가 여아보다 더 오랫동안 모빌을 응시했고, 여아는 반대로 사람을 더 오래 응시했다. 배런코언은 이를 공감 능력과 체계화 능력에서의 성차라고 해석하며, "만일 물리학이나 수학과 관련된 직업이 그러한 분야에 이끌리는 지원자의 성을 그대로 반영하고 있다면, 우리는 그와 같은 직종에서의 남녀 비율이 50대 50이 되기를 기대해서는 안 된다"[**]라고 주장했다.

하지만 심리학자 앨리슨 내시[Alison Nash]와 조다나 그로시[Giordana Grossi]는 해당 연구에 심각한 설계 오류가 있다고 이야기한다. 이른바 '잠재적 실험자 기대 효과'라는 것인데, 각 산모의 방에서 진행된 이 실험에는 연구자들이 신생아의 성별을 알 수 있는 환경적 요인으로 가득했고, 이 정보는 연구자들이 아이를 대하는 태도에 미묘한 변화들을 만들어내기에 충분한 조건이라는 것이다. 실제로 연구자가 신생아의 성별을 알 수 없도록 조치하고 진행된 또 다른 연구에서는 별다른 차이가 나타나지 않았고, 같은 조건으로 3~4개월 후에 진행된 실험에서야 차이가 나타났다. 연구자들은 이를 통해 응시도의 차이에서 나타나는 성차는 유아기 초기에 학습된 것일 가능성이 있다는 가설을 내놓았다. 게다가 무엇보다도 아이가 사람을 응시하는지, 모빌을 응시하

[*] 같은 책, 163~164쪽
[**] 같은 책, 172~174쪽

는지가 그 아이가 수학과 승진을 잘하는 남성 뇌를 갖고 있는지, 공감과 빨래를 잘하는 여성 뇌를 갖고 있는지를 말해주는 것조차도 아니라는 것이다.[*]

파인은 최근 성차의 뇌 과학적 발견에 강력한 증거물로 빈번하게 채택되는 fMRI(기능적 자기 공명 영상)와 PET(양전자 단층 촬영)의 문제점에 대해서도 지적한다. 신경 과학자 아이리스 소머[Iris Sommer]와 동료들은 이 신경 영상 촬영법을 통해 언어의 좌우 뇌 기능 분화를 다룬 뇌 기능 영상 연구들의 결과를 수집해 두 차례에 걸쳐 메타 분석으로 검토했다. 각각 800명의 자료와 2000명의 자료를 가지고 진행된 이 분석에서는 기존의 개별 연구들에서 발견되었다고 주장되었던 유의미한 성차가 발견되지 않았다.[**]

게다가 이 두 촬영법은 뇌의 신경 활동을 직접적으로 측정하는 것이 아니라 혈액 내 산소 수치 변화와 방사선 추적자 동위원소라는 대용물을 통해 신경 활동을 추측하는 것이다. 요컨대 이 화면들은 뇌의 활동을 생중계하는 것이 아니라, 분석을 통해 계산한 '통계적 유효성'을 보여주는 것이다. 이 연구 방법에 대한 궁극적인 문제 제기는 대서양 연어(스캔 당시에는 아쉽지만 생명 활동이 정지되어 있었다고 한다)에게 감정이 담긴 사진을 보여주는 실험을 통해 이루어졌다. 연구진은 사진을 보여준 연어에서 그렇지 않은 연어에 비해 유독 활발한 뇌 활동을 발견했지만, 해당 뇌 부위가 죽은 연어의 공감 능력을 담당하는 부위

---

[*]　같은 책, 174~178쪽
[**]　같은 책, 201~205쪽

라고 결론을 내리기보다는 이 연구법의 통계적 한계점에 문제가 있을 수 있다는 합리적인 결론을 내렸다. fMRI를 사용하는 모든 연구가 거 짓말이라거나 잘못되었다고 볼 순 없지만, 그것에서 나타나는 것들을 과장하고 나아가 사회에 적용하려는 움직임들에는 훨씬 더 신중해야 한다는 경고로서는 충분하다.

다시 우리의 관심사로 돌아가 보자. 남자와 여자의 신체가 다르게 생겼고, 어떤 부분들은 전혀 다르게 기능한다는 점에 동의하는 것은 어렵지 않다. 하지만 이 다른 신체가 얼마나 다른 기능을 하는지, 또 그 기능이 어떤 인격적, 기질적 특질들을 발현하는지는 아직 밝혀지지 않았을 뿐만 아니라, 우리가 으레 몸으로부터 나올 것이라고 생각하는 차이들마저도 그 밝혀지지 않은 영역 속에 있는 것이 대부분이다.

먹고사는 것이 인류의 모든 걱정거리이던 시절, 조금 더 힘이 센 사 람이 힘이 많이 드는 일을 하고 더 날렵한 사람이 날렵한 사람에 어울 리는 일을 하는 것은 문제의 축에도 들지 않던 일이었다. 현생의 인류 역시 먹고사는 것이 문제이긴 하지만, 무엇을 어떻게 먹고살 것인가로 고민이 바뀐 지 오래다. 그러므로 오늘날의 남자들 혹은 남자다움이 수만 년 전 수렵과 채집을 하던 습관에서 나왔다는 이야기에는 더 신 중할 필요가 있다. 게다가 사람은 세상 그 어느 동물보다도 잘 학습하 고 잘 변하는 동물로서, 인류는 맘모스를 잡는 것과 기획서를 쓰는 것 의 차이만큼이나 달라져 있다.

남자 대 야생

미국 디스커버리Discovery 채널에서 2006년부터 2011년까지 방영되었던 〈인간 대 야생Man vs. Wild〉은 엄청난 인기를 끌었다. 전직 영국 특수부대원인 탐험가 베어 그릴스Bear Grylls가 세계에서 악명 높은 혹독한 환경에 일부러 낙오되어 그곳에서 살아남는 법을 보여주는 프로그램이다.

베어 그릴스는 정글, 사막, 혹한 지대, 무인도, 고산 지대, 늪 지대, 폐허가 된 도시를 비롯해서 인간이 살 수 없어서 내버려둔 땅들로 향한다. 대체로 비행기와 헬리콥터에서 뛰어내리는 것으로 시작되는 이 프로그램은 혹시라도 해당 지역에서 조난을 당했을 때 취할 수 있는 대처법들을 알리기 위해 제작되었다. 베어 그릴스는 해당 지역의 지형, 생태, 기후, 위험, 먹을 수 있는 것과 잘 수 있는 곳 등을 자세하게 소개한다.

이 프로그램의 백미는 베어 그릴스가 먹는 것들이다. 당연하게도 야생 상황에서는 편의점이나 김밥천국이 없기 때문에 자연에 있는 것들을 조달해서 먹어야 하는데, 과수원 한가운데에 떨어진 것이 아니라면 무엇을 먹을 수 있는지 없는지도 알기 어렵다. 그리고 이 부분에서 새롭게 발견되는 것은 인간의 포식자로서의 굉장함이다. 베어 그릴스는 주로 이 '음식'에는 단백질, 비타민, 미네랄, 탄수화물 등등이 들어 있다고 말하면서 무언가를 집어먹는데, 내가 본 것만 해도 뱀, 악어, 죽은 동물, 애벌레, 곤충(특히 거미, 심지어는 모기), 이런저런 풀과 열매, 물고기, 해산물, 해초 등등 다양하다. 큰 것은 불을 피워 익혀 먹지만 작은 것들은 그대로 입으로 직행하는데 찡그린 표정으로 "끈적끈적하고, 바삭바삭하고, 역겹다", "개똥에 비빈 스테이크 맛이다"라는 식으로 친절하게 설명해준다.

베어 그릴스는 자연에서의 생존이라는 인류의 첫 번째 과제를 헤쳐나가는 원초적인 남성성을 우리에게 다시 보여주는 것 같다. 그 태초의 남자는 살기 위해서 벌레와 역겨운 것들을 씹어 삼키는 것을 마다하지 않는 남자고, 거친 환경과 위험을 오로지 몸과 기지로 돌파하는 남자다. 필요한 것은 만들어내고 불필요한 것은 취하지 않으면서, 당장 배를 채울 수 있고 눈을 붙일 안전한 장소가 있으면 만족한다. 중요한 것은 당장의 생존이기 때문에 위협이 되는 것은 피하거나 제거하고, 나머지 것들에는 관심이 없을 것이다.

살아남기 위해 고군분투하는 남자는 우리가 흔히 남자들의 행동 양태를 설명(혹은 변명)하기 위해 끌고 오는 비유를 떠오르게 한다. 세상은 약육강식의 정글이고 먹지 않으면 먹히기 때문에 강해져서 남을 잡아먹는 포식자가 되어야 한다는("지금은 내 점심이죠!") 식의 이야기들 말이다. 이 말은 남자들이 사회생활에서 드러내는(혹은 드러낸다고 여겨지는) 폭력성, 경쟁심, 비열한 권모술수 같은 것을 정당화하는 말이자, 남자가 사회적으로 우위를 점하는 원인이라고 주장되기도 한다. 다윈의 진화론이 현생 인류를 진화의 산물이라고 밝혀낸 이후 진화의 법칙이라고 알려진 적자생존은 현생 인류의 존재를 정당화하는 논거로 반복해서 사용되었다. 즉 지금의 인류는 적자생존의 결과이고 그렇기 때문에 정당한 존재인데, 마찬가지로 지금의 사회 체계 역시 그렇다는 것이다.

그런데 실제로 베어 그릴스를 '연출'하기 위해 필요한 것들의 목록을 나열해보면 자연과 홀로 맞서는 고독한 늑대(심지어 늑대도 무리를 짓는 동물이라 고독하지 않다)와는 거리가 멀다는 것을 곧 알게 된다. 먼저 베어 그릴스 못지않게 훈련을 받은 카메라맨들이 그와 동행한다. 베어 그릴스가 감당할 수 있는 위협인지를 의학적·과학적으로 판별하는 전문가들이 있고, 지리학, 생물학, 의학 등 근대 이후에 발달한 많은 지식들이 그의 위험을 줄이기 위해 동원된다. 무엇보다도 그의 프로그램은 일부 위험한 장면들이 연출된 것이라는 의혹을 받곤 한다. 한 예로 베어 그릴스가 뜨거운 용암 지대를 탈출하는 한 영상이 전혀 위험하지 않은 곳에서 촬영되었다는 것이 외국 네티즌들에 의해 드러나기도 했다. 하지만 이런 조작 논란이 프로그램의 인기에 큰 영향을 미치지는 않았다. 왜냐하면 이 프로그램의 가장 큰 인기 요소는 베어 그릴스의 '먹방'이기 때문이다. 하지만 그는 인터뷰에서 자신은 까다로운 식성의 소유자라 이런 일들이 괴롭다고 토로한 바 있다. 촬영이 끝나면 꼬박꼬박 구충제도 챙겨 먹을 것이 분명하다.

더 흥미로운 것은 그의 배경인데, 그는 영국 보수당 중진 의원의 아들이며 영국의 상류층 자제들이 다니는 명문 사립학교인 이튼 칼리지 Eton College 출신이다. 다시 말해 그는 아직 귀족과 같은 신분제도가 영향을 미치고 있는 영국 상류층의 일원이다. 우리는 흔히 상류층의 이미지를 거대한 빌딩 꼭대기의 거대한 사무실에서 거대한 의자에 앉아 있는 눈코 뜰 새 없이 바쁜 사업가의 이미지로 생각하곤 하지만, 영국의 상류층들은 귀족(문자 그대로)이며 놀랍게도 아직 '영지'가 있고, 자신의 영지와 다른 재산에서 나오는 수입만으로도 삶을 꾸리는 데에 아무런 어려움이 없는 경우가 많다. 즉 영국의 상류층이란 과거 귀족들이 그러했듯이 대체로 별다른 직업 활동을 하지 않는 이들이며, 동시에 그것을 이상하게 생각하지도 않는 이들이다. 이런 점에서 보면 그가 익힌 생존술은 '살아남기 위해서'라기보다는 군에서의 직업교육에 가까운 것이자, 동시에 상류층의 기행 혹은 취미 생활이다. 실제로 그는 프로그램을 통해 얻은 수익을 기부하곤 했는데, 그가 세계 오지를 다니며 산해진미(?)들을 먹어치우는 동기는 심지어 경제적인 것도 아닌 것이다.

이쯤 되면 그를 원초적 남성성의 구현자로 보는 것에 의문이 생긴다. 그의 생존에 대한 해박한 지식과 능력에서 가장 부족한 것이 있다면 다름 아닌 생존 그 자체에 대한 목적의식이다. 어쩌면 이는 계급에 관한 한 편의 우화처럼 느껴지기도 한다. 우리가 알고 있는 가장 원초적이고 생존력이 강한 남자는, 알고 보니 생존력을 발휘해야 하는 배경과 거리가 먼 남자였고, 그럼에도 만약 정글에 그와 어느 노동계급의 남자가 떨어진다면 살아남는 것은 베어 그릴스일 것이라는 식의 이야기 말이다. 당연한 말이지만 노동계급과 빈곤한 이들의 건강 상태와 수명은 상류층의 그것보다 훨씬 열악하고 짧다. 오늘날의 생존력이란 그것을 위해 동원할 수 있는 자원들에 비례하는 것이고, 여기에 원초적인 남성성 같은 것이 끼어들 여지는 별로 없다.

만들어진 남자

우리가 알고 있는 남자다움의 기원은 그렇게 오래되지 않았다. 인류는 오랜 시간 동안 신분제 사회였고, 그가 남자다운가 아닌가보다 중요했던 것은 그가 귀족인지 평민인지 아니면 노예인지였다. 우리가 남성성의 원형으로 여기는 몇몇 사례들은 지금에 와서 비춰보면 부적절하기 그지없다. 가령 신화 속 그리스의 영웅들의 행적을 보면, 약탈, 방화, 살인, 납치, 강간, 결혼 사기 등의 중범죄로 점철되어 있다. 중세의 기사들은 폭력적인(그리고 중세의 생활상을 놓고 봤을 때 잘 씻지 않았을) 낭인 집단으로, 그들을 순치하기 위해서 기독교와 기사도가 필요했다. 많은 남자 위인들은 후대에 그들의 위대함에 일관성을 주기 위해 많은 위대하지 않은 면모들을 덜어낸 상태로 우리에게 소개되었다.

역사학자 조지 L. 모스는 현대적인 남성성의 '이상형'이 탄생한 시기를 18세기 후반과 19세기 초 사이 즈음으로 보았다. 그는 《남자의 이미지》라는 책을 통해 남성성의 이상형의 형성과 변화를 추적했다. 여기서 이상형이라는 것이 그가 좇는 것이 평범한 남자들의 생활상이라기보다는 사회들이 만들어내고자 했던 이상적인 남자의 상이라는 것을 의미한다. 그는 18세기 후반 이후 이렇게 만들어진 남자의 이상형이 20세기 말에 이르기까지 변하지 않았다고 주장한다.

'남자다움manliness'은 근대성이 지닌 위험으로부터 기존 질서를 보호하는 안전장치로 간주되었다. 하지만 남자다움은 또한 변화를 원하는 사람들에게 없어서는 안 될 속성으로 간주되기도 했다. 실제로 '사내답게 되라' 라는 권고는 19세기와 20세기 초반에 하나의 상식이 되었다.[*]

그는 새롭게 주조된 남자의 이상형이 무엇보다도 그 외형에 집중하고 있다고 말한다. 누군가가 훌륭한 남자인지 아닌지를 알기 위해 일일이 그와 대화를 나누고 같이 생활을 해보는 것은 너무 번거로운 일이기 때문이다. 내면을 드러내는 것은 어렵지만 외형은 그 자체로 드러나 있는 것이고, 식별하기도, 깃발로서 내걸기도 쉽다. 프랑스 혁명은 "'새로운 상징들'이 '새로운 남성'을 만들 수 있다"라고 선언함으로써 남성성이 외형을 중심으로 강화되는 것을 촉진했다. "현대적 남성성은 이상적인 남성미를 통해 스스로를 정의한다. 그리고 이상적인 남성미는 미덕을 상징한다."[**]

남성성의 외형적 이상형으로 선택된 것은 18세기 독일의 미술사가인 요한 요아힘 빙켈만이 찬양했던 고대 그리스의 조각상들이었다. 빙켈만은 유럽에서 이교도의 문화로 취급되며 잊혀져왔던 그리스 문화의 가치를 발견해 알린 것으로 유명하다. 로마의 바티칸 도서관에서 일하던 그는 유물 창고에 있던 그리스 조각품들에 매료되어 그 양식과 연대를 정리해 1764년 《고대 미술사Geschichte der kunst des Alterthums》를 출간한다. 그를 통해 수많은 그리스 문화의 열렬한 매료자들이 생겨났고, 이후 19세기에는 유럽인들이 스스로를 그리스의 후예로 여기기

[*] 조지 L. 모스, 《남자의 이미지》, 이광조 옮김, 문예출판사, 2004, 10쪽
[**] 같은 책, 14쪽

시작했다. 심지어는 1820년대에 그리스가 터키로부터 독립 전쟁을 벌였을 때 영국과 프랑스 등 유럽 국가들이 도움을 주기도 했는데, 여기에도 고대 그리스에 대한 선망이 작용했다.[*]

그리스에 대한 선망은 여러 가지 요인들이 복합적으로 작동한 것으로, 기독교적 영향력의 약화, 신흥 부르주아의 탄생, 그리고 유럽에 세워진 박물관을 가득 채운 '약탈된' 유물과 미술품 같은 것들이었다. 혈통으로 모든 것이 입증되었던 귀족에 비해, 재산과 사회적 지위라는 다소 불안정한 것들을 자신의 기반으로 삼았던 신흥 부르주아들은 혈통의 대용물로서 자신의 지위를 안정해줄 수 것들을 찾아다녔다. 이때 이들에게 나타난 것 중 하나가 '건강하고 아름다운 육체'라는 새로운 기준이다. 그리스의 조각상처럼 균형 잡히고 아름다운, 질병에 시달리지 않으며 건강하고 매끈한 남성의 몸이 부르주아들의 불안정한 태생을 보충해줄 새로운 기준으로 떠올랐던 것이다. 여기에는 당시 발전하고 있던 의학, 생물학, 인류학 등과 같은 과학이 뒷받침하고 있었다.

한편 현대적 남성성의 이상형은 처음부터 19세기 민족주의 운동과 계몽주의에 포섭되었다. 이런 남성성의 이상형이 대중적이고 교육적인 형식으로 구현된 것은 체조였다. 현대 체조의 아버지로 여겨지는 프리드리히 루드비히 얀은 체조를 "독일 국민의 생명선"이라고 불렀는데, "체조 훈련이야말로 독일 국민들을 젊음과 남자다움으로 이끌고 종교

---

[*] 강철구, 《우리 눈으로 보는 세계사》, 용의숲, 2009

와 지역, 신분을 초월해 독일 국민들을 하나의 공동체로 만들어줄 것이기 때문"이었다. 그는 체조인들에게 "정신과 인내, 그리고 헌신성"을 강조했고, "고상하고 순수하며, 능력 있고 두려움이 없으며, 신의 있고 총을 들 준비가 되어 있어야 한다"라고 말했다.* 즉 남성성의 이상형으로 채택되었던 강인하고 아름다운 몸은 거의 동시에 국가와 민족을 위해서 헌신하는 몸이 되었다. 몸은 이데올로기에 포섭되었고, 그 자체로 이데올로기의 선전물이 되었다. "19세기가 진전되면서 체조는 사회의 건강법이 되었다. 체조는 쓸모없는 무산계급을 점잖은 시민으로 변화시킬 수도 있고 궁극적으로 사회주의 국제주의, 허무주의 같은 이데올로기를 저지할 수 있었다."** 이 서술은 이 이데올로기의 정체가 무엇인지에 대해서 잘 말해주고 있다. 유럽의 백인 중산층을 위한, 자본주의를 위한, 민족-국가를 위한, 노동과, 개척과, 전쟁을 위한 몸을 빚어내는 것이 이 새로운 남성성의 중요한 목표였다.

새로운 남성성에서 강조된 것은 규율이었다. 규율이 없는 용맹함은 오히려 화가 되기 때문이다. 군사적인 덕목과 군사 훈련이 새로운 남성성의 핵심에 자리 잡은 것은 이상한 일이 아니었다. 이것의 기원은 프랑스혁명, 그중에서도 시민 상비군 제도였다. 상비군은 용병처럼 이곳저곳 흘러 다니는 불온한 무력과 다르고, 징집된 농민처럼 훈련되지 않은 무력과도 다른 무엇이다. 상비군은 국가를 수호한다는 고귀한 목적 아래 징집된 남성들의 집단이고, 규율과 훈련으로 단련되어 있다.

---

* 조지 L. 모스, 앞의 책, 75~76쪽
** 같은 책, 79쪽

"프랑스혁명기에 등장한 새로운 시민 상비군은 그 자체가 남자다움을 가르친 학교였다."*

당연한 수순이지만 대의를 위한 희생도 강조되었다. "죽음과 희생은 자유의 관념에도 결합되었다. 그뿐 아니라 죽음과 희생은 평등과 형제애 같은 관념이나 독일 해방 전쟁의 경우처럼 민족 통일에 대한 갈망에도 결합되었다. 영웅들과 연결된 자유는 개인적 자유가 아니라 민족의 자유나 신생 프랑스 공화국의 자유 같은 높은 대의에 복무하는 자유였다."**

대의를 위해 장렬하게 산화하는 남자들에 대한 찬양이 이어졌고, 거기에 숭고함과 아름다움 같은 미적인 가치들이 부여되었다. 남성성은 대의라는 이름의 탄창 속에서 발사될 순간을 기다리는 잘 다듬어진 총알에 가까워졌다.

새로운 남성성의 이상형에 대한 저항적 시도들이 존재했지만, 제1차 세계대전을 거치면서 이상형은 오히려 강화된다. 무엇보다도 전쟁은 "'남성이 되는' 자유"라는 인식을 널리 퍼트리는 계기가 되었다. 즉 "전쟁을 통해 남성성에 존재하는 '시인'과 '진정한 남자(용감하고 무자비한)'라는 두 가지 상반된 정체성이 통합"***될 수 있다고 여겨졌던 것이다. 이후 이 새로운 남성성을 적극적으로 차용하고 전면에 내세웠던 것은 다름 아닌 나치였다. 나치는 적극적으로 그리스 조각상을 빼닮은 아름

---

* 　같은 책, 88쪽
** 　같은 책, 90쪽
*** 　같은 책, 192쪽

다운 아리안 인종 남성 청년의 몸을 자신들의 프로파간다로 사용했다. 심지어는 외모가 아리안 인종의 기준에 부합한다는 이유만으로도 당의 간부가 될 수 있을 정도였다.

파시즘은 새로운 남성적 이상형의 최고 형태였다. 파시즘에 맞섰던 공산주의권이나 서방의 자유 진영도 이 역동성과 규율이 공존하는 남성성의 이상을 공유했다.* 그러나 이 남성성에는 하나의 공공연한 비밀이 숨겨져 있다. 이것을 사회적으로 승인하고 추켜올리기 위해서는 그렇지 못한 것들에 대한 낙인과 배제, 그리고 종속이 필요했다는 사실이다. 남자의 이상형을 만들기 위해서는 장애인, 동성애자, 병자, 유색인종, 자신의 위치(어머니, 돌봄 노동, 양육자)를 벗어나려는 여자, 병역거부자 등의 '아웃사이더'들이 비난과 차별을 받고, 심지어는 죽임을 당해야 했다. 이들은 남성성의 이상형을 강화하기 위한 아웃사이더의 이상형이라는 형태로 사회적 박제를 당했다. 모스는 제2차 세계대전 이후로 변화한 세계상에서도 여전히 작동하는 남자의 이상형에 주의를 당부한다.

(……) 이 남성 이상형은 단순히 남녀 간의 역관계에 의존하는 것이 아니라 관습과 윤리, 사회적 이상의 전체적인 그물망에 의해 유지되고 있다. 이처럼 현대 남성성은 지금도 사회를 응집하는 중요한 역할을 수행하고 있

---

* 초기에 몇몇 사회주의자들은 대항적이고 대안적인 남성성을 만들려는 시도를 했다. 대표적으로는 오스트리아의 정신분석학자였던 막스 아들러가 있다.

다. 바로 이런 사실이 남성 이상형의 끈질긴 생명력을 설명해준다. 역사는 쉽게 되돌려지지 않는 것이다.[*]

헤게모니적 남성성

남성성의 이상형의 가장 큰 문제는 그 이상형에 맞는 남자를 현실에서 찾는 것이 어렵다는 것이다. 나치가 인종주의적 관점에서 제시한 아리안 남자의 이상적인 형태, 즉 적당한 근육질의 단련된 몸, 큰 키, 하얗지만 잘 그을린 피부, 파란 눈, 금발, 가지런한 이빨 등의 가장 큰 문제는 자신들의 내부에서도 그에 부합하는 특성을 모두 갖춘 이를 찾기가 어렵다는 것이었다. 나치의 '국민 대중 선전 계몽 장관'이었던 괴벨스는 이런 아리안 남자의 이상형을 국민 선동에 앞세운 인물이지만, 본인은 장애를 갖고 있었다. 다른 진영과 나라에서 내세우는 남자의 이상형들 역시 마찬가지였다.

게다가 이상형의 구성 요소 역시 시대와 장소에 따라서 변화를 겪었다. 모스가 18세기에 생겨나 20세기 후반까지도 계속해서 영향력을 미치고 있다고 이야기했던 이상형 역시 21세기의 도래와 함께 엄청난 변화에 휘말리기 시작했다. 게다가 근본적인 의문은 어떻게 이런 이상적 남성성이 생겨났느냐는 질문이다. 그리고 이 이상적 남성성에

---

[*] 같은 책, 335쪽

미달하는 다른 남자들 그리고 남자가 아닌 이들과의 관계는 무엇이냐는 것이다.

오스트레일리아의 사회학자 R. W. 코넬은 1995년 《남성성/들》이라는 저작을 통해 "헤게모니적 남성성"이라는 개념을 제시한다.* 헤게모니는 이탈리아의 혁명가 안토니오 그람시가 재정립한 개념이다. 파시스트들에 의해 감옥에 갇힌 그는, 이탈리아가 왜 혁명이 아니라 파시즘의 길을 걷게 되었는지를 고민했다. 그가 보기에 이탈리아에서 혁명이 발생하지 않은 것은 가톨릭교회로 대표되는 종교적 권위와 지배계급이 가지고 있는 도덕적이고 사회적인 영향력 등을 통해서 대중의 의식을 장악하고 있기 때문이었다. 즉 지배계급이 총칼을 동원한 강제력뿐만 아니라 종교, 도덕, 문화, 전통 등을 통해 대중의 동의를 얻어내고 있고, 이것이 혁명의 조건이 무르익은 이탈리아에서 오히려 지배와 독재가 공고화되는 원인이었다는 것이다. 나아가 그람시는 이 헤게모니의 문제가 모든 체제를 유지하거나 혹은 뒤집을 수 있는 중요한 요소임을 역설하며, 이를 위한 투쟁의 전략을 모색했다.** 헤게모니적 남성성이란 오늘날 이상적인 남성성으로 여겨지는 것들 역시 이런 정치적이고 문화적인 투쟁과 동의, 전략의 산물이라는 것을 강조하는 관점이다.

---

* '헤게모니'라는 개념은 레닌에게서 처음으로 나타난다. 레닌은 노동계급이 다수 인민의 지지를 획득하기 위한 혁명 전략으로서 헤게모니라는 개념을 사용했다.
** 한국에는 《그람시의 옥중 수고》(총 2권, 안토니오 그람시 지음, 이상훈 옮김, 1999, 거름)로 출간되어 있으며 이는 중요한 글들을 골라 옮긴 판본이다.

남성성들 내부의 다양성을 인식하는 것만으로는 불충분하다. 우리는 다양한 남성성들 사이의 관계, 곧 남성성들이 동맹을 맺고 지배하고 종속되는 관계를 인식해야 한다. 그런 관계는 누군가를 위협하고 착취하는 등의 행동을 하는 포함과 배제의 실천을 통해 구성된다. 남성성 내부에는 젠더 정치가 있다. (……) 헤게모니적 패턴을 거부하는 사람들은 출구를 찾으려고 싸우거나 협상해야 한다. (……) 헤게모니는 완벽한 통제를 의미하지 않는다. 헤게모니는 자동적이지 않고 붕괴될 수도 있다. 심지어 스스로 붕괴될 수도 있다.[*]

코넬은 기존에 남성성을 정의하는 네 가지 방식들을 이야기하며 그것이 가지고 있는 맹점들을 지적한다. 먼저 **본질주의적** 정의는 남성적인 것의 중핵을 정의하는 특징을 집어내고 거기에 남자들의 삶에 관한 설명을 붙이는 방식인데, 여기에서 채택된 것들은 능동성, 위험 감수, 공격성, 책임성, 무책임성 등등이다. 이 방식은 호사가들과 젠 체하는 것을 좋아하는 남자들에게 인기 있지만 본질의 선택이 지나치게 자의적이라는 치명적인 단점이 있다.

실증주의적 사회과학은 사실의 발견을 강조하는 것으로, 관찰과 현상 기술을 기본으로 하는 단순한 정의를 도출하려 한다. 그러나 이 관점은 세 가지 측면에서 문제가 있는데, 먼저 입장 없는 공정한 관찰자 같은 것이 불가능하다는 인식론적 문제와, 남자와 여자가 하는 행동

* R. W. 코넬, 《남성성/들》, 현민·안상욱 옮김, 이매진, 2013, 60쪽

을 관찰하여 그것을 남성성과 여성성으로 구분하기 위해서는 사람들이 남자와 여자라는 이분법적인 방식으로 구분되어 있어야만 한다는 문제, 그리고 우리가 일상적으로 사용하듯 '쟤(남자)는 왜 저렇게 여자같이 굴지?'나, '쟤(여자)는 거의 남자야 남자!' 같은 용법들을 설명할 길이 없다는 점이다.

세 번째 관점은 **규범적** 정의인데, 이는 앞서 이야기했던 것과 같은 남성성의 이상형과 비슷하다. 그리고 이것의 난점은 역시 그 누구도 그 규범 속의 남자가 아니라는 것이다. 금발에 푸른 눈을 가진 미남을 찾았다고 해도, 그게 그가 용맹한 전사, 자상한 가장, 생계 부양자, 이성애자, 비장애인이라는 것을 보장하지는 못하기 때문이다. 남성성에 국한된 것은 아니지만, 지난 2017년 미국의 샬러츠빌^{Charlottesville}에서 있었던 인종주의적 시위를 주도했던 이들 중 일부가 DNA 분석 결과 '순수 백인'이 아니라는 결과를 통보받았던 농담 같은 이야기를 떠올려보면, 이것이 얼마나 불가능한 시도인지를 생각해볼 수 있다.* 뿐만 아니라 규범적 정의는 현실의 남성들이 어떤 성향을 보이고 있는가에 대해서는 말하지 못한다.

마지막 관점은 **기호학적** 접근이다. 기호학적 접근은 쉽게 말해 우리의 기호 체계(대표적으로 언어)들에서 어떤 것을 남성적이라고 하고 어떤 것을 여성적이라고 하는지 분석한다. 여기에서 남성성이란 단순하게 말해 여성성이 아닌 것이다. 남성적인 것은 '주인 기표'로 그것이 무

---

* "백인 우월주의자 DNA 분석해보니 '순수 백인' 아냐", 《아시아경제》, 2017. 8. 31.

엇인지 정해져 있지 않으면서 다른 기표들의 자리를 정하는 것이고, 여성적인 것은 어떤 결여를 통해 주인 기표로부터 자신의 자리를 부여받는 기표들이 된다. 즉 남성성은 완전한 것, 결여를 갖지 않은 것이고, 여성성은 이에 비교해서 무엇이 없다, 부족하다, 결여되어 있다는 식으로 정의된다.

이런 비판적 접근을 통해 코넬이 정의하는 남성성은 다음과 같다. "남성성은 젠더 관계 속의 장소이자 그 장소에서 남녀가 관여하는 실천이고, 그런 실천이 육체적 경험, 인격, 문화에서 만들어내는 효과다."＊ 물론 이는 우리가 일상적으로 받아들이는 남성성이라는 개념과 관련하여 직관적으로 와닿는 표현은 아니다. 하지만 그것을 단순히 주변에 있는 남자들이 하는 행동과 말로 축소해서는 곤란하다는 것 정도는 말해준다.

남성성에 대한 이 복잡한 정의를 염두에 두고 다시 한 번 헤게모니적 남성성에 대해서 살펴보자. 이 남성성의 헤게모니는 단지 남자들에게만이 아니라 사회 전체에서 남자와 여자의 역할과 지위에 대하여 작용한다. 이 헤게모니적 남성성이 지키려는 것은 궁극적으로 가부장제와 남성 우위의 사회 체계다. 단순한 힘과 폭력의 논리가 아니라 수많은 우회로들이 이용된다. 남성성의 우월함과 정당성을 입증하기 위한 학문적이고 과학적인 연구, 남성성을 멋지게, 웃기게, 친근하게, 당

＊ 즉 사회적으로 형성되는 남성성이란 세 가지 차원을 가지고 있는데, 젠더 관계 속의 위치/장소, 그 위치/장소에 연관되어 현실의 남녀가 행하는 실천, 그 실천이 만들어내는 효과다.(R. W. 코넬, 위의 책, 113~116쪽)

연하게 만드는 이미지 전략, 남성성을 배려하는(예를 들어 남자의 성욕에 대해) 법과 제도, 전통이나 풍속의 이름으로 정당화되는 성차별적 관행, 신의 이름으로 성차별을 옹호하는 종교 등등이 이 헤게모니의 구성 요소다.

헤게모니적 남성성은 가부장제의 정당성 문제에서 현재 수용되는 답변을 체현하는 젠더 실천의 배치 형태로 정의할 수 있다. 곧 헤게모니적 남성성은 남자들의 지배적 위치와 여성 종속을 보증하는(또는 보증하려고 채택되는) 답변을 체현한다. (……) 그런데도 헤게모니는 개별적이지 않고 집합적인 것으로서 문화적 이상과 제도적 권력이 부합할 때에만 성립될 수 있다. 따라서 최상위 기업, 군대, 정부는 설득력 있게 결합해서 남성성을 전시하는데, 남자들과 페미니스트 여자들이 아무리 반대해도 거의 꿈쩍하지 않는다. 이것이 직접적 폭력보다 성공적으로 권위를 주장하는 헤게모니의 표지다(그러나 폭력은 자주 권위를 뒷받침하고 지탱한다).[*]

헤게모니는 힘보다는 동의를 통해 지배하지만, 궁극적인 폭력의 암시가 언제나 따라다니고 있다. 헤게모니는 쉽게 거부할 수 있는 것이 아니다. 앞서 코넬이 이야기한 바와 같이, 이것으로부터 벗어나고자 하는 이들은 저항하거나 협상을 하는 식으로 대가를 치러야 한다. 그러나 이탈의 시도는 항상 성공하는 것이 아니고, 실패는 주체의 소멸을

---

[*]   같은 책, 124~125쪽

의미한다.

헤게모니적 남성성이 표방하는 속성들은 모든 남성들에게 기꺼이 받아들여질 수 있는 것들은 아니다. 현실에 존재하는 남자들에게 모종의 압박으로 다가온다. 하지만 대부분의 남자들은 이 헤게모니적 남성성에 큰 불만을 보이지 않는다. 코넬은 그 이유를 "가부장적 배당금"*이라는 개념을 통해 설명한다. 헤게모니적 남성성이 이상적인 남성성을 설파하고, 그것에 대한 광범위한 동의를 만들어내고 있는 세계에서는 그 이상에 걸맞지 않는 남자들 역시 반사이익을 본다. 헤게모니적 남성성이 만들어내는 편견에 의해 고용 시장에서 이득을 보거나, 실수에 대해 더 너그러운 처분을 받거나, 하다못해 밥 한 술을 더 얻어먹고 있는 것이다.

많은 경우 가부장적 질서의 수호에는 노골적인 남성성의 정치가 필요하지 않다. 헤게모니적 남성성을 위해 사회적으로 선발된 이성애 남성이 기업과 국가를 운영하는 상황에서, 이런 제도들의 일상적 유지는 보통 성공하게 된다. 이것이야말로 헤게모니적 남성성이라는 집합적 프로젝트의 핵심이고, 평소에 헤게모니적 남성성이 하나의 프로젝트로 가시화되지 않는 이유다. 많은 경우 남성성은 주제화될 필요가 전혀 없다. 주목을 받는 것은 국가의 안전, 기업의 이윤, 가족의 가치, 진정한 종교, 개인의 자유, 국가 간 경쟁, 경제적 효율성, 과학의 진보 같은 것이다. 이런 용어들의 수호를 받으

---

* 　같은 책, 127쪽

면서 일상적으로 제도가 작동하고 특정 유형의 남성성이 지배하게 된다.

그러나 젠더 질서에 위기 경향이 출현하면 그 대응으로 헤게모니적 남성성이 주제화될 가능성이 있고, '총기 로비' 같은 유형의 정치가 나타난다. 헤게모니의 일상적 유지와 노골적인 남성성의 정치의 상호작용은 다양한 실천의 무대에서 발생할 수 있다.*

헤게모니가 훌륭하게 작동하고 있다는 가장 큰 증거는 아무도 그것을 문제 삼지 않는다는 것이다. 남자나 남성성은 '위기'라는 국면에서만 수면 위로 떠오른다. 헤게모니적 남성성에 위해가 되지 않는 문제는 다양한 사회경제적 위기로 해석되지만, 그것이 젠더 질서에 위해를 끼친다고 여겨지는 때에는 다르다. 위기 담론의 역할은 현실 세계의 변화에 맞춰 헤게모니적 남성성의 내용을 일부 수정하거나, 존속 불가능해진 정당성을 대체할 새로운 논리를 만들어내는 것이다. 헤게모니적 남성성의 내용들은 시대와 상황에 따라서 변화해왔다. 하지만 남성이 사회적 우위를 점하는 사회의 모습은 변하지 않았다. 헤게모니적 남성성이 수호하는 것은 바로 이 우위다.

---

*   같은 책, 311쪽

지배의 비용

모든 지배에는 비용이 따른다. 하나의 작은 마을을 통치하는 데에도 많은 난관을 거쳐야 하는 것이 인지상정이다. 심지어 그것이 한 국가라면, 또는 인류의 절반을 대상으로 하는 것이라면 더더욱 그렇다.

남자들은 그렇게 배우며 자라났기 때문에, 또는 그것이 자신에게 이득이 되기 때문에 가부장제를 옹호하거나 거기에 편승한다. 하지만 이것이 아무런 비용 없이 이루어지는 것은 아니다. 남자들은 헤게모니적 남성성이 만들어놓은 기대들에 어떤 방식으로든 응해야 한다. 용맹하지 않은 전사는 겁쟁이라고 비난받으며 진짜 남자의 자격을 박탈당할 수도 있다. 위험을 두려워하고 맞서려 하지 않는 남자들도 비난받을 것이다. 가족을 건사하지 못하는 가장, 성적으로 여성을 만족시키지 못하는 남자, 가난한 남자, 왜소한 남자, 이성애자가 아닌 남자 등에게 이 기대는 때로는 삶 전체와 목숨을 좌우하는 요소다.

이 남성 지배의 이득은 모든 남성에게 평등하게 분배되지 않는다. 지금까지 살펴본 바에 따르면 모든 시기의 헤게모니적 혹은 이상적 남성성들을 관통하는 논리는 '동원'이다. 즉 남자들은 전쟁이나 경제 성장을 위해 몸을 바쳐 희생할 준비를 해야 한다. 그리고 여성은 이런 남성들을 위해 가사와 육아를 전담하고, 성적/정서적 위안을 주는 존재여야 한다. 이상적 남성성이 민족주의와 자본주의가 시작되던 그 시기에 나타났다는 것은 우연이 아니다. 전장과 공장을 채울 단련된 육체들에 대한 필요가 특정한 형태의 남성성을 주조해낸 것이다. 그러나 알다시피 모든 남자가 최전선에서 비명횡사하거나 공장에서 과로를 하다 요절하지는 않았다. 누군가는 요란스런 군복을 입고 다른 남자들을 사지로 내모는 결정을 내렸고, 다른 남자들의 노동을 착취해서 자본가가 되었다.

가장 부당한 취급을 당하는 여성과 비-남성들의 입장을 잠시 잊고 생각해보면, 남성 지배란 소수의 권력을 가진 남성들을 위해 다수의 별 볼일 없는 남성들이 열과 성을 다해 복무하는 불공정한 게임이다. 즉 지배의 비용은 남성으로 호명된 모두가 지고 있지만, 지배를 통해 얻어낸 산물은 일부가 독식하는 구조다. 이 일부는 동료 지배자들을 위한 배당금도 자신의 주머니에서 꺼내지 않는다. 이들이 주는 배당금은 여성과 비-남성에게 행해지는 차별이다. 즉 대부분의 남자들은 자신들의 발밑에 자신보다 더 못한 이들이 있다는 것을 보며 얻는 위안과 약간의 반사이익을 위해 가부장제의 수호자 노릇을 하고 있는 것이다.

신자유주의의 도래 이후 이 남자들 안의 간극은 더 커졌다. 과거 제조업 정규직 노동자와 낮은 직급의 화이트칼라들로 구성되었던 중산층은 거대한 파열음을 내며 양쪽으로 찢기고 있다. 남자들에게 고강도 노동을 시키고 가족이 먹고살 만한 임금을 주는 것은 새로운 경제 상황에 어울리지 않는다. 중산층 남성들이 집에서 제왕 노릇을 할 수 있도록 해준 마지막 원천이었던 '남자-생계 부양자-가장'은 끝장났다. 오늘날 마주하게 된 현실은, 아버지들이 누리던(사실은 누렸다고 상상되는) 가부장의 권력을 달라고 징징거리는 남성 청년들과, 바뀌어가는 세태에 적응해보려고 몸부림치는 소수의 남자들과, 이 시대의 권력과 권위와 명예가 하나로 통합된 돈을 움켜쥔 극소수의 부자 남자들이 어색하게 손을 맞잡고 있는 형국이다.

지금부터 우리는 과거로 돌아가서 극동 아시아의 작은 반도에 존재했던 '남자'들의 역사를 살펴볼 것이다. 스포일러를 하자면 이들은 불우한 시작, 실패로 점철된 역사를 가지고 있으며, 최근의 상황도 그다지 유쾌하지 않다. 줄여서 쓰면 큰일 나는 바로 그 '한국 남자'들을 만나보자.

3
한국 남자의 우울한 기원

조선의 잘나가는 무능력자들

우리가 알고 있는 남자의 덕목들의 역사가 매우 짧다는 것은 근대화되기 이전의 조선을 보면 알 수 있다. 그 이전의 모든 나라들과 비교해도 조선이 무인을 천대하고 문인을 높게 샀다는 것은 널리 알려진 일이다. 이런 경향은 특히 조선 말기로 갈수록 더 심하게 나타나는데, 조선 후기의 문인이었던 남당 한원진이 "우리나라에는 세 가지 큰 우환이 있으니 문관이 무관을 멸시하는 것이요, 사대부가 서얼을 짓밟는 것이오, 속인이 승려의 무리를 천대하는 것이니, 이는 실로 화의 근원이다"*라고 이야기할 정도였다. 무인은 문인과 대화할 때 스스로를 소인小人이라고 지칭했고, 군복을 입고 권세가의 마을을 출입하는 것도 삼갔다. 비슷하거나 같은 품계일 때에도 무인은 문인보단 낮잡혔고, 무인이 자신의 상관일 때조차 지시를 거부하거나 무시하는 문인들도 많았다.

심지어 17세기의 야담집 《천예록》에는 경주 서악서원에서 한 선비가 설총이나 최치원 같은 문인과 무인인 김유신을 함께 모시는 것이

---

* 정재민, 「조선 후기 설화에 나타난 무인의 위상과 문무 관계」, 〈한일군사문화연구〉 제21권 제0호, 한일군사문화학회, 2016, 340쪽

부적절하다고 이의를 제기했다가 김유신에게 저주를 받고 죽었다는 내용의 설화가 전해진다. 김유신이 통일신라의 개국공신임에도 그의 신주를 모시는 것에 논란이 일었던 것을 보면, 무인에 대한 조선의 푸대접이 어느 정도였는지 잘 보여준다.

인류의 역사에서 가장 보편적인 남자의 역할이자, 지배의 정당성으로 제시되는 '전사로서의 남자'는 조선에서는 별다른 영향력을 발휘하지 못했다. 그나마 무인에 대한 부당한 대우가 화두가 된 것도 임진왜란과 병자호란을 거치면서 겪은 고통이 아니었다면 어려웠을지 모른다.

하지만 이 백면서생들의 또 다른 문제는 그들이 심지어 가족을 먹여 살리는 존재조차도 아니었다는 것이다. 조선 중기 이후 사대부들이 금과옥조로 받아들였던 《주자가례》에서는 가장을 "①예법을 지켜 자제들과 친족을 다스리고 직분을 나누어 할 일을 주어 성공하도록 하며, ②재물 사용의 절차를 바로잡고 수입을 헤아려 지출하며 집안에 [물품이] 있는지 없는지 헤아려 상하 의식衣食과 길흉사 비용을 지불'하는 등 구성원과 가산을 관리하는 역할"*을 해야 한다고 명시했다. 그러나 당시의 생활상을 알 수 있는 자료들로 이루어진 연구에 따르면 상당수의 사대부들은 '가장'의 역할을 하지 않았다. 국문학자 강성숙은 "조선시대 사대부에게는 과거를 보아 관직에 나아가는 것만이 자신의 존재를 증명하고 가문의 입지를 강화하는 방법이었으므로 글을 읽어

* 강성숙, 「조선 후기(19세기) 일상생활의 장에서 남/녀 젠더 차이의 간극과 교섭—가장의 역할을 한 여성의 생활사 서술을 중심으로」, 《여성문학연구》 제30호, 한국여성문학학회, 2013, 12쪽

입신하는 일이 우선시되었다", "학문을 궁구하는 일 외에 다른 영역에 관심을 두는 것이 허용되지 않았으며, 그리하여 가정사를 돌보지 않는 것이 양반 사대부의 미덕"*이기까지 했다고 이야기한다.

덕분에 많은 양반가의 부인들도 기본적인 가사 노동은 물론이고 가계를 책임지기 위한 수많은 노동을 해야 했다. 살림이 넉넉한 집에서도 종들을 부려 가정의 의식주를 꾸리는 것은 부인들의 몫이었고, 넉넉하지 못한 집에서는 삯바느질이나 베 짜기 같은 노동을 통해 양식과 의복을 마련해야 했다.

물론 조선시대 사대부의 수는 많지 않았으며, 사대부가 아닌 남성들의 대부분은 다양한 생산노동에 참가했다. 그러나 사회를 이끌어 가는 헤게모니를 거머쥔 남자들은 어쨌거나 성리학에 몸을 던진 선비들이었다.

이렇게 보면 조선의 '맨 중 맨'들은 지금의 기준으로 쓸모없기가 들판에 피어난 잡초 같은 수준이었다고 봐도 무방하다. 물론 이들 역시 표면적으로 지향했던 것과는 다른 인간의 삶을 살았을 것이다. 하지만 조선의 헤게모니적 남성성은 이들이 가족을 먹여 살리는 것도, 위협에 맞서 가족과 나라를 지키는 것도 달가워하지 않았다. 물론 이 철저한 무능력은 그것을 뒷받침하는 사회, 경제, 문화적 조건들이 있었기에 가능했다. 즉 사회의 생산과 재생산 영역을 여성과 하층 신분들에 모두 몰아두고, 양반-남성끼리의 고고함을 겨루는 그들만의 리그

---

* 같은 글, 13쪽

를 통해 명예와 권력을 나누었던 것이다.

하지만 이것은 어디까지나 이상형이다. 가령, 조선시대에 그려진 춘화들을 통해 우리는 조선의 남성들이 얼마나 다채로운 방식으로 성행위를 했는지 알 수 있다. 수많은 야사와 구전으로 수많은 성군과 고관대작들이 벌였던 밤의 모험에 대한 이야기가 전해진다. 또 이런 고고함에 대한 찬양과 대비를 이루는 호걸의 방탕한 삶에 대한 희구도 존재했다. 역사학자 박노자는 조선시대의 남성성에 대해서 "스펙트럼의 한쪽 끝에는 성리학적 군자의 예의바르고 금욕적인 자제가 놓여 있었다. 다른 쪽 끝에는 성욕과 떠돌이 삶에 대한 찬미 그리고 성리학적 규범에 대한 평민 사회 일각의 무시가 뚜렷한 대조를 이루며 존재하고 있었다"[*]라고 이야기한다.

박노자는 후자의 대표 격으로 판소리 〈변강쇠(가루지기)가〉의 주인공인 변강쇠를 든다. 변강쇠는 거대한 성기와 엄청난 정력을 가진 하층계급 남성으로, 평생을 주색잡기로 일관하는 인물이다. 그는 마찬가지로 너무 정력이 넘쳐 접촉한 남자마다 복상사를 하는 바람에 마을에서 쫓겨나 유랑하던 옹녀와 짝을 이루는데, 결혼을 한 이후에도 옹녀의 노동에 의존하여 살다가 마을에 서 있던 장승을 땔감으로 잘라오는 바람에 저주를 받아 죽는다. 변강쇠의 유언은 옹녀에게 절개를 지키며 살다가 죽으라는 것으로, 접근하는 모든 남자들은 저주를 받아 죽을 것이라고 말했다. 변강쇠는 조선 말기의 정착하지 못하고 떠

---

* 박노자, 《씩씩한 남자 만들기》, 푸른역사, 2009, 81쪽

도는 유랑민의 애환을 대변하는 인물이기도 하지만, 다른 한편으로는 사대부의 군자적 덕목에 대비되는 서민 영웅이기도 했으며, 동시에 평민 남성 역시 여성에 대한 지배와 여성 노동의 착취를 공유했다는 것을 보여주는 존재이기도 하다.

어쨌거나, 조선 남자들의 치세는 서구 열강과 일본 제국주의의 침략 속에서 서서히 약해지다가 식민 지배와 함께 끝났다. 물론 여성과 남성 간의 성별 권력이 사라졌다는 것은 아니다. 그러나 조선의 남자들은 과거와는 다른 존재가 되어야 했다.

수입된 남자: 식민지 남자의 불우한 탄생

본격적인 '한국 남자'의 탄생은 한국 근현대사와 함께한다. 이를 크게 나누면 식민 통치, 내전, 산업화, 민주화, 신자유주의화(?) 정도로 볼 수 있을 것이다. 그리고 각각의 시기 혹은 과업별로 이상적인 남성의 모습이 형성되었다.

물론 대부분의 이상은 그것을 충족하는 사람의 수가 극히 적거나 없다. 게다가 한국 남자의 경우 상황은 더 나빴다. 남성성에 대한 요청이 민족주의의 발흥과 함께였다는 점에서 한국은 다른 나라와 궤를 같이한다. 그러나 문제는 민족이나 국가가 온전히 존재하지 않았으며 식민 통치하에 있었다는 것이다. 초창기의 민족주의는 팽창주의와 쌍을 이루고 있었다. 민족과 국가를 위해 더 많은 식민지와 자원을 확보하려는 크고 작은 전쟁들이 벌어졌고, 더 넓은 세계를 향한 열망이 젊은 남성들 사이에서 들끓었다. 그러나 새롭게 남자가 되기로 한 조선 청년들의 이름을 불러줄 민족이나 국가는 이미 상실되어 있었다.

그럼에도 초창기 한국 남자들은 부지런히 서구 열강과 일본으로부터 남자 되기를 학습했다. 시작은 비슷했다. 신체를 단련하고, 근대적 인간 공학이 만들어낸 규율을 익히고, 국가와 민족의 이름을 떨치기 위하여 준비하는 것이다. 그리고 앞서 언급했던 조선의 두 가지 남성성, 즉 고고한 성리학적 '군자'와 힘과 모험, 주색잡기를 즐기는 호탕한 서민적 '협객'은 변형과 재전유를 통해 수입된 남성성을 조선 땅에 착종하는 역할을 하게 된다.

서재필이 창간한 〈독립신문〉에서는 서구로부터 수입된 인종주의의 저항적(?) 전유를 볼 수 있다. 박노자에 따르면 ""우리 인종"이 태생적으로 "우수"하기 때문에 "임시적 어려움"은 언제든지 "노력만 잘하면" 극복될 수 있다는 것이 〈독립신문〉의 지론"이었다. "중국인보다 더 총명하고 부지런하고 깨끗하고, 일본인보다 체골이 더 튼튼한 조선 사람들이 교육을 잘해 학문이 있게 되면 동양 인종 중에서 제일 잘 가는 인종이 될 것"이라는 논지다. 조선인이 키와 체중 등에서 일본인보다 더 높은 수치를 보인다는 것이 이 주장의 증거로 제시되었다. 박노자는 이를 "식민지 상황이 가져온 열등감을 타개하는 하나의 방편"이었다고 평한다.*

***

* 같은 책, 101~104쪽

그러나 이러한 태생적 우수함은 낭비되고 있으니, 조선의 남자들은 이 우수함을 제대로 실현하기 위해 신체를 갈고닦아야 했다. 길거리에서 돌을 던지며 싸우는 '놀이'인 석전石戰이 민족의 전통 속에 존재하던 공격적 남성성의 증거인 것처럼 부각되었고, 운동장에 나가 스포츠를 즐기고 열병식을 흉내 내는 청년 학생들에 대한 상찬이 이어졌다.* 단순히 폭력과 물리력에 대한 상찬보다는 훈련되고 규율된 몸과 무력을 갖추어야 한다는 것이 핵심이었다.

하지만 이를 뒷받침할 수 있는 제도나 자원이 없는 상황에서는 다소 공염불에 불과했다. 19세기 말 〈독립신문〉에서 벌였던 캠페인 중에는 조선 군대의 군기 바로잡기가 있었다. 〈독립신문〉의 한 논설에서는 "근일 병정들이 각처에서 파수하는 것을 보면 총들을 걸어 세워놓고 각기 헤어져서 구경도 다니고 장난도 하니"**라고 당시 조선 군대의 해이함을 묘사하고 있다. 그러나 이 역시 얼마간 필연적인 상황이었다. 일본과 러시아 등의 등쌀에 떠밀리고 있는 조선의 군대가 제대로 된 훈련을 받고 있을 리 만무했고, 또한 제대로 해보려 한들 가만히 놔둬질 리도 없었기 때문이다. 그래서 구한말의 지식인들이 새로운 남자의 이상형으로 꿈꿨던 군인은 실제로는 무절제하고 행패를 부리는 골칫거리에 가까웠다. 이상적인 군인을 만들고자 하는 이들의 꿈까지도 불가능의 영역 속에 있었다.

다른 한편으로 지식인들이 힘을 쏟았던 것은 새로운 남자의 이상형

---

*   같은 책, 104~112쪽
**   같은 책, 119쪽

에 걸맞은 전통을 찾아내는 일이다. 앞서 석전에 대한 재인식 역시 이에 속하는데, 이보다 더 중요했던 것은 역사적 영웅을 만들어내는 일이었다. 가령 최남선은 일본 와세다 대학에 유학하던 17세 때(1906년) 조선인 유학생들이 발간하던 〈태극학보〉에 장문에 편지를 투고하는데, 이 편지에서 그는 다른 나라의 구국 영웅들을 열거하며 그들의 업적을 찬양한다. 그는 러시아의 표트르대제, 독일의 비스마르크, 예수그리스도, 잔 다르크, 마르틴 루터, 조지 워싱턴, 제갈량 등의 이름을 거론하며 그들이 가지고 있었던 "헌신적 정신"을 논한다. 그리고 조선인들 역시 "우리의 신성한 태극기가 팔역八域에 빛나고 고귀한 태극기의 바람이 사방으로 불어, 오대륙 모든 나라가 그 위세 아래 엎드리고 삼계三界의 모든 생명이 그 은택에서 목욕"하게 될 때를 위해 힘써야 함을 역설한다.*

그러나 조선의 경우 구국의 영웅이라 불릴 만한 이들을 찾는 것이 쉽지 않았다. 이는 앞서 사대부들이 벌였던 권력 게임의 양상으로 무인 천대 풍조가 오랫동안 지속된 탓이었다. 물론 실학을 비롯한, 이에 저항해 현실적이고 물적인 기반을 다지려는 시도들이 있었지만 주류가 되지는 못했다. 그래서 한민족의 구국의 영웅들 역시 남자들과 마찬가지로 '수입'된 존재들이었다.

국문학자 송명진은 을사늑약 이후에 신채호 등이 저술하기 시작한 민족 영웅들의 위인전들을 분석하며, 거기에 등장하는 모든 민족 영

***

* 같은 책, 19~20쪽

웅들이 '무인武人'임에 주목한다. 그는 이것이 먼저 근대 문물을 맞이한 국가의 민족 영웅전들을 번역한 이후에 등장한 것이라고 말한다. 즉 신채호는 량치차오의 《의태리건국삼걸전意太利建國三傑傳》*을 번역한 이후 에 《을지문덕》, 《이순신전》, 《최도통전》과 같은 창작 역사·전기소설을 서술했는데, 이는 "민족의 영웅이 번역된 인물과의 역학 관계 속에서 비로소 탄생할 수 있었다는 사실을 보여"주는 것이다. 위기의 조선을 구할 민족 영웅을 무인으로 상상하기 위해서는 전사로서의 민족 영웅 의 상을 빌려와야 했다는 것이다.**

이 역사·전기소설들은 "위기를 극복할 수 있는 힘을 지닌 강력한 남성성"을 역사로부터 소환하려고 했다. 그러나 많은 경우 그렇듯이 "강력한 남성성의 강조는 역설적으로 현실에서의 강력한 남성성 부재 를 폭로한다." 또한, "제국주의에 저항하기 위해 상무 정신을 통한 강력 한 남성성을 창조하고 이를 통해 국가의 위기를 극복하는 것을 보여주 었지만 이것은 어디까지나 현재가 아닌 서사화된 과거에서만 가능한 것이었다."*** 그도 그럴 것이 얼마 전까지만 해도, 현실과 역사 속의 무 인들을 불길한 눈으로 바라보며 견제하기에 여념이 없었던 선비들의

---

* 영국의 역사학자 존 매리어트(John A. R. Marriott)의 《근대 이탈리 아를 만든 사람들(The Makers of Modern Italy)》(1889)의 국역본. 일 본의 히라타 히사시(平田久)가 《이태리건국삼걸(伊太利建國三傑)》로 번 역한 것을 중국의 량치차오가 번역하였고, 이를 다시 신채호가 1907년 에 번역하여 출판한 것이다. 1830년 이탈리아를 통일하여 근대국가로 발전시키는 데 기여했던 마치니, 가리발디, 카보우르 세 영웅의 활약상 을 담고 있다.
** 송명진, 「민족 영웅의 발명과 저항적 남성성의 전통 만들기」, 《한국 문학 이론과 비평》 제48집, 한국문학이론과비평학회, 2010, 144~145쪽
*** 같은 글, 151쪽

나라가 아니었던가.

근대 문물을 받아들인 지식인들은 수입된 근대의 남성성과 민족주의의 문법을 통해 전통과 역사에 대한 재해석·창조 작업을 벌였다. 아이러니하게도 그 목적은 과거의 지배적 전통으로부터 결별하는 것이었다. 그러나 이들의 기원은 앞선 시도와 마찬가지로 현실의 벽, 즉 힘없는 민족, 빼앗긴 국가에 직면하게 된다.

애비를 잊어버려

에미를 잊어버려

형제와 친척과 동무를 잊어버려,

마지막 네 계집을 잊어버려

알라스카로 가라 아니 아라비아로 가라 아니 아메리카로 가라 아니 아프리카로 가라 아니 침몰하라. 침몰하라. 침몰하라!*

서정주가 1941년에 발표한 시 〈바다〉는 제2차 세계대전 때 일본의 동맹국이었던 나치와 이탈리아 파시스트들이 전몰 영웅에 바쳤던 찬양과 궤를 같이한다. 동시에 이 시는 근대 민족국가와 함께 자라난 남성성이 향하던 종착점을 함축적으로 보여준다. 수많은 비애와 미련과 욕망들을 잊어버리고 민족과 국가를 위해 장렬하게 산화하는 남자들. 그

---

* 서정주, 〈바다〉, 《미당 서정주 전집 1—시》, 61~62쪽, 은행나무, 2015(박노자, 위의 책 170쪽에서 재인용)

미사여구로 포장된 길을 따라서 달려간 이들이 만들어낸 것은 제2차 세계대전이라는 지옥이었다. 게다가 총동원령이 내려진 1940년대 이후 태평양전쟁을 위해 강제로 차출되었던 수많은 조선인들은 자신의 것이 아닌 지옥에서 불타야 했다.

물론 모든 남자들이 몸과 정신을 굳건히 길러 대의를 위해 투신하려고 애쓰지는 않았다. 국가와 민족을 잃은 비애를 얼마나 많은 사람이 느끼고 있었는가도 알기 어렵다. 국문학자 이영아는 박노자의 책에 실은 발문에서 "황국 신민으로서 참전의 의무와 권리가 주어지는 1940년대 전까지 남성들에게 강한 육체, 군인다운 몸은 그다지 중요한 것이 아니었다. 남성들 역시 아름다운 몸이 되기 위해 여성들 못지않게 화려한 패션을 추구했다. 오히려 폐결핵으로 요절하는 문인들이 이상화되는 등 병약한 남성의 몸을 동경하는 흐름까지 생겨났다"라고 지적한다. 주로 유복자의 자녀로 태어나 근대화된 경성을 근사한 옷차림으로 누비던 '모던보이'와 '모던걸'들이 있었고, 이상을 필두로 하여 근대적인 의미에서의 권태와 데카당스를 느끼는 산보객들의 존재도 있었다. 하지만 이들 역시 일본이 태평양전쟁을 위한 전시 동원 체제를 강화하면서는 삶의 방식을 유지하기 어려워졌다.

요컨대 식민지라는 체제는 부르주아 시민이든 제국 관료든, 공사 영역의 구분을 전제로 하는 남성 생계 부양자 모델이 근거하는 근대적 남성성

* 이영아, 〈《씩씩한 남자 만들기》를 말한다〉, 박노자, 《씩씩한 남자 만들기》, 푸른역사, 2009. 203쪽

을 창출하지 못했다. 일례로, 식민지 모더니티의 일면으로 등장했던 조선의 청년들이 1930년대에 접어들어서는 전 세계적 파시즘의 등장과 그에 따른 일본의 총동원 정책으로 아예 '룸펜 인텔리'의 모습으로 부유하는 모습이 당대 소설에서 종종 드러난다. 박태원의 〈소설가 구보 씨의 일일〉(1934)과 이상의 〈날개〉(1936) 등에서 도시 경성을 산책하던 식민지 남성 지식인의 내면이 곧 몸을 파는 아내의 한 칸 방처럼 왜소화되는 것은 상징적이다. 더 나아가 그 제목도 노골적인 김남천의 〈처를 때리고〉(1937)에 이르러서는 아내의 악다구니를 통해 식민지 남성 지식인이 처한 위치가 폭로된다.*

앞서 살펴본 바처럼, 근대적 남성성의 근간이 되는 것은 새롭게 세계의 주인이 된 부르주아/중산층의 생활양식과 문화다. 그리고 이는 강력한 공/사 구분과 그에 따른 성별 분업으로 이루어져 있다. 공적인 영역에서 남성은 경제활동을 하고, 정치에 참여한다. 사적 영역인 가정에서는 남성이 공적인 경제활동을 통해 벌어온 돈으로 육아, 가사, 교육, 재생산에 전념한다.

다시 말하자면, 근대적 남성 주체의 구성은 성별화된 계기를 통해 등장하고 다시 그 성별이라는 차이를 제거함으로써 완성된다. 그런데 여자가 타자의 자리로 가지 않고 남자들 간의 이상적 동등성이 구현되기 어려울

---

* 류진희, 「'무기 없는 민족'의 여성이라는 거울—해방 직후 탈/식민 남성성과 여성 혐오를 단서로 하여」, 〈문화과학〉 제83호, 문화과학사, 2015, 52쪽

때, 이 근대적 남성-되기의 기획에는 균열이 일어난다. 식민지 조선 남성의 처지를 놓고 볼 때 '근대적 남성'이 된다는 것은 '여자와의 차이와 남자와의 동일성'이라는 두 측면에서 모두 불가능한 것이었다.*

여성주의 연구 활동가 권김현영은 남성성 형성의 핵심을 남성 간의 동질성을 확보하고, 여성과의 차이를 만들어내는 것이라고 설명한다. 그리고 이것이 식민지 시기 한국 남성에게는 불가능했던 것이라고 말한다. 식민지의 남성은 이등 시민으로서 공적인 영역에서 온전한 권리를 가질 수 없다. 즉 식민지의 남자들은 일본 제국의 남자들과 똑같은 남자가 아니라 '여성화된' 남자다. 게다가 궁극적으로 자국 여성에 대한 실질적인 통제 역시 제국의 남자들의 권한이다. 때문에 이들은 자국의 여성들과 명확한 구분선을 만들어낼 수도 없다.

결론적으로 서구와 일본으로부터 수입된 조선의 남자들은 태생적 한계를 안고 결코 완성될 수 없는 남성성을 불완전하게 구축해나가고 있었다. 민족주의적인 팽창의 열망을 그대로 받아들였던 이들은 많은 경우 더 근대화되고 발전된 체제인 일본의 제국주의에 투신했다. 일부는 저항자로 남아 식민지가 된 조국을 되찾아줄 강력하고 신화적인 남성성의 도래를 기다렸다. 일부는 국가와 민족과 상관없는 근대인이 되고자 했지만, 이등 시민에게는 허락되기 어려운 것이었기에 그들은 애꿎은 처를 때리며 울분을 달래고 골방에 틀어박혔다.

* 권김현영, 〈근대 전환기 한국의 남성성〉, 권김현영 외, 《한국 남성을 분석한다》, 권김현영 엮음, 교양인, 2017, 83쪽

반공 전사 만들기

제2차 세계대전이 연합국의 승리로 끝나고 해방을 맞이하게 된 한국 사회에서는 이제야말로 근대적인 의미의 남성성을 구성하는 것이 중요해졌다. 건국은 경제 발전을 위한 집약적 노동력, 군사력 증강을 위한 병력 자원이 집중적으로 요구되는 사건이기 때문이다. 그러나 한국 사회는 곧바로 서구의 자본주의와 소련의 공산 진영 간의 세력 다툼인 이른바 '냉전' 체제로 편입된다. 식민지 시기에 존재했던 민족과 반민족(그리고 둘 다 관심 없는 사람들)이라는 대립의 중심은 곧 공산주의와 자유민주주의(반공)로 옮겨간다.

모스크바삼상회의에서 신탁통치가 결정된 후, 한국 사회에서는 좌와 우의 대립이 전면화되기 시작했다. 이승만을 필두로 한 해외의 우파 독립운동가들과 조선의 부르주아가 한편에 섰고, 사회주의 세력이 한편에 섰다. 이승만은 해방 이전부터 반공주의적인 신념을 갖고 있었으며, 신탁통치 논쟁을 통해 민족주의와 반공주의를 결합했고, 정부 수립 이후에는 그가 내세운 통치 이념인 일민주의를 통해 반공주의를 더욱 강화했다.[*]

해방 이후 남한을 주도했던 세력들이 내세운 이념의 특징은 강력한 가부장제에 기초한 민족주의와 국가주의의 결합이라고 할 수 있다. 남

---

[*] 전재호, 〈한국 민족주의의 반공 국가주의적 성격—식민지적 기원과 해방 직후의 전개 양상〉, 민주화운동기념사업회 기획, 《식민지 유산, 국가 형성, 한국 민주주의》, 정근식·이병천 엮음, 책세상, 2012, 147~150쪽

한의 초대 총리이자 국방부 장관이었던 이범석과 문교부 장관이었던 안호상은 독일 나치스의 청년 조직이었던 히틀러 유겐트[Hitler-Jugend]의 활동에 감명을 받았으며, 후에 이범석이 조선민족청년단을 설립하는 데 영향을 주었다. 또 이범석은 일본의 황도주의[皇道主義], 즉 천황을 향한 충성의 이념을 민족으로 대체하는 변형된 황국 신민 사상을 새로운 국가의 이념으로 삼아야 한다고 주장하기도 했다.[*]

이승만의 일민주의는 "한 백성(일민)인 국민을 만들어 민주주의 토대를 마련하고 공산주의에 대항한다"라는 것으로, 이는 이념이라기보다 정치적 상황에 대한 대응에 가까웠다. 처음에는 통합의 효과를 통해 남한의 대중을 국민으로 만드는 것에 좀 더 방점이 찍혀 있었다. 그러나 정부 수립 직후부터 남한 내 좌파들의 무장 투쟁이 지속되고, 여수 순천 11·9 사건과 4·3 항쟁 등이 일어나면서 정권이 위기에 처하자, 반공주의에 대한 강조가 커지기 시작했다. 이승만은 1949년에 《일민주의 개술》을 통해 세계의 모든 강대국이나 약소국들 모두 생존의 위기를 겪지 않은 나라가 없는데 그 이유가 공산당 때문이며, 민주주의로 공산주의에 대항하는 것은 사상이 너무 평범해 일민주의로 맞서야 한다고 주장했다. 일민주의를 집대성한 안호상 역시 민주주의는 부분적이고 일면적이며, "애나 늙은이나 애국자나 매국자나 할 것 없이 민주주의를 요란스럽게 떠들며 외치는데, 민주주의만으로는 공산주의와 강력히 싸우기 어렵다"라는 주장을 펼치며 일민주의를 강조했다.[**]

---

[*] 　같은 책, 150~156쪽
[**] 　같은 책, 156~160쪽

이승만의 일민주의는 남녀 동등주의를 내세우고 있었지만, 실상은 달랐다. 해방 공간에서는 수많은 여성주의자들이 여성 해방을 쟁취하기 위해 투쟁하였다. 그러나 당시 정국을 주도했던 좌파와 우파의 남성 지식인, 지도자들은 이 요구를 받아들이지 않았다. 좌파의 경우 여성해방은 민족 해방과 계급해방이 완성되면 뒤이어서 달성될 순차적 과업이고, 그렇기 때문에 여성해방을 먼저 내세우거나 여성이 혁명을 지도하려 해서는 안 된다는 입장을 펼쳤다. 반면 우파는 새로운 국가에서 여성의 바람직한 역할은 현모양처로서, 국가를 이끌어 갈 자녀들을 출산하고 훌륭하게 키우는 것이 여성의 본분이라고 주장했다.* 실제로 남한 단독 정부 수립 이후 이승만 정권은 가부장제를 강화하고 성별 분업 체계를 확고히 하는 다양한 제도들을 도입하려 했다. 이중 가장 기초가 되는 것은 민법에 속하는 가족법으로서, 일본이 식민지 시기 도입한 가* 제도를 전통으로 재해석하여 남성 호주를 중심으로 하는 부계 승계를 법적인 질서로 승인하는 호주제를 만들었다.

호주제의 도입과 더불어서 중요한 분기점은 1949년 제정된 병역법을 통해 시행된 징병제도였다. 해방 당시 대부분의 엘리트들은 의무병제도의 필요성을 공유했다. 그러나 대중의 저항과 지배 세력 내부의 권력 투쟁 때문에 곧바로 시행되지는 못했다. 게다가 제정된 병역법 역시 이듬해에 터진 한국전쟁에 의해 유명무실해졌다. 전쟁이 끝난 후 1957년에 개정된 병역법이 공포되어 현재까지 그 틀을 유지한 채 시

---

* 이임하, 「특집 : 역사 속의 여성 노동」 해방 뒤 국가 건설과 여성 노동」, 〈역사 연구〉 제15호, 역사학연구소, 2005, 39쪽

행되고 있다.

한국 사회의 징병제는 국민개병國民皆兵에 근간을 두고 있는데, 국방의 의무를 군과 징병 대상자뿐만 아니라 모든 국민에게 부여한다는 의미를 지닌다. 이 중 입대하여 군인으로 복무할 의무를 20세 이상의 결격 사유가 없는 남성들에게 부여하는 것이 징병제다.* 즉 병역법의 시행과 함께 한국 사회의 모든 생물학적 남자들은 공산주의에 맞서 싸우는 강인한 전사이자 특정한 형태의 남성성을 갖춘 '사나이'가 될 것을 요구받게 되었다.

1949년 문교부가 배포한 〈우리의 맹세〉는 "첫째, 우리는 대한민국의 아들 딸, 주검(죽음)으로써 나라를 지키자. 둘째, 우리는 강철같이 단결하여 공산 침략자를 쳐부수자. 셋째, 우리는 백두산 영봉에 태극기 날리고 남북통일 완수하자"라는 내용이었다. 이것은 교과서를 비롯한 모든 서적 뒷면에 인쇄되어 있었고, 학생들은 이 맹세를 암기해야 했다.** 한국전쟁이 끝난 이후에는 강렬한 전쟁의 경험이 대중들에게 각인되어 이런 경향에 피맺힌 정당성을 부여했다. 사회학자 강인철은 "1950년대에 국가는 이분법적이고 전투적인 세계관을 지속하고 확산하는 각종 사회적 장치들을 창출하고 활용함으로써 냉전·반공적 세계관의 설득력과 세계 감각을 유지하려고 애썼다"***라며 공비 소탕 작

---

* 백승덕, 「한국전쟁 이전의 국민개병제 구상과 시행」, 〈한국사연구〉 제175호, 한국사연구회, 2016
** 강인철, 〈한국전쟁과 사회의식 및 문화의 변화〉, 윤해동 외, 《근대를 다시 읽는다 1》, 역사비평사, 2006, 358쪽
*** 같은 책, 360쪽

전, 간첩과 부역자에 대한 마녀사냥, 궐기대회, 신원 조사와 연좌제, 반
공 투사와 월북 가족 간의 사회 격차, 예비군과 군사 훈련 등이 일상
적으로 이루어지는 제도화된 전시 체제가 구성되었다고 말한다.

　남한에 탄생한 새로운 분단국가는 얼마 전까지 같은 민족으로서
해방을 위해 힘을 합했던 이들을 최악의 적으로 선언하고, 그들과의
일전을 위한 반공 전사를 만들고자 했다. 그리고 그 과정은 거기에 동
원되어야 할 호전적이고, 권위주의적인 강한 남성을 만들어내는 과정
이었다. 일민주의를 통해 공산주의와의 대결을 선언한 이승만은 호주
제로 대표되는 가부장제 질서를 구축해, 남자들에게 사회적 권위를
부여하고 여성을 이등 시민화했다. 그리고 이 가부장적 질서는 징병제
를 시행할 수 있는 토대가 되는데, 군 복무는 사회적으로 권리가 주어
지는 일등 시민의 조건이었으며, 동시에 '후방'에 있는 여성을 보호하
는 자로서 '여성에 대한 권리'를 주장할 수 있는 주요한 정당성의 근원
지가 되었기 때문이다. 이러한 구도는 이후 한국 사회의 젠더 구도의
원형이라고 해도 과언이 아닐 만큼 지속적인 영향력을 발휘한다. 하지
만 언제나 그렇듯이 일이 반드시 생각대로 되는 것은 아니다.

한국전쟁: 남성성의 무덤

앞서 이야기했듯이 민족주의의 발흥은 전쟁의 공기와 함께한다. 민족
의 아들들을 길러내려는 교육과 사상의 끝에는 민족을 위한 전쟁에

목숨을 아까워하지 않고 달려가는 아들들의 뒷모습이 있다. 그러나 식민 통치에서 벗어나 겨우겨우 국가라는 것을 세우는 데 성공한 남한이 치렀던 처음이자 유일한 전면전은 국제 관계를 대리하는 동시에 내부의 치열한 정치 투쟁이 빚어낸 '민족상잔'의 내전이었다.

남한이 이 전쟁에 조금도 대비되어 있지 않았다는 것은 잘 알려진 사실이다. 또한 한국전쟁의 기묘한 점 중 하나는 남한, 더 정확하게는 초대 대통령 이승만이 전쟁에 가졌던 태도다. 후에 밝혀진 자료들에 따르면 이승만을 비롯한 국가 수뇌부와 미국은 전쟁이 일어날 수 있다는 사실을 인지하고 있었으며, 그 시기도 비교적 정확하게 예측하고 있었다. 그러나 전쟁을 대비하는 어떠한 조치도 내리지 않았다.[*] 사회학자 김동춘은 이승만의 이런 행동을 당시 남한의 상황에 대한 정치적 노림수로 본다. 즉 극단적인 반공주의자였던 이승만이 자신의 성향을 밀고 나감과 동시에, 전쟁 직전에 치러진 5·30 총선에서 사실상 패배함으로써 예고되었던 실각을 만회하기 위해 전쟁을 막으려는 노력을 전혀 하지 않았을 가능성이 높다는 것이다.[**]

그런데 이런 대처에 이어 전쟁 중에 정부가 보인 행태는 더 심각했다. 전쟁 발발 이틀 후인 6월 27일, 이승만은 미국 대사와만 상의한 후 은행과 정부의 중요 문서와 군대를 서울에 두고 피난을 떠났다. 그러나 국민들은 제대로 된 전황을 전해 듣지 못했고, "서울시민 여러분, 안심하고 서울을 지키시오. 적은 패주하고 있습니다. 정부는 여러분과 함

[*]   김동춘, 《전쟁과 사회》, 돌베개, 2000, 70~76쪽
[**] 같은 책, 75~76쪽

께 서울에 머물 것입니다.**라는 녹음 방송을 반복했다. 이 피난극의 가장 극적인 장면은 그 유명한 '한강 다리 폭파'였는데, 애초에 예정된 폭파 시점을 앞당기는 바람에 피난을 가던 시민 수백 명이 다리 위에서 폭사한 것은 물론이고, 수많은 병력과 장비까지 한강 이북에서 발이 묶였다.**

이보다 더한 참상은 이른바 '국민방위군 사건'에서 나타났다. 정부는 전쟁 중이던 1950년 12월 21일에 '국민방위군 설치법'을 공포하고 만 17세 이상 40세 미만의 남성 60만여 명을 국민방위군으로 징집한다. 그런데 방위군들이 후송되고 수용되는 과정에서 방위군의 간부들이 물자와 군자금을 착복하여 보급이 제대로 이루어지지 않게 되었다. 이에 9만 명에서 12만 명에 이르는 방위군들이 질병과 추위를 견디지 못하고 사망했다.

민간인 학살도 계속해서 벌어졌다. 북한군에 의한 학살을 비롯해서 피난 가는 행렬에 폭격을 퍼붓고 산에 숨은 게릴라 부대를 없앤다는 명목으로 산간 마을의 주민들을 몰살한 미군과, 부역자를 처벌하겠다며 들이닥쳐서 마을을 초토화한 국군의 학살도 있었다. 원한 관계에 있었던 사람들끼리 전쟁의 기운을 빌려 서로를 죽이는 민간인들 간의 학살극도 벌어졌다.

세상에 명예로운 전쟁 같은 것은 없고, 모든 전쟁은 지옥이다. 그럼에도 서구에서 전쟁은 남성다움을 고취하고, 남성성에 자유를 부여하

* 같은 책, 88쪽
** 같은 책, 90~91쪽

는 사건으로 재맥락화되었다. 그런데 한국전쟁은 조금 더 각별한 지옥이었다고 해도 크게 틀린 말은 아닐 것이다. 이 전쟁을 통해서 고취된 남자다움이나 애국심 같은 것은 없었고, 남은 것은 동족에 대한 증오와 전쟁에 대한 공포였다.

상이군인과 병역기피자, 그리고 여자들

해방 후의 혼란과 한국전쟁의 경험은 탈식민 남성 주체에게 깊은 육체적·정신적 트라우마를 남겼다. 전후 반공주의에 입각한 군사주의는 좌익으로부터의 '치안'을 위한 차별화 기제를 지속적으로 필요로 하면서 매우 호전적인 과잉 남성성을 호출하고 있었다. 그러나 한국전쟁은 공식 기록이 사망자, 행방불명자, 납치자가 100만여 명, 부상자가 69만여 명에 이를 정도의 인명 피해를 남긴 전쟁이었다. 강제징집으로 전쟁 기간 중 일반 사병으로 동원된 남성의 수는 100만여 명에 달했다. 전후 제대한 상이군인이 사회에 재편입되는 과정은 심각한 후유증을 동반하는 것이었으며 이들은 많은 경우 경제활동에 무력한 존재로 남게 되었다. 전후 1950년대는 강력한 헤게모니 남성성에 관한 담론을 목격할 수 있는 시기였지만 그만큼 현실적인 괴리에서 비롯된 불안을 안고 있었던 때였다고 할 수 있다.*

---

* 강지윤, 「원한과 내면—탈식민 주체와 젠더 역학의 불안들」, 《상허학보》 제50집, 상허학회, 2017, 26쪽

상이군인은 한국전쟁이 만들어낸 가장 대표적인 남성성의 상이라고 할 수 있다. 국가는 상이군인을 영광스러운 자들이라고 칭송했지만, 정작 경제활동을 하기가 어려워진 그들을 위한 보훈 체계는 엉망이었다. 상이군인들은 전쟁에서 입은 신체적, 심리적 트라우마에 시달리는 한편, 심각한 생활고에도 시달렸다. 부상을 입고 전역한 상이군인들의 처절한 사정이 다른 이들을 향한 행패로 나타나기 시작한 것은 아직 전쟁이 끝나기도 전이었다. 전쟁이 끝난 이후 상이군인의 폭력은 심각한 사회문제로 떠올랐다. 이들의 행동은 심지어 경찰 같은 공권력도 저지하지 못했다. 공공장소나 관공서에서도 행패를 부리고, 민가에 찾아가 구걸이나 갈취를 하기도 했다. 이들을 말릴 수 있는 거의 유일한 존재는 대한상이용사회나 상이군인정양원 같은 상이군인 조직에서 만든 감찰대뿐이었다.[*]

역사학자 이임하는 상이군인들의 상황과 그에 대한 국가의 대응을 잘 알아볼 수 있는 것으로 1952년에 발생한 '칠곡 사건(왜관 사건)'을 분석한다. 이는 1952년 9월 100여 명의 상이군인들이 무력으로 경찰서를 점령했다가 구속되자, 상이군인 수천 명이 그들의 석방을 요구하며 부산에 집결하여 가두 행진을 벌였던 사건이다.

그러나 정부는 이후 칠곡 사건을 공산당의 모략이라고 발표했다. 언론에서도 검거된 이들이 가짜 신분증을 가지고 있다거나, 괴뢰 집단의 명령을 받은 이들이 있었다는 식의 보도를 지속적으로 행했다. 상

[*] 이임하, 「상이군인, 국민 만들기」, 《중앙사론》 제33집, 한국중앙사학회, 2011, 297~299쪽.

이군인들의 집단 폭력은 공산당을 이롭게 하는 용공 행위라는 논리가 세워졌고, 전쟁에서 공산당과 싸우다 부상을 당한 상이군인들에게 이 것은 강력한 논리로 작동했다. 실제로 이후 상이군인들이 정부를 대상 으로 생존권 보장을 요구하는 집단행동을 한 것은 4·19 때와 1987년 6월 항쟁 시기를 제외하곤 없었다. 대신 정부는 이들을 동원하여 일 종의 용역 폭력배로 사용했다. 그리고 많은 상이군인들은 여전히 가정 과 사회에서 자신과 타인을 향한 폭력을 휘둘렀다.*

상이군인은 대한민국이라는 신생 국가가 만들어낸 남성성의 현실 을 압축적으로 보여준다. 남성들은 국가 폭력, 전쟁, 빈곤에 의해 희생 당했다. 그리고 국가는 이에 대해 무능하거나 무책임한 모습만을 보였 다. 상이군인들은 국가를 위해 희생했다는 대의를 불구가 된 몸과 마 음의 위안으로 삼고자 했지만, 국가는 그마저도 허락하지 않았다.

한편, 남한의 징병제는 생각만큼 원활하게 운영되지 않았다. 일제 강점기의 강제 징용에 대한 기억이 남아 있는 가운데, 한국전쟁과 그 전후로 벌어진 정부의 행태는 불신을 가중했다.

무엇보다 군 복무에 적합한 신체를 거르기 위한 징병 검사 자체가 불신의 대상이었다. 판정이 번복되는 일도 허다했고, 각종 비리가 난 무했다. 1952년 이전에는 의료 전문가가 아닌 병사구** 사령관이 신장 이나 체격 같은 기준을 보고 입영을 결정했다. 이후 의무 부대가 신체 검사를 담당하게 하였는데, 이전보다 오히려 미달자가 많이 나왔다. 심

---

* 같은 글, 299~318쪽
** 병무청의 전신 격인 기관.

지어 1954년에는 전 육군 부대원의 19퍼센트가 불합격 판정되는 결과가 나와 군의관 책임론이 불거졌는데, 실은 이전의 검사 기준이 정밀하지 못해 부적격자도 입영시킨 데서 발생한 결과였다.

군대에 가지 않기 위한 신체 훼손도 많았다. 심한 경우에는 손을 절단하기도 했고, 흉부에 금속 가루를 바르고 엑스레이를 찍거나, 황달을 가장하거나, 항문에 염산을 넣어 치질로 보이게 하거나, 디스토마 환자의 배설물을 먹고 감염되는 등 천태만상이었다. 이에 1957년에는 병역기피를 위한 신체 훼손을 처벌하고, 1958년에는 검사자에 민간인 의사를 포함하는 등 징병검사 기준을 재선정하지만 불만은 쉽게 사라지지 않았다.*

징병에 대한 인식을 바꾸고, 대중을 회유하기 위해 유명 배우와 제작자들이 참여한 반공-군사 영화 제작이 성황리에 이루어졌다. 이는 전시 체제의 일본이 조선에서 벌였던 것과 거의 유사한 방식이었고, 심지어는 당시 친일 영화를 제작하는 데 동원되었던 이들 중 다수가 새로운 반공 영화 제작에 참여했다. 그중 전쟁이 한창이던 1952년에 제작된 영화 〈성불사〉는 징병 기피자를 선도하기 위한 목적으로 만들어졌다. 그러나 이런 영화들은 제작 의도를 넘어서는 다양한 시대의 불안과 반작용들을 드러냈다. 가령 마찬가지로 징병에 대한 인식 개선과 애국심 고취를 위해 만들어진 〈뚱뚱이와 홀쭉이 논산 훈련소에 가

---

* 최은경, 「1950-60년대 의료 전문가의 동원과 징병검사의 수립」, 〈인문과학 연구 논총〉 제44호, 명지대학교 인문과학연구소, 2015, 244~247쪽

다)(1959)라는 오락 영화에서도, 징병 과정에 대한 의구심은 물론이고 군대 내에서 겪게 되는 경험에 대한 불안들을 은연중에 나타내고 있었다.[*]

    1950년대의 무원칙한 전후 사회의 풍경을 흔히 '부로커', '가짜', '사바사바' 같은 신조어로 표현한다. 즉 동원을 비롯한 온갖 종류의 법망을 벗어날 수 있도록 대행해주는 '부로커', '가짜 경찰', '가짜 군인', '가짜 대통령 아들' 등으로 권력층을 사칭하는 '가짜', 관청에서 서류 한 장 떼어도 '사바사바' 해야 했던 사회가 1950년대의 한국 사회였다. 그만큼 권력과 돈의 유무는 법 위에 존재했고 돈 없고 "빽" 없는 민중들은 항상적인 착취와 멸시의 대상이었다.

    이러한 관행은 생명을 담보로 하는 동원 과정에서 가장 성행했다. 사실 전장에서의 생명의 위협이란 빈부나 권력의 유무와는 관계없는 현상으로 모든 동원 대상자들은 어떤 방법을 사용하든지 동원을 기피하고 싶어 했음은 당연하다. 그런데 1950년대 사회에서 동원 기피의 방법은 곧바로 사회적 신분을 반영하고 있었다. 권력이나 돈을 가진 자는 후방 요원과 같은 합법적인 지위를 얻거나 뇌물을 제공하고 병역을 기피하였다. 반면에 가난하고 힘없는 민중들은 동원을 피해 도주하거나 신체 훼손 등의 방법을 사용하였고 그렇지 않으면 군대나 노무대로 동원되었다.[**]

---

[*]   김청강, 「냉전과 오락 영화」, 〈한국학 연구〉 제61집, 2017, 83~95쪽
[**] 이임하, 「한국전쟁 전후(前後) 동원 행정의 반민중성―군사 동원과 노무 동원을 중심으로」, 〈역사연구〉 제12호, 2003, 66~67쪽

1950년대에 국민국가를 위한 남성성을 주조하고자 하는 많은 시도들에도 불구하고, 상당수의 대중, 그리고 남자들은 국가를 불신의 눈초리로 바라보고 있었다. 1950년대의 국가는 무책임하고, 무체계적이었으며, 매우 많은 것들을 미국에 의존하고 있는 미완의 국가였고, 이승만 정권이 내뱉었던 호기롭고 공격적인 구호들의 실현 가능성들도 높지 않았다. 불안한 국가와 마찬가지로 전쟁, 가난, 징집의 공포에 시달렸던 남자들의 남성성 역시 불안한 것이었다.

이 불안을 해소하기 위해 1950년대의 한국 사회가 '선택한' 것은 다름 아닌 여성 혐오다. 국문학자 허윤은 "1950년대 여성 혐오가 포스트 식민, 반공 등의 냉전 질서의 누빔점임을 보여준다"*라고 말한다. 이미 호주제, 그리고 징병제는 여성을 사회의 이등 시민으로 만드는 법적인 질서였다. 그러나 1950년대의 여성 혐오는 여기서 더 나아가 국가를 위해 전쟁과 노동에 몸 바칠 남성을 주조해내기 위해 그것의 대척점에 있는 존재로서 비국민이자 비남성인 부도덕한 여성의 상을 만들어내려 했다. 양공주, 자유 부인, 유엔 마담, 아프레걸, 전쟁미망인 등에 대한 넘쳐나는 비난과 억측들, 여성의 도리에 대해서 훈계하는 남성 지식인들, 여성의 사회 진출에 대해 쏟아지는 우려의 논평들은 남자의 불안과 고통에 대한 죄를, 그것의 원인인 냉전 체제와 국가에 묻는 대신 여성에게 떠안기는 것이었다. 적어도 이것에 있어서만큼은 '관'과 '민', '지식인'과 '무식자'가 상당한 수준의 공통분모를 가질 수 있었

---

* 허윤, 「냉전 아시아적 질서와 1950년대 한국의 여성 혐오」, 〈역사문제 연구〉 제35호, 역사문제연구소, 2016, 98쪽

다. 지배자-남성들은 혐오를 부추기며 냉전 체제가 상처 입힌 남성들에게 여성을 먹잇감으로 던져주고, 피지배자-남성들은 자신의 불만과 불안을 지배자들이 허용한 여성들을 향해 퍼부었던 것이다.

군화를 신은 새아버지: 징병제와 산업 역군

3·15 부정선거에 대한 초·중·고·대학생들의 반발로 시작된 4·19는 이후 각계각층의 사람들이 이승만 정권의 부패와 실정에 항거하며 투쟁하게 만들었고, 이승만의 하야를 이끌어냈다. 그러나 이 혁명은 목표와 조직의 불확실함, 혁명의 성과를 자신들의 권력 쟁취의 도구로 생각했던 민주당의 실패, 혁명 주도 세력들의 변절 등에 의해 민주주의 체제를 정착시키는 데에 실패한다.*

　1961년 5월 16일 육군 소장 박정희가 주도한 쿠데타가 성공하며, 한국은 기나긴 군부독재의 시대를 맞이하게 된다. 박정희 체제의 일반적인 성격은 강력한 가부장제, 권위주의, 반공주의를 기반으로 하는 개발 독재였다는 점을 꼽을 수 있다. 동시에 국가로 수렴되는 '민족주의'와 '민주주의'가 정권의 명분을 제공하는 담론으로서 널리 활용되었다. 경제는 고도성장하였으며, 주민등록을 비롯한 촘촘한 인구 행정 체계가 갖춰졌고, 북한과의 분단 체제는 체제 경쟁의 형태로 안정화되

* 김은경, 〈한국 민주화 운동의 기원으로서 4월 혁명 재평가〉, 《다시 보는 한국 민주화 운동》, 한국정치연구회 엮음, 도서출판 선인, 2010

어갔다. 농촌 중심이었던 산업구조가 도시 중심의 공업 위주로 급속하게 재편되었고, 재벌과 특정 지역에 집중된 경제적 인프라들이 계급과 지역 간의 격차를 확대했다. 빈곤에서 벗어나기 위한 강력한 인구 정책이 정부의 주도로 시행되었고, 가족주의가 현실을 정당화하는 강력한 이데올로기로 작동했다.

박정희는 대중을 국민으로 호명하고 국가에 대한 충성을 강조함으로써 결과적으로 지배의 정당성을 확보하는 것에 힘썼다. 그것을 위해 한편으로는 경찰과 군대를 동원하여 반대 세력을 물리적으로 탄압하고 검열과 통제를 가했고, 다른 한편으로는 농민이나 노동자와 같이 천대받던 이들에게 "새마을 지도자", "수출 역군" 등과 같은 호칭을 부여하며 그들의 헌신을 치하했다. 특히 대통령 스스로 빈농의 아들임을 부각하며, 부유층이나 특권층에 대한 분노를 표출하기도 했다.*

군사정권기에 남성성은 이전 시기와 마찬가지로 국가 건설을 위해 목숨을 바쳐 헌신하는 남성을 호출했다. 그러나 그 양상은 이전과 달랐다. 하나는 학교-군대-공장(회사)으로 이어지는 남성성 배양의 구조를 확립한 것이고, 다른 하나는 경제적 이해가 남성성의 핵심에 자리 잡게 되었다는 것이다.

새로운 남자 만들기의 핵심은 한국의 병영 국가화, 그리고 그것의 근간이 되는 강력한 징병제도의 정착이었다. 군사정권은 그동안 내무부의 관할에 있었던 병무 행정을 전담할 병무청을 신설한다. 이후 군

---

* 황병주, 〈박정희 체제의 지배 담론과 대중의 국민화〉, 윤해동 외, 앞의 책

사정권에서 지속적으로 벌였던 중요한 사업 중 하나는 다름 아닌 '병역기피자 단속'이다. 초창기에는 행정력의 미비로 인해 큰 성과를 거두지 못했지만 주민등록 제도와 병무 행정의 개선을 통해 점점 병역기피자의 수를 줄이기 시작한다. 특히 1968년 김신조가 이끄는 북한의 박정희 암살조가 서울까지 침입했다가 제압된 사건이 벌어진 이후, 박정희 정권은 군 복무 기간을 6개월 연장하고 병역기피자 단속에 더욱 박차를 가했다. 이 과정에서 병역기피자라는 단어는 '병무 사범'으로 격상되어 중대한 범죄로 취급받게 되었다. 1972년 10월 유신 이후에는 병역 미필자에게 공직 취임 금지, 국·공영기업 인·허가 금지, 국외여행 금지라는 강력한 제제를 가하고, 병무 사범들을 "국민 총화와 사회 기강 저해 요인", "비국민" 등으로 묘사하며 사회의 적으로 규정했다. 동시에 병역 의무에 대한 내용을 교과서에 수록해 학생들에게 교육하기도 했다. 이를 통해 병역은 '신성한 국방의 의무'로 한국 사회에 자리 잡게 되었고 성인 남성의 통과의례로 상식화되었다.[*]

하지만 이런 과도한 징병은 오히려 다양한 사회문제의 원인이 되었다. 병역 자원이 넘쳐나는 반면 20대 남성의 노동력이 급감한 것이다. 이를 보완하기 위해 국가는 병역 특례 제도를 만들고 노동법의 보호를 받지 않는 저임금 노동자를 기업에 제공했다. 뿐만 아니라 군인들역시 군에서 진행하는 각종 공사나 노역에 동원되어 사실상의 무임금 노동자로 착취당했다. 그런 한편 고위층에서 주로 저질렀던 병무 비

---

[*]　신병식, 「박정희 시대의 일상생활과 군사주의」, 〈경제와 사회〉 제72호, 2006, 155~164쪽

리나 청탁은 병역기피자를 단속하는 일에 비해서는 훨씬 느슨하게 다루어졌다.* 결국 군사정부하의 징병제도는 재벌 기업과 상류층에 대한 특혜를 준 셈이고, 평범한 징병자들은 착취를 당한 셈이다. 비교적 평등한 징병제도의 시행은 오히려 민주화 이후의 일이 된다.

한편 한국 사회는 1964년부터 1973년까지 기묘한 전쟁에 참전한다. 남과 북으로 분단되었던 베트남에서 벌어진 공산 진영과 자유민주주의 진영 간의 내전에 공산주의의 확산을 막기 위해 미국이 참전을 결정한다. 그리고 한국은 미국의 파병 요청에 보조를 맞춰 전쟁이 끝날 때까지 총 네 차례 파병한다. 한국군은 전체 32만 명 규모의 병력을 파병했고 그중 5000여 명의 사망자와 1만 1000여 명의 부상자, 15만 9000여 명의 고엽제 피해자가 발생했다.

미국의 우방으로서 공산주의의 확산을 막는다는 명분이 있었지만, 한국의 파병은 정치적·경제적 이익을 위한 것이 더 컸다. 박정희는 자신을 못미더워하는 미국으로부터 정권의 지지를 획득하기 위해 적극적으로 파병 요청에 응했다. 파병한 장병들의 수당으로 약 2억 달러가량의 외화 수익이 발생했고, 이 '피 값'은 경부고속도로 건설을 포함하여 한국의 산업 발전에 사용되었다. 전쟁 기간 동안 한국의 국민총생산GNP는 1964년 103달러에서 1973년 541달러로 증가했다.**

베트남전에서 한국군은 민간인에 대한 강간과 학살 등 많은 수의

---

* 같은 글, 164~168쪽
** 해당 수치 및 베트남전 참전 경과는 국방부 군사편찬연구소 홈페이지(http://www.imhc.mil.kr)의 "베트남 전쟁이란?" 항목 참조

전쟁범죄를 자행했다. 베트남 정부의 조사에 따르면 한국군에 의해 자행된 민간인 학살은 80여 건에 피해자가 9000여 명에 달한다. 전쟁이 끝난 베트남의 곳곳에는 한국군의 만행을 기록하는 '한국군 증오비'가 세워졌다.* 또한 전쟁 시기 한국군의 성매매나 강간 등으로 태어난 5000에서 3만으로 추산되는 아이들(일명 '라이따이한')이 베트남의 사회문제가 되기도 했다.

베트남전은 한국에 있어 전쟁의 폐허를 딛고 원정을 가는 지위로 상승한 국가이자, 미개한 베트남(의 여자들)을 (성적으로) 정복하는 (제국의) 남자, 하등하고 가난한 동양인이 아닌 미국의 용맹한 전우라는 환영을 제공했다.** 그러나 이는 남의 전쟁에 뛰어들어 대신 핏값을 치르는 용병인 남자들과, 자국의 기지촌에서 미군들에게 섹스를 제공하는 여자들이 존재하는 한국의 현실에서 오랫동안 유지되기 불가능한 것이었다.

'월남에서 돌아온 김 상사'는 외상 후 스트레스 장애PTSD, 신체장애, 각종 후유증에 시달렸으나, 국가로부터 제대로 된 보상을 받지 못했다. 오히려 베트남과의 국교가 정상화된 1992년 이후에는 한국군의 전쟁범죄에 대한 비판이 베트남전에 대한 회고의 중심이 되었다. 참전 군인들은 자신들이 학살자가 아니라 '국가유공자'임을 주장하며, 가해자라는 호명에 맞섰다.*** 이들의 주장은 국가가 자신들을 보낼 때 내세

* "[베트남 평화 기행①] 베트남 민간인 학살 공식 희생자만 9천여 명… 한국 정부는 '침묵'", 〈오마이뉴스〉, 2014. 2. 26.
** 김미란, 「베트남전 재현 양상을 통해 본 한국 남성성의 (재)구성」, 〈역사 문화 연구〉 제36집, 한국외국어대학교(글로벌캠퍼스) 역사문화연구소, 2010
*** 강유인화, 「한국 사회의 베트남전쟁 기억과 참전 군인의 기억 투쟁」,

웠던 명분들을 그대로 인정하라는 것이다. 하지만 오늘날 다른 나라에서 벌어진 전쟁에 자국의 이익을 위해 용병으로 참전한 이들을 전쟁 영웅으로 추앙하는 것은 외교적으로 지극히 부적절한 일이 아닐 수 없다. 결국 일종의 타협적인 방식의 '국가유공자' 지위가 참전 군인들에게 주어졌지만, 이들이 국가의 이름으로 수행했던 남의 전쟁으로 입은 피해도, 또 베트남인들에게 입힌 피해도 해소되지 않았다. 그 사이 베트남전 참전자들은 극우 세력의 행동대장이 되어 민주화된 광장에서 다양한 분야의 '빨갱이'들을 규탄하는 시위를 벌이고 있다. 군부독재 시절이라면 엄두도 못 냈을 반정부 시위를 포함해서.

한편 군사정권은 4·19 이후 세력을 재편하던 노동운동과 노동조합을 강력하게 탄압하고, 정권의 통제를 받는 어용 노조인 한국노동조합총연맹(한국노총)을 유일한 노조로서 인가한다. 박정희 정권 초기 2~3년간의 산업 정책은 큰 효과를 보지 못했지만, 미국의 조정하에 수출 중심의 산업화로 전환한 후에는 연간 10퍼센트대의 성장률을 기록하며 급격한 산업화를 이루게 된다. 농촌의 인구가 도시로 몰리면서 도시 임금노동자의 수는 10년 만에 약 2.5배(160만→340만) 증가한다.

초창기 제조업은 여성의 노동력에 크게 의존했다. 제조업 노동자 중 여성의 비율은 1963년 41퍼센트에서 시작해 1976년 53퍼센트까지 증가했고, 1987년에 49.6퍼센트로 줄어들게 된다. 여성 노동자들은 섬유, 의료, 전자 산업 등 경공업에서 절대 다수를 차지했고, 금속, 기계,

〈사회와 역사〉 제97집, 한국사회사학회, 2013

운송 장비 등에서는 매우 적었다.* 1970년대 후반부터 여성 노동자가 줄어드는 것은 한국의 제조업이 경공업에서 중화학공업 중심으로 변화하는 것과 맞물려 있다. 대부분의 여성 노동자들은 10대 중후반에서 20대 초반의 미혼 여성이었고, 강도 높은 노동과 박봉, 비인간적인 대우에 시달렸다. 물론 이는 교육받지 않은 남성 노동자들도 마찬가지여서 한국의 노동 시간은 1980년대 내내 세계에서 가장 길었다.

사회학자 구해근은 한국의 산업 노동력 향상에 기여했던 것으로 공교육, 군대, 가족을 꼽았다. 이승만 정권의 교육 투자 덕에 대부분이 초등학교 이상의 교육을 받을 수 있었고, 이는 당시의 국제적인 상황에서 봐도 결코 낮지 않은 수준이었다. 덕분에 노동자들은 읽고 쓰는 능력을 포함하여 공장에 적응하기 위한 많은 것들을 익히게 되었다. 군대는 농촌의 생활 방식에 익숙하던 이들을 근대적인 규율과 통제된 조직 생활에 적응케 했다. 이 과정에서 일상적이고 가혹한 폭력과 처벌이 뒤따랐는데 이는 공장의 질서에도 고스란히 적용되었다. 그러나 이 둘보다도 더 결정적인 것은 가족으로, 많은 경우 공장의 권위 구조와 노사 관계는 가부장제적 가족 구조를 반영하고 재생산했다(가령 '사장=아버지', '직원=자녀'). 뿐만 아니라 실제로 가족은 노동을 위한 강력한 동기로 작동했다.** 많은 경우 여성 노동자들은 돈을 벌어서 생활비나 오빠/남동생의 학비 명목으로 고향집에 돈을 보냈다. 게다가 여성들을 상급 학교가 아니라 공장으로 보낸 것도 대부분 부모의 의지

---

* 구해근, 《한국 노동계급의 형성》, 신광영 옮김, 창비, 2002, 66쪽
** 같은 책, 81~81쪽

였다. 딸들은 어릴 때부터 돈을 벌다 적당한 나이가 되면 시집을 보내고, 아들에게 자원을 집중해 교육을 시켜 성공하면 그것으로 집안을 일으킨다는 '가족 계획'은 상당히 보편적이었다.

그러나 당시 노동자들에 대한 처우는 심각했다. 사회적 멸시와 차별, 저임금, 장시간 고강도 노동, 산업재해, 군대를 방불케 하는 회사의 통제와 폭력 등이 노동자들의 일상이었다.* 국가는 이들을 포섭하기 위해 산업 전사, 혹은 산업의 역군, 수출의 역군과 같은 단어들을 퍼트렸다. 물론 그에 앞서 노동자를 근로자勤勞者로 바꾸고, 전 세계가 기념하는 노동절(5월 1일)을 근로자의 날(3월 10일)**로 바꾸는 등의 조치가 있었다. 이 새로운 단어들은 산업 노동자들의 긍정적인 이미지를 만들기 위해서 고안된 것이었다.

사회적으로 차별과 멸시를 받았던 산업 노동자들에게 이러한 호명의 파급은 작지 않았다. 하지만 당대의 노동환경은 이런 조치로 무마할 수 있는 것이 아니었다. 근로기준법 준수를 외치며 스스로의 몸에 불을 붙인 전태일의 죽음 이후로, 군부 정권의 감시와 탄압에도 불구하고 노동운동은 새롭게 싹을 틔웠다. 1970년대 노동운동의 특징은 경공업에 종사하는 여성 노동자를 중심으로 이루어졌다는 사실이다.

여성 노동자들은 산업 노동자로서 받는 차별에 더해 같은 노동자에

---

* 같은 책, 3장 참조
** 노동절의 날짜를 바꾼 것은 이승만으로, 공산당이 기념하는 노동절을 기념할 수 없다는 주장에 따른 것이었다. 3월 10일은 이승만 정권이 만든 어용 노조인 대한독립촉성노동총연맹(대한노총)의 창립일이다. 이어 박정희 정권은 1963년에 노동절이라는 명칭을 근로자의 날로 바꾼다.

게서도 받게 되는 성차별에 이중 노출되어 있었다. 이 문제의 심각성을 단적으로 보여주는 것은 1976년부터 3년에 걸쳐서 벌어진 동일방직 노조의 투쟁이었다. 노조 지도부 선거에서 기존의 어용 남성 지도부를 이긴 여성 지도부를, 회사와 경찰과 어용 노조가 한패가 되어 탄압했던 사건이다. 여성 노조원들은 경찰과 회사 편을 드는 (남성) 노동자들에 맞서 알몸 시위를 하기도 하고, 그들이 투척한 똥물을 맞는 등 처절한 투쟁을 벌였다. 많은 수의 남성 노동자들이 사측에 제시하는 보상에 매수되어 여성 지도부 탄압에 동참했는데, 기록에 따르면 이런 물질적인 이유 외에도 "남성들이 여성이 주도하는 노조 지도부를 지지하지 않은 것은 "남자들의 자존심" 때문"이기도 했다. 심지어 "여성 노조 지도부를 지지하는 몇 명의 남성들은 동료 남성 노동자들에 의해서 배척당했고, 노조 활동에서 물러나거나 결국은 여성 노동자들의 믿음을 배반"해야 했다.[*] 즉 남성 노동자들 안에 뿌리내리고 있던 성차별적 관념들이 군부독재의 억압을 딛고 일어선 동료 여성들의 투쟁 앞에서 속 좁은 구사대求社隊 노릇을 하도록 만들었던 것이다.[**]

국회입법조사처 연구원 김준은 1970년대 대기업 중공업 생산직 노동자들의 이 침묵을 이해하기 위해 퇴직자들의 구술 자료를 분석했다.

---

[*] 같은 책, 131~132쪽
[**] 구해근의 서술에 대해서 이것이 민주화 혹은 민주 노조 운동을 위한 신화 만들기적 서술이며, 실제 1970년대 노동운동 주체들 간의 관계는 더 복잡했다고 주장하는 관점도 있다. 특히 어용 대 민주라는 구도는 사후에 만들어진 성격이 강하다는 것이다.(김원, 「1970년대 여공과 민주 노조 운동」, 〈한국정치학회보〉 제38권 5호, 한국정치학회, 2004 외) 하지만 1970년대 노동운동이 경공업 부분의 여성 노동자 중심으로 이루어졌으며 남성들이 반민주 노조 활동에 다수 동원되었다는 것은 사실이다.

그에 따르면 1970년대 노동환경의 가혹함과 폭력성에 대한 불만이 대기업 남성 노동자들 사이에도 있었지만, 합법적이고 안전한 저항의 길이 봉쇄되어 있고 여성 노동자나 비*대기업 노동자보다 상대적으로 훨씬 많은 임금과 나은 대우를 받았다는 점, 그리고 그 덕분에 생계 부양자로서의 지위를 온전히 누릴 수 있었다는 것이 그들의 침묵의 원인이었다고 결론 내고 있다.*

이처럼 1970년대의 일부 남성 노동자들은 나보다 더 비참한 사람들(특히 여자들)이 있다는 사실에 뒤틀린 위안을 얻으며 가혹한 노동환경에 순응했다. 또 자신들도 하지 못한 가열찬 투쟁을 벌이는 여성들을 도리어 시기하며 훼방을 놓기도 했다. 1980년대에는 산업 구조가 중공업 중심으로 재편되면서 노동운동 역시 대기업 남자 생산직 노동자를 중심으로 이루어진다. 이때 1970년대의 노동운동은 많은 비판과 더불어 부당한 평가에 직면하게 되었고, 민주화 이후 노동운동사는 1980년대 이후의 역사를 중점적으로 부각했다.

"잘살아 보세": 단란한 중산층을 향하여

이 시기 본격적으로 전개된 박정희 군사정권의 근대화 프로젝트는 '초

---

* 김준, 「경합하는 정체성, 남성성, 그리고 계급: 1970년대 거대 조선 사업장 노동자들의 사례」, 〈산업노동연구〉 제16권 제1호, 한국산업노동학회, 2010

남성주의적 발전주의 국가hypermasculine state developmentalism의 전형'이라는 평가를 받고 있다. (……) 이 전략은 한편에서는 서구의 제국주의적인 강력한 남성성을 모방하면서도 또 한편에서는 자국의 내적 단결을 유지하기 위해 반동적이면서 강력한 남성성을 취하는 것이다. 식민지와 내전, 원조 경제를 통해 오랫동안 무력한 상태에 놓여 있었던 남성 주체와 그로 인해 해체되고 있던 성차 경계로 인해 자기 정체성에 대해 불안을 느끼고 있었던 남성들은 자신들을 '조국 상실과 내전을 통한 분단, 극심한 빈곤 등으로 인한 민족의 외상을 치유할 진취적이고 공격적인 행위 주체'로 호명하면서 '경제 발전이 곧 남성성의 구현'이라고 주장했던 박정희 정권의 성차화된 발전 관념과 전략에 자발적으로 동의했다.*

그러나 군부 독재의 동원 체제가 강력하게 하나의 국민을 부르짖었다고 해도, 일상에서의 차별과 격차는 점점 벌어지고 있었다. 군대의 경험은 한국 남성들에게 강력한 규율에 대한 복종과 적응을 심어놓았지만, 그 체제에 대한 불신은 물론이고 병역 비리 등으로 드러나는 불평등 역시 해결되지 않았다는 것을 사람들은 알고 있었다. 군대를 본뜬 공장에서는 화이트칼라와 블루칼라가 나뉘고, 남자와 여자가 나뉘어 차별이 횡행했다.

게다가 이 시기에 목표이자 정당성의 원천이었던 '먹고살기'를 달성하기 위해서 국가를 통치하고 회사를 경영했던 남자들은 타인의 고통

---

* 박이은실, 「패권적 남성성의 역사」, 〈문화과학〉 제76호, 문화과학사, 2013, 174쪽

을 마다하지 않았다. 베트남인들에게, 여성 노동자들에게, '위안부'에게, 기지촌의 여성들에게, 국가를 위한 희생과 헌신을 강요하고 착취하는 일에 남성들은 묵인하거나 동참했다. 유신을 감행한 이후, 1973년 박정희는 10년 안에 "100억 불 수출, 1000불 국민소득, '마이카' 시대"를 달성하겠다는 약속을 제시했다.[*] 사실 반공 전사도 산업 역군도 아니라, 바로 이 약속이 1960·1970년대를 지배했다. 이는 박정희 정권에 저항했던 이들마저도 거부할 수 없었던 약속이었다.

박정희 정권기 저항 엘리트들은 대체로 '민족주의'와 '개발주의' 등 권력 블록과 공유한 패러다임들 안에서 대립하고 갈등했다. 그들의 사회 비판과 대중계몽은 동일 패러다임들 안에서 주로 '절차 윤리의 부재'와 '저발전의 실상'을 문제시하는 식으로 행해졌다. 그랬기 때문에 그들은 비판 대상의 사회-정치적 존립 기반을 약화·균열시키면서도, 그 속도를 지연하고 또 그 균열의 폭을 제한하는 모순적인 역할을 수행했다.[**]

한국 사회가 의심스러운 아버지를 기꺼이 받아들이기로 한 것은 그가 내세운 "잘살아 보세"라는 새로운 시대정신 때문이다. 군부 정권은 지금껏 존재해왔던 수많은 무능한 아버지들을 줄 세우며 그들을 매도하고, 자신은 이들과 다르게 강하고 능력 있는 아버지가 될 수 있다고

---

[*] 구해근, 위의 책, 57쪽
[**] 김보현, 〈박정희 정권기 저항 엘리트들의 이중성과 역설〉, 윤해동 외, 앞의 책, 544쪽

주장했다. 사람들은 강압 속에서도 일정 부분 그것에 동의했고, 거부하는 이들은 조용히 사라졌다. 그리고 이 동의의 뒤에는 중산층 가족의 생계 부양자로서의 아버지라는 새로운 헤게모니적 남성성을 획득/수행하려는 의지가 있었다.

안정된 직장을 가진 남편과 전업주부 아내 그리고 두세 명의 자녀, 이렇게 구성된 4~5인 가족은 당시 중산층 가정 모델의 표본으로서, 주택 설계, 내부 인테리어, 내구 소비재의 소유 등과 관련해 많은 문화적 표상을 낳았다. (……) 특히 이들의 안락한 가정환경의 핵심에는 텔레비전, 냉장고, 세탁기가 놓여 있다.*

경제 성장과 함께 한국 사회에 등장한 소비재들과, 도시를 중심으로 형성되기 시작한 중산층 및 그들의 생활양식은 실제로 그것을 달성한 사람의 숫자는 적었지만 강력한 지향점으로 자리 잡게 되었다. 이 시기의 가족은 가부장제, 재구성된 전통, 경제적 안락함과 성공에 대한 욕망, 믿을 수 없고 위험한 세상에서 생사를 함께할 운명 공동체 등 복합적인 의미를 갖고 있었다. 국가 역시 사회 안전망의 부재를 가족을 통해서 해결하려 했고, 호주제를 통해 묶여 있는 정상 가족을 통치와 정책의 단위로 삼았다.

---

* 김예림, 〈1960년대 중후반 개발 내셔널리즘과 중산층 가정 판타지의 문화정치학〉, 성공회대 동아시아연구소, 《냉전 아시아의 문화 풍경 2》, 현실문화, 2009, 427쪽

하지만 정작 이러한 가족을 만들고 유지하기 위해서 남자들이 해야 하는 것은 되도록 오랫동안 가족을 떠나 일터에 있는 것이었다. 심지어 가족으로부터 멀어져 중동, 독일, 베트남으로 간 남자들이야말로 가족을 위해 가장 헌신하는 존재로 여겨졌다. 그러나 가족의 미래를 위해, 잘 살기 위해 집을 나섰던 아버지들을 위한 정서적 자리는 남아 있지 않았다. 좋은 경우에는 서먹함 섞인 존경이나마 받을 수 있을 뿐이고, 그렇지 않으면 부재하지만 군림하는 폭군 같은 존재였다. 아이들이 자라났을 때 선하고 무능했던 아버지와, 부재와 폭력으로 기억되는 아버지, 매달 벌어 오는 돈으로만 존재했던 아버지는 어느 쪽이든 극복의 대상이었다.

게다가 더 중요한 문제는 대부분의 아버지들이 가족을 온전히 먹여 살리지 못했다는 것이다. 사회학자 최선영과 장경섭은 압축 산업화 시대의 기혼 남성들이 실제로 가족을 온전히 부양할 수 있었는지를 연구했다. 한국고령화연구패널조사의 '직업력 조사'를 기반으로 1932년생부터 1961년생의 기혼 남성들을 분석한 결과에 따르면, 남자가 생계를 부양하고 여자는 가정에서 육아와 가사를 전담하는 모델은 현실에서 전혀 일반적이지 않았다. 남성들은 20대 이후 지속해서 일을 했지만, 일부 대기업 노동자들을 제외하면 45세까지 안정적인 직업을 유지하는 이들은 많지 않았다. 가령 직업 유지와 상향 이동을 합한 비중이 가장 높은 것은 1942~1951년생에 해당하는 대기업 사무직이었지만 이들이 세대 내에서 차지하는 비중은 2.6퍼센트에 지나지 않았으며, 관리직과 전문직을 포함해도 전체 세대의 10퍼센트를 넘지 못했다. 많은 경우 남성들의 고용 상태는 하향 이동의 경향을 보이고 있었는데, 공식적으로 고용되어서 임금을 받는 것이 아니라 자영업이나 주변부 노동 등 비공식 부문으로의 이동이 그 반대보다 압도적으로 많았다. 또 이런 직업 안정성이 흔들리는 것에 맞춰 여성들의 경제활동이 상승하는 것도 확인되었다. 결국 남성 생계 부양자는 일부를 제외한 대부분의 가계에서는 허상에 가까웠던 것이다.*

한국 노동계급 가족에서 결혼 중반 부부 공동의 생계 부양이 늘어나는 경향은 '생계 부양자'로서 남성 노동자들이 경험하는 직업 지위의 유동성과 불안정성이 생활 단위로서의 가족으로 전이된 데 따른 것이다. 여기에서 여성들의 재취업은 가구 소득을 늘림으로써 가족으로 전이된 불안정성을 흡수하고 완충하는 데 기여할 수 있다. 그러나 문제는 이렇게 재취업한 여성 노동자들 대부분이 영세 자영업이나 비정규직 등 고용 체제의 주변부에 밀집하는 경향이 뚜렷하다는 데에 있다. 바로 이러한 점에서, 여성들의 취업이 그 자체만으로 가족의 경제생활을 장기적으로 안정화할 수 있다고 기대하기 어려우며, 오히려 가족이 새로운 불안정성에 노출되는 계기가 될 수도 있다. 이러한 복합적 불안정성은 단지 개별 가족들의 경제생활을 묘사하는 데에 그치지 않는다. 그것은 한국 사회에서 가부장적 이데올로기가 산업자본주의의 물질적 지원하에서 유지된 것이 아니라, 매우 허약한 물질적 기반에도 불구하고 작동해왔다는 것을 함의한다.**

---

* 최선영·장경섭, 「압축 산업화 시대 노동계급 가족 가부장제의 물질적 모순」, 〈한국 사회학〉 제46집 제2호, 한국사회학회, 2012
** 같은 책 225쪽

남자의 관점에서 가장 보편적인 근대화란 정상 가족을 이루고, 중산층이 되는 것이다. 그리고 그 정상 가족에서 가장의 지위를 얻는 것, 다시 말해 생계 부양자가 되는 것이었다. 앞서 살펴본 대로 유럽의 근대 부르주아 체계는 남성 생계 부양자를 경제적 기반으로 하는 강력한 성별 분업 체계를 구축했다. 그러나 한국 사회에서 남성 생계 부양자 모델은 안정적으로 정착하지 못했다. 대다수의 한국 남자들의 경제적 삶이란 좌절의 연속이고, 결국 여성들은 어떤 형태로든 경제활동에 종사해야만 했다. 그럼에도 가부장제가 존속될 수 있었던 것은 사회적으로 여성에 대한 극심한 차별이 만연한 가운데, 사실 별로 미덥지 못한 국가를 믿을 수 없기 때문에 가족을 중심으로 뭉쳐서 생존을 도모해야 했기 때문이다.

1979년 10월 26일. 쿠데타 이후 1963년에 대통령에 당선되어 18년간 한국 사회의 대통령으로 군림했던 박정희는 안전 가옥에서 연회를 벌이다가 최측근의 총에 맞아 죽는다. 그의 죽음은 여러 가지 진실을 드러내는 것이었다. 먼저 그가 자신이 부단히도 강조했던 근면함과 성실함, 국가를 위한 헌신과 다소 거리가 있는 존재였다는 것이 그의 암살이 행해진 적나라한 상황 속에서 만천하에 드러났다. 인기 연예인과 젊은 여성들을 불러들여 엽색 행각을 벌이고, 국가기관이 그의 유흥을 위해 동원되고, 국고를 쌈짓돈처럼 쓰는, 전형적인 독재자였다는 사실이다.

하지만 그의 모습은 남자들이 은밀하게 꾸었던 꿈이기도 했다. 왕국의 모든 여자들을 마음대로 범할 수 있는 왕이 실제로 존재하고 있었던 것이다. 이렇게 불세출의 기회주의자, 교사, 만주군, 일본군, 광복군, 남로당원, 사형수, 밀고자, 한국군, 국가재건회의 의장, 대통령, 유신 대한민국의 종신 대통령이었던 박정희의 일대기는 막을 내렸다. 권위적인 아버지의 부적절하고 급작스러운 죽음 앞에 충분히 준비되지 않았던 사람들은 해방의 기회를 잡지 못했고, 그 자리는 처음부터 정당성 따위는 시궁창에 처박아버린 또 다른 기회주의자에 의해 찬탈되었다. 하지만 그 이후의 세상은 찬탈자의 생각대로도, 또 그에 저항했던 이들의 생각대로도 되지 않았다.

남성성의 극한: 80년 광주의 공수부대

박정희의 죽음 이후 찾아온 '서울의 봄'은 오래가지 못했다. 군 장성들의 사조직이었던 하나회의 수장인 전두환이 주도한 쿠데타가 재차 발생했기 때문이다. 전두환의 신군부는 1980년 5월 17일 '비상계엄 전국 확대 조치'를 발동하며 본격적인 국가 장악의 행보를 시작했다. 정치 활동 금지, 대학교 휴교령, 언론 보도 사전 검열 강화, 집회 및 시위 금지가 전국적으로 선포되었고, 예비검속을 통해 주요 야당 정치인과 재야인사, 학생운동 관계자 등 2700명을 체포·구금했다.

1980년 5월 17일 광주에도 계엄군이 투입되었다. 다음 날인 18일 계엄에 반대하며 시위에 나선 200여 명의 전남대 학생들과 계엄군 간의 첫 충돌이 일어났다. 계엄군은 시위대를 과격하게 진압했고, 오후 4시에는 제7공수여단을 광주 시내에 투입했다. 이후 계엄군은 시위대와 일반 행인을 가리지 않는 무차별 폭력과 연행을 벌이고, 이 과정에서 많은 사람이 다치거나 죽었다. 이후 분노한 광주시민들이 시위에 가담하기 시작해 20일에는 20만 규모의 시위대가 집결한다. 그리고 20일 24시에 계엄군은 광주역에서 시민들을 향해 집단 발포를 시작하여 21일까지 이어갔다. 이에 시민들은 경찰서와 예비군 무기고 등을 열어 무장하고 전남도청을 점령해 농성을 벌였다. 22일 이후 광주는 계엄군에 의해 포위·봉쇄되었고, 언론통제로 인해 광주의 상황은 외부에 알려지지 못했다. 항전하던 시민군은 27일 새벽 계엄군의 '상무충정작전'에 의해 패배한다. 이 과정에서 공식적으로 163명*이 사망했고, 수천 명의 시민들이 부상을 당했다. 강제 연행, 폭행, 고문도 자행되었다.

이것은 한국군이 세 번째로 치른 '전쟁'이었다. 하나는 민족끼리의 내전, 하나는 남의 전쟁에 끼어든 원정, 그리고 마지막 하나는 자국민을 향해 벌인 학살. 이 전쟁을 위해 51만 발의 실탄과 기관총, 수류탄, 헬기 기관총 등 11종의 무기가 동원되었다.** 광주 항쟁을 다룬 미국의 기밀문서에는 계엄군이 광주시민들을 베트남전에서 베트콩을 다루듯이 했다고 기록되어 있다.*** 당시 육군 본부 작전 참모부가 작성한 문건

---

* 5·18 관련 단체 네 곳이 합동 조사한 바에 따르면 사망 추정자는 606명(사망 165명, 행방불명 65명, 상이 후 사망 추정 376명)에 달한다.
** "5·18 계엄군, 실탄 51만 발 썼다", 〈경향신문〉, 2017. 8. 28.
*** [美 비밀문서] "그들에게 광주시민은 베트콩이었다"", 〈노컷뉴스〉, 2017. 8. 21.

에서도 광주시민들을 '적'으로, 붙잡힌 시민들을 '포로'로 규정하고 있는 것을 볼 수 있다.* 전두환은 정당성 같은 것에 얽매이는 대신, 민간인 학살로서 자신의 시대를 열었다.

당시 광주에 투입된 병력 2만 297명 중의 상당수는 징집되었던 일반병이었다. 이들은 신군부와 뜻을 같이하는 병력들이 아니었음에도 광주에서 민간인 학살에 가담했다. 물론 그중에도 다친 민간인을 돌봐주거나 의도적으로 오사격을 하는 등 학살 명령에 저항한 병사도 있었다. 하지만 어쨌든 계엄군은 17일에 투입된 이후부터 27일에 도청을 향해 1만 발을 난사할 때까지 대오를 유지했고, 광주는 오랜 시간 동안 '성공적'으로 고립되었다.

대체 어떻게 이런 일이 가능했을까? 사실 공수부대는 박정희 정권 시절부터 다양한 목적으로 동원되었다. 그 이유는 공수부대가 특수부대로서 한·미 연합 사령부의 통제를 받지 않기 때문이다. 시위 진압을 위한 별도의 훈련이 강도 높게 진행되었고, 공수부대 내부에서는 이로 인한 불만이 누적되고 있었다. 한 공수부대원은 "우리는 가족이 있으면서도 집에 가지도 못하고 고생하고 있는 반면에 학생들은 아무 실정도 모르고 자기네들 하고 싶은 대로 하고" 있으며, "우리들은 대학을 나오지 못했고 사회의 그늘에서 어렵게 생활하고 있는데, 그들은 편하니까 우리를 이렇게 괴롭힌다"라는 것이 군인들의 일반적인 인식이었다고 회고했다.**

* "5·18 계엄군, 광주시민을 '적'으로 규정했다", 〈경향신문〉, 2017. 8. 31.
** 노영기, 「5·18항쟁 초기 군부의 대응─학생 시위의 시민 항쟁으로

또 군에서는 병사들을 대상으로 "광주에서 불순분자들과 북쪽 간첩들이 배합 전술을 펼쳐 내란을 일으켰다"는 식의 교육을 반복했다.[*] 작전에 투입되고 나서는 극한의 상황에 놓였다. 식사와 수면이 부족했고, 피곤에 절어 있었다. 폭력 진압으로 시위가 격렬해질수록 역으로 군인들이 느끼는 위협도 커졌다. 이들은 진압 중 사망한 동료들 때문에 공포에 질리고 격앙되었다. 그리고 지휘 체계는 이들을 보호하지도, 이들의 행동을 막지도 않았다. 오히려 더 잔인하게 광주의 시민들을 무찌를 것을 종용했다.

집합된 병력에게 다시 구타를 강력하게 하지 않는다고 더 강하게 무자비하게 구타를 하라고 하는 것입니다. 그리고 모 이병을 불러내더니 이 병사는 구타를 전혀 하지 않는다고 "엎드려" 하더니 자신이 휴대한 진압봉으로 엉덩이를 열 대 때리는 겁니다. (······) 머나먼 광주에서까지 자기 부하를 구타하는 중대장이 죽도록 미웠습니다. 그리고 시위대에 대한 증오심은 더 강하게 생각만 나는 것입니다.[**]

이들은 자신들을 극한의 상황으로 몰아넣고, 상황에 대한 정보를 조작하고, 거기에 더해 목숨을 위협했던 신군부의 기만전술에 의해 잘못된 판단을 했다. 신군부의 의도를 몰랐던 대부분의 병사들은 사건

의 전환 배경과 관련하여」, 〈한국문화〉 제62집, 서울대학교 규장각한국학연구원, 2013, 303쪽

[*] "〈5·18〉 "나는 광주 진압군이었다"", 〈평화뉴스〉, 2004. 5. 18.

[**] 노영기, 위의 글, 305쪽

이 지나간 이후에나 자신이 신군부의 권력 쟁탈을 위해 손에 피를 묻혀야 했던 것임을 알게 되었다. 그러나 이들은 뭔가 잘못되었다고 생각한 순간에 멈추지 못했고, 결국 죄 없는 인명을 살상한 말단의 가해자가 되었다.

그리고 어쩌면 이것이야말로 한국 사회가 근대 이후 주조하고자 했던 남성성의 어떤 '완성'이다. 한국 사회는 단 한 번도 명령에 의문을 갖는 남자들을 바란 적이 없었다. 공장과 전장에서, 명령에 순응하고 몸이 부서질 때까지 헌신하는 강건한 육체들을 원했을 뿐이다. 이것을 뒷받침하는 것은 한국 사회가 처해 있는 악조건들이었다. 식민 치하를 지나 내전을 거쳐 절대 빈곤으로부터 출발한 한국이 근대국가가 되기 위해서는 모두가 참고 희생해야 한다는 논리다. 그러나 우리는 모두가 참고 희생하지 않았으며 그 와중에도 누군가는 이 논리를 명분 삼아 다른 사람을 희생시키고 자신의 잇속을 챙겼다는 것을 알고 있다. 그리고 아마 우리 중 누군가가 저 자리에 군복을 입고 서 있었다면 이 명령들을 쉽게 거부할 수 없었을 것이라는 것도 알고 있다.

군에 의해 봉쇄되어 고립무원이 된 광주에서는 의미 없는 폭력도, 약탈도 없었다. 이들은 다른 동료들의 죽음을 목도하고, 스스로를 지키기 위해 무장을 했지만, 치안은 흐트러지지 않았고, 사람들은 다친 이들을 위해 줄을 서서 헌혈을 했다. 1980년 5월 21일부터 27일 새벽까지의 광주는 극한의 상황 속에서도 서로를 지탱하는 공동체의 가능성을 보여주었다. 마지막까지 항전했던 400여 명의 시민군은 4000여 명의 계엄군과 싸워서 패배했다. 이들이 보여준 용기의 기원은 과장된 남성성도, 막강한 화력도 아니었으며, 단지 생존만을 위한 반사적인 행동도 아니었다. 이데올로기적 무장은 더더욱 아니었고, 뛰어난 지도자들의 리더십과 카리스마도 아니었다. 그 거대하고 강고한 국가에 맞서서 이들은 스스로 주체가 되고자 했고, 주체로서 서로를 돕고 또 살리려고 했다.[*]

물론 광주 항쟁의 한계나 문제들이 없지 않았다. 여성들은 항쟁의 시작부터 끝까지 함께했지만 정치적, 조직적 영역으로부터는 배제되었다.[**] 아들을 잃어버린 어머니나, 잔혹한 국가 폭력에 희생된 여성의 신체만이 광주의 서사 속에서 부각되었다. 이 배제는 이후 진실 규명과 역사를 정립하는 움직임에서도 고스란히 반복되었다. 김대중 정부가 5·18을 민주화 운동의 역사로 공식 편입한 이후에도 보상을 둘러싼 잡음, 희생자들 간의 불화, 정사로 편입되지 못하고 묻혀버린 이야기, 여전히 존재하는 5·18에 대한 마타도어 등이 있었다. 그러나 광주는 결국 1980년대를 바꿔놓은 기원적인 사건이자, 새롭게 등장한 저항 세력의 근간으로, 또 새로운 시대를 만들어낼 주체들의 출현을 알리는 증거로 자리 잡았다.

[*]   김형철, 〈1980년 5월 광주 민중 항쟁과 한국 민주주의의 현재성〉, 《다시 보는 한국 민주화 운동》, 한국정치연구회 엮음, 선인, 2010
[**]   심영의, 「민주화 운동에서 여성 주체의 문제―홍희담과 공선옥의 5·18 소설을 중심으로」, 〈인문사회과학연구〉 제13권 제1호, 부경대학교 인문사회과학연구소, 2012.

광주의 아들들: 부정한 아버지에 맞서

1980년대 대학생이면서 전두환 정권에 저항했던 이들, 이른바 (학생) 운동권은 광주를 스스로의 기원적 사건으로 삼았다. "살아남은 자들의 광주에 대한 경험과 기억은 민중에 대한 부채 의식과 도덕적인 분노, 미국에 의존해온 민족적 현실에 대한 자각들, 절차적 민주주의의 억압에 대한 정통성의 부인 등에 따른 저항 의지에 기초한 전투적인 민주화 운동을 정당화"*했다. 그래서 사회학자 김동춘은 1980년대 민주화 운동을 "광주의 기억을 환기하려는 세력과 그 기억을 지워버리려는 세력 간의 역사적 고지를 점령하기 위한 투쟁"**으로 요약하기도 했다.

당시 대학에는 경찰 병력이 상주해 학생들의 활동 일거수일투족을 감시했다. 1981년부터는 요주의 인물들을 강제로 입대시킨 후 사상 개조 및 협박을 통해 동료들의 정보를 캐내 오는 프락치로 활용하는 '녹화 사업'이 447명을 대상으로 계획되어 이중 256명이 실제로 징집되었다. 같은 해에 도입된 졸업 정원제는 기존 졸업 인원의 30퍼센트를 초과하여 신입생을 뽑는 대신, 하위권의 대학생들을 졸업에서 탈락시키는 것을 골자로 하고 있었다. 이는 학점과 졸업 관리를 엄격하게 만들어 학생들의 저항 활동 참여를 둔화시키려는 의도였다. 그러나

---

* 김형철, 위의 글, 116쪽
** 김동춘, 〈1980년대 민주 변혁 운동의 성장과 그 성격〉, 학술단체협의회, 《6월 민주 항쟁과 한국 사회 10년》, 당대, 1997(김형철, 같은 글에서 재인용)

고문이나 죽음의 위협 가운데에서도 언더서클을 중심으로 조직되어 있었던 운동권 학생들은 비밀리에 활동을 이어나갔다. 1984년 신군부의 '유화 조치' 이후에는 대학 내 저항 세력들의 활동이 대중 활동과 지하 활동으로 양분되었고, 본격적인 대학 내 저항 문화를 만들어 가게 된다.[*]

학생운동은 신군부의 정당성 부재를 극도로 혐오하며 결벽에 가까우리만치 이념적, 역사적 정당성과 도덕성을 추구했다. 특히 전두환 정권이 펼쳤던 3S$^{Sports, Screen, Sex}$ 정책으로 인해 번성하게 된 대중문화에 대해서 비도덕적이라는 맹비난을 퍼붓곤 했다. 1981년 서울대에서는 군부 정권이 대학을 장악하기 위해 총학생회 대신 설치한 학도호국단이 준비하던 축제를 학생운동권들이 방해하며, 초청된 연예인들에게 똥물을 투척하는 사건이 있었다. 1984년 고려대에서는 기존의 학교 축제에 대해 "무방향성·비체계성·몰가치적인 외래 대중문화의 무분별한 수용과 나열"이며, "저질 대중문화에의 종속과 오염된 문화 풍토"라고 비판하며 저항적 행사를 기획하기도 했다.[**] 이들은 '민족적이고 민중적인 문화 양식'을 지향하였고, 소비자본주의나 프티부르주아적인 문화, 특히 미국으로 대표되는 서구의 문화를 배척했다. 그러나 정작 이들의 결벽이 지향하는 바가 무엇인지는 애매했다. 이들의 거대 담론이 구체적인 실천으로 넘어가면 콜라를 마시고 나이키 운동화를 신는 후배

[*] 허은, 〈1980년대 상반기 학생운동 체계의 변화와 학생운동 문화의 확산〉, 《학생운동의 시대》, 이호룡·정근식 엮음, 선인, 2013
[**] 같은 글, 198~199쪽

의 뺨을 후려치고, 호화로운 축제를 벌이고 있다는 명목으로 여대 축제를 찾아가 훼방을 놓고 난동을 부리는 식으로 나타났기 때문이다.[*]

이렇게 보면 1980년대의 문화 운동은 경제 개발기에 접어들면서 급변해온 사회경제적 전개의 부산물로 나타난 여러 가지 문제점들에 대한 반작용의 하나로, 특히 '문화적 자아 정체성'을 제대로 정립하지 못하고 있었던 당시 한국 사회의 표류하던 문화적 능력에 대해 나름의 진지한 도전장을 던졌던 것이라고 할 수도 있을 것이다. 그런데 그들이 문화 현실을 진단하는 틀로 설정한 '서구 대 한국 민족' 그리고 '지배층 대 민중'이라는 틀은 한편으로는 당시 사회 구성원들의 감성적인 측면에 호소하는 바가 적지 않으면서도 그 구체적인 사회적 실체와 논리적 토대에 있어서는 여전히 애매모호하고 거친 형태에 머물러 있었다.[**]

한편, 저항운동을 분쇄하기 위한 신군부의 전략이 강제 입대였다는 것은 시사점을 준다. 박정희가 주민등록제도 등을 시행하면서 만들어진 행정적 인구 관리·감시 체계가 가장 맹활약한 영역이 바로 병역 기피자들의 단속과 검거였다는 사실을 다시 생각해보자. 유신 정권기에 종교적인 이유 등으로 집총을 거부한 이들은, 병역법 위반 사범으로 감옥에 갔다가 출소하자마자 다시 입영 영장을 받고 재차 감옥에

[*] "1996년, 대동제를 취재하다", 〈이대학보〉, 2005. 11. 28.
[**] 송도영, 「1980년대 한국 문화 운동과 민족·민중적 문화 양식의 탐색」, 〈비교문화연구〉 제4호, 서울대학교 비교문화연구소, 1998, 175쪽

가기도 했고, 훈련소에 입소하고는 집총을 거부했다가 구타를 당하거나 하여 사망하기도 했다. 병역 의무 자체의 도덕화, 신성화와 그것을 뒷받침하는 가혹하고 촘촘한 징집 제도를 통해 병역 의무의 절대성이 한국 사회에 자리 잡았다. 심지어 한국 사회의 저항 운동에서 징역형 등을 받아 병역이 면제되거나 징집을 피해 도주하는 등의 경우는 있었지만, 명시적으로 병역거부를 선언 하는 것은 2001년 오태양 씨의 사례 이전에는 많지 않았다.

20세 이상의 모든 남성에 대한 징병권을 국가가 행사할 수 있다는 것은 그 자체로 강력한 '생체 권력*'의 현시가 아닐 수 없다. 특히 한국 사회에서는 신체적인 장애가 있거나 특정한 사회적 조건에 처해 있지 않으면 병역을 거부하거나 대안을 선택할 수 없다는 점에서 더 그렇다.** 군부 정권은 병역 의무를 통치의 도구로 십분 활용해왔다. 군대는 신체적 훈육에 못지않게 특정한 이데올로기와 각색된 역사들을 교육하는 데 힘썼다. 한국의 군대에서 '남성성 이념과 역사 인식-여성 및 비군인에 대한 인식'은 하나의 조합 쌍으로 존재한다. 또 신군부가 자

---

* 생체 권력은 프랑스의 철학자 미셸 푸코의 개념으로, 근대 이전의 권력이 가지고 있던 생살 여탈권을 대체하는 근대적 권력의 작동 방식을 지칭하는 단어다. 보살피고 관리하는 권력으로서 권력의 목적에 맞게 인구의 수나 상태를 조정하고 형성해내는 것으로 작동한다. 인구학, 공중위생, 우생학, 의학의 발전 등이 생체 권력의 작동과 결부되어 있는 지식이다. 자세한 것은 미셸 푸코의 《성의 역사 1》, 《생명 관리 정치의 탄생》 참조.
** 2018년 헌법재판소는 대체 복무 제도를 마련하지 않고 있는 현행 병역법에 대하여 헌법 불합치 판결을 내렸으며, 국회가 2019년 12월 31일까지 대체 복무 제도를 포함하는 내용으로 병역법을 개정해야 한다고 결정했다.

행했던 것처럼 사법적인 처벌이 아니면서도 인신을 구속하는 한편, 의무라는 이름하에 세뇌에 가까운 전향 공작을 벌이기에 적합했던 공간이기도 하다. 게다가 군인은 민간인에 비해서 훨씬 취약한 신분으로, 재판을 받을 때마저도 온전한 법의 보호를 받지 못한다. 1980년대의 군대가 지금과는 비교도 안 될 만큼 폭력으로 점철된 곳이었다는 점도 중요하다.

한편 운동권들은 어떤 점에서는 여전히 그들이 비판하는 사회와 맥락을 같이했다. 사회 전반에 뿌리내린 군사주의적이고 이념형적인 남성성은 저항 세력에게도 녹아 들어가 있었다.

군사주의 문화에 연루된 이러한 패권적 남성성은 1980년대에 독재 정권에 저항하며 민주화를 외쳤던 학생운동 내에서도 고스란히 답습된다. 당시 학생운동은 '남성성과 융합된 군사주의적 가치를 기준'으로 서로 간의 위계 서열을 매기고 '힘', '당당함', '치열함', '용맹', '통일 단결' 등 '군인의 미덕을 추구하는 인정 및 가치 체계'를 가지고 있었던 것이다. 또한 1980년대 학생운동은 여전히 '근대적 민족국가 만들기 프로젝트의 경계 안에서 이루어졌고 따라서 '강한 국가 건설의 의지에서는 박정희나 진보 세력이나 큰 차이를 보이지 않았다.'[*]

물론 학생운동 조직들은 한 명이라도 배반을 한다면 모두가 끌려

---

[*] 박이은실, 앞의 글, 176~177쪽

들어가 고문을 당할지도 모르는 위협 속에서 존재했기 때문에, 구성원들 간의 위계질서와 엄숙주의가 강제되는 면이 있었다. 여기에 폭력적인 경찰과 대립하는 과정에서 무력으로 맞대응을 해야 하는 상황이 잦았기에 남학생으로 구성된 전투 대오가 존재하던 시절이었다. 아직 경험이 적고 어린 대학생들이 상상하고 참조할 수 있는 조직의 형태가 많지 않았던 것도 하나의 원인이었다. 하지만 그들이 그토록 거부하고자 했던 체제의 폭력성을 뛰어넘는 상상력을 발휘하지 못한 것은 분명한 한계 지점이었다.

게다가 이 시기는 1970년대 대학에서 설립된 여성학 강좌들로부터 시작하여 변혁 운동으로서의 여성운동이 점점 커져가고 있던 시기다. 인간의 평등함을 지향한 1980년대 학생 운동권에서는 교양 차원에서 여성주의에 대한 학습이 이루어지는 경우가 많았다. 그러나 대부분 학생운동권 조직들의 입장은 여성운동이 '부문 운동'이자, '부차적 모순'이라는 것이었다.[*] 즉 여성 해방은 그에 선행하는 민족 혹은 계급 해방이 도래하고 난 이후에 해결할 문제라거나, 혹은 자연스럽게 해결될 문제라는 시각이 지배적이었다. 때문에 여성주의적 고민이나 문제 제기는 무시되거나, 운동을 분열시킨다는 이유로 비난받았다. 이외에도 여성적인 것으로 여겨졌던 많은 것들이 체제 순응적이고 투쟁에 적합하지 않다는 이유로 비난받았고, 여성의 몸은 훼손되어 빼앗긴 민족이나 민중을 상징하거나, 서구 문화로부터 전파된 환락적이고, 불건전한

[*] 김은하, 「1980년대, 바리케이트 뒤편의 성(性) 전쟁과 여성해방 문학 운동」, 〈상허학보〉 제51집, 상허학회, 2017, 20쪽

문화를 상징하는 식으로 이용되었다. 언제나 투쟁의 중심을 상징하는 것은 굵은 팔뚝을 가진 남성 지식인, 대학생, 노동자, 농민이었다.

　　페티시즘 구조를 통해 민중미술을 바라보면, 여성성은 주로 상품 문화와 결합되고 '성적으로 훼손된' 이미지로 재현되고 있다. 민중미술에서 '성적으로 훼손된' 여성 이미지는 서구 자본주의에 침탈당한 불순한 얼룩을 의미하는 알레고리로서의 역할을 하고 있다. 이와 대조적으로 남성의 이미지는 이러한 여성성을 혐오하거나 가학적인 대상이 되게 함으로써 성적 목적을 탈각하고 민족주의 담론을 담지한 이상적인 남성성으로 재현되고 있다. (……) 이로 인해 민족주의 담론은 결국 가부장적 남근주의 역사와 결합하고 있음을 나타내준다.*

　　1980년대 저항 세력의 남성성은 부패하고 부정한 아버지들에 맞서 정의로운 오이디푸스가 되고자 했다. 그러나 그들은 여전히 막강한 아버지들은 물론이고, 미국이라는 더욱더 거대한 아버지의 존재로 인해 위축될 수밖에 없는 처지였다. 이에 맞서 그들은 어쩌면 다소는 도착적으로 칼 마르크스의 원전, 레닌의 혁명적 정치사상, 저항적 민족주의, 북한의 주체사상과 같은 새로운 정당성의 기원들을 추구해나갔다. 이 과정에서 그들은 1970년대의 저항 세력들(특히 1970년대의 노동운동)에게도 비난의 화살을 돌렸는데, 그들의 저항운동이 불철저한 사상

* 박현화, 「민중미술에 나타난 남성성」, 〈현대미술학 논문집〉 제17권 제1호, 현대미술학회, 2013, 41~42쪽

과 이념에 근거해 있다는 것이 주된 이유였다. 이렇게 이들은 유신 체제에 순응했던 부모 세대, 그리고 유신 체제에 저항했으나 나이브했던 선배들을 모두 극복의 대상으로 삼았다. 하지만 이 강박은 그들이 갖고 있는 불안을 보여주는 것이었다. 즉 이들을 인정해줄 수 있는 정당성을 가진 존재가 아무도 없었던 것이다.

특기할 만한 지점은 1980년대의 청년 세대가 지난 세대의 청년 세대들에 비하면 절대 빈곤이나 전쟁의 상흔으로부터의 영향을 덜 받았다는 점이다. 1980년대는 한국 경제가 가장 안정적이고 가파른 성장세를 보였던 시기로, 연평균 10퍼센트를 웃도는 경제 성장률을 보였다. 그에 비해 인력이 늘 부족했기 때문에 구직은 어렵지 않았다. 특히 대학 졸업자들은 쉽게 대기업에 입사할 수 있었다. 때문에 이전 세대에 비해 먹고사는 문제에 대해서는 상대적으로 자유로울 수 있었다. 1980년대 저항운동의 '급진화'의 배경 중 하나는 바로 이 경제적 조건의 변화였다.

군부독재가 오랫동안 지속될 수 있었던 것은 단순히 폭력과 공포에 의한 통치만이 아니라, 그것이 지향하는 목표가 한국 사회의 많은 구성원들에게 거부할 수 없는 것이었기 때문이기도 했다. 부국강병의 꿈, 더 자세하게는 발전된 근대 민족(자본주의) 국가의 건설이라는 목표로부터 자유로웠던 세력은 많지 않았다. 이 목표를 위해서는 희생을 감수하며 동원되어줄 '국민'의 존재가 필수적이다. 대의에 복무하는 군사주의적인 남성성은 이러한 존재를 만들어내기 위한 매우 효율적인 수단으로 여겨졌다. 개인주의와 일탈은 좌와 우를 막론하고 비판의 대상이었다.

하지만 이런 조국의 발전을 위해서든, 민주화를 위해서든 대의의 중압감은 엄청났다. 여기에서 은밀한 역할을 한 것은 우민화 정책의 일환으로서 장려된 3S였다. 그중에서도 성^{sex}의 측면은 특기할 만하다. 1980년대 한국의 영화 흥행 성적을 보면 모든 해에 걸쳐 에로 영화들이 1위거나 그에 준하는 성적을 거두고 있다. 전두환 정권이 검열을 통해 다양한 영화의 제작 및 수입을 금지했던 것과 맞물리며, 실로 전무후무한 에로 영화의 전성기를 맞이하게 된 것이다. 에로 영화는 하층계급 성인 남성들의 여흥이었을 뿐만 아니라, 10대 후반 청소년들의 성적 판타지였고, 엘리트 계층이었던 대학생들에게도 은밀한 취미였다. "최루탄이 날리는 교정에서 민주화 투사로 살다가 에로 영화를 보기 위해 많은 인파 속에 슬쩍 몸을 숨기기도 했다"[*]라는 청년들의 체험을 통해 미루어 볼 수 있는 것은 산업 역군이든 민주 투사든 성은 공통적으로 해방구이자 억압의 분출구로서 존재했다는 지점이다.

하지만 당시의 성 문화는 음성적이었고, 장시간의 고된 노동이나 경찰과 안기부의 살벌한 감시망과 같이 처해 있는 조건의 엄혹함도 실재하는 것이었기에, 이런 욕망들 역시 어떤 왜곡된 상을 띠고 있었다. 이시기 에로 영화에서 묘사되는 남성들은 "성적인 능력을 과시하는 인물이 아니라 성적으로 실패하거나 좌절하는 것으로 그려져" 있곤 했으며, "그들은 욕망의 대상을 소유하지 못한 채 훔쳐보거나, 신체적으로

---

[*] 노지승, 「남성 주체의 분열과 재건, 1980년대 에로 영화에서의 남성성」, 〈여성문학연구〉 제30권 제0호, 한국여성문학학회, 2013, 79쪽

성불구자거나, 비열한 방식으로 여성을 성적으로 착취하거나, 성욕에 들떠 여성에게 지배, 종속되는 양상"을 보였다.* 게다가 거의 모든 에로 영화들은 쾌락에 몸을 맡기고, 쾌락을 통해 남성을 지배하려는 여성들이 가부장제적 질서로 복귀하거나 파멸하는 결말을 갖고 있었다.** 카메라는 내내 여성의 몸을 관음하다가 급작스럽게 도덕적 판관이 되어 여성을 심판했다. 이런 서사는 쾌락(에로 영화)을 즐기는 것에 대한 남성들의 도덕적 부채를 무마하고자 함과 동시에, 남성의 통제에서 벗어난 여성의 성적 일탈을 단죄함으로써 남성성의 분열을 봉합하려는 시도였다. 그러나 이 뜬금없는 전개가 보여준 것은 결국 도덕이며 봉합의 시도가 무의미하거나 허구적이라는 것을 웅변하는 것이었다.

길고 험난한 투쟁의 과정은 '혁명 이후'를 채울 내용들을 많이 갖고 있지 못했다. 대의는 달성되었거나 해소되었고, 경제는 활황이었으나, 새로운 국가와 삶을 조직할 수 있는 대안들은 많지 않았던 것이다. 1997년의 외환 위기 이전까지 한국 사회는 이 가능성을 찾는 것에 혈안이 되었다. 기나긴 시간 동안 억압되었던 것들이 이제 귀환하려 하고 있었다.

*　　같은 글, 80쪽
**　　같은 글, 101쪽

4
변화와 몰락
1990년대와 한국, 남자

X같은 새 시대의 남자들

6월 항쟁은 군사정권을 무너뜨리고, 직선제 개헌을 이끌어냈다. 하지만 이어진 대통령 선거에서 전두환과 함께 12·12에 가담했던 신군부의 일원인 노태우가 대통령에 당선되었다. 그러나 1990년대의 사람들은 더 이상 무거운 문제들에만 짓눌려 있기를 원하지 않았다. 1990년대는 이념의 시대가 지난 이후 찾아온 자아의 공백을 채우기 위한 발악의 시간이었다. 산업 역군도 투사도 더 이상의 본보기가 되지 못하는 새로운 시대에서 남자들은 사방으로 흩어졌다.

물론 1987년 이후에도 학생운동을 비롯한 저항 세력의 투쟁은 멈추지 않았다. 특히 1991년 5월 시위 중 경찰의 폭력에 의해 대학생 강경대, 김귀정이 사망한 것을 계기로 더 격화되었다. 분신자살과 투신자살 등의 극단적인 방법을 포함한 저항이 이어졌으며, 이에 노태우 정권은 강경 대응했다. 그러나 문화 연구자 이재원은 1991년 5월 투쟁이 대중에게 호응을 얻지 못했으며, 이것은 곧 1980년에서부터 이어지는 '학생운동'의 위기(의식)을 불러일으켰다고 이야기한다. 때문에 1992년 이후 학생운동은 "폭력성과 반도덕성의 멍에를 벗어던져야"

하는 동시에, "어떻게 하면 대중을 움직이는 지배 이데올로기를 극복하고 다시 대중의 지지를 확보할 수 있는가"라는 두 가지 과제를 짊어지게 되었다는 것이다.* 저항 세력은 급진적인 이념을 간직한 채로 대중(문화)에 대한 연구에 빠져들거나, 혁명이 아닌 개혁을 통해 사회를 점진적으로 변화시키려는 시민운동 노선으로 합류하거나, 혹은 과거의 반체제적인 노선을 고집함으로써 더더욱 고립되어갔다.

이런 저항보다 더욱더 절실했던 것은 1980년대로부터 벗어나는 것이었다. 무겁고 어두운 집단, 이념, 투쟁의 세계에서 벗어나 자유와 즐거움이 존재하는 개인의 세계로. 이것을 어떻게 달성할 것인가를 두고 다양한 시도가 이루어졌다. 그것을 주도했던 주체들은 "대략 1970년대 후반에 태어나 1990년대를 20대 전후로 살아가고 있는 '고유명사'로서의 신세대"였고, 그들의 행위는 크게 "소비 지향적", "개인 지향적", "탈권위 지향적"이라는 가치들로 대표되었다.**

그리고 이를 아우르는 새로운 범주로서 사회, 경제, 정치에 이은 '문화'가 급부상했다. 문화는 엄밀히 말해 하나의 합의점이었다. 1987년에 제한적으로 달성된 저항운동의 연장선상에서는 더 많은 자유, 반권위주의, 삶의 질 향상이라는 목표들이 도출될 수 있었다. 반면 산업화의 안정과 성장한 경제 상황의 연장선상에서는 대중의 물질적 욕구의 충족, 소비시장의 증대 및 다양화, 경제적 자유의 증대 같은 것이

---

* 이재원, 「時代遺憾, 1996년 그들이 세상을 지배했을 때―신세대, 서태지, X세대」, 〈문화과학〉 제62호, 문화과학사, 2010, 97~98쪽.
** 전상인, 「신세대의 부상: 미워할 수 없는 오리 새끼들」, 〈계간 사상〉 제42호, 사회과학원, 1999

문화에 포함될 수 있었다.

가장 과감하게 변화에 빠져들었던 것은 압구정동을 근거지로 활동했던 '(수입)오렌지족'이었다. 이 명칭은 부유한 집안에서 학력이 낮은 자녀를 유학 보내 '학력 세탁'을 도모했던 관행과 맞물려 있다. 유학을 마치고 돌아온 귀국 자녀들은 20대임에도 값비싼 스포츠카를 타고 다니면서, 여자를 옆에 끼고 다니고, 돈을 펑펑 쓰고, 영어가 섞인 어눌한 한국말을 구사했다. 이들은 순식간에 범사회적 질타와 은근한 선망의 대상이 되었다.

이들이 본격적인 주목을 받기 시작한 것은 1994년에 일어난 살인 사건 때문이다. 수백억대 재산을 가진 제약회사 집안의 아들이었던 박한상은 학업에 재능이 없었고, 부모는 그를 미국으로 유학 보냈다. 그러나 박한상은 미국에서도 도박과 마약에 빠져 학업을 이어나가지 못했다. 분노한 부모는 자녀를 불러들여 연을 끊겠다고 선언했다. 그러자 분노한 박한상은 칼 두 자루를 들고 부모를 난자하여 살해하고 사체를 훼손하기 위해 불을 지른다. 그는 사체 훼손으로 살인의 증거를 없애고 부모의 재산을 상속받으려 했으나, 죽어가는 부모가 저항하는 과정에서 물어뜯어 난 상처가 결정적인 증거가 되어 체포되었다.

이 사건 이후 오렌지족에 대한 규탄의 목소리가 커졌다. 1994년 말 문화체육부에서 낸 〈1994년도 청소년 육성 정책 결산 및 1995년도 청소년 정책 방향〉에서는 "일반 청소년들은 대학 입학이라는 지상의 과제를 향해 하루 24시간을 쪼개가며 당장의 고통을 참는 반면 오렌지족은 술·여자 등과 함께 '즐기는 것'을 인생의 목표로 삼는다. 월 2만~3만

원의 용돈을 사용하는 일반 청소년과는 달리 오렌지족은 카드나 수표를 사용하며 버스나 지하철보다는 스포츠카와 외제차 등을 몰고 다닌다. 서로의 사랑을 조금씩 확인해가는 애틋한 연애보다는 부킹과 함께 당일로 호텔로 직행하는 벼락치기 쾌락에 탐닉한다"라며 오렌지족에 대한 부정적인 인식을 여과 없이 드러내고 있다.

오렌지족의 후신으로 등장한 '야타족'도 있었다. 야타족은 고급 승용차를 몰고 다니며 유흥가를 지나는 여성에게 "야! 타!"라고 외쳐 여성을 유혹하는 부유층의 젊은 남성들을 뜻하는 말이었다. 실제로는 당시 드물었던 외제 고급 승용차보다는 소나타Ⅱ, 그랜저, 스쿠퍼 등의 국산 세단을 타고 다니는 야타족이 많았고, 이들을 모방하여 티코, 프라이드를 타고 다니며 비슷한 행동을 하는 이들도 있었다. "프라이드나 티코 야타족들은 물론 잘 팔리지 않는다. '싼값'에 끼어들지 않겠다는 '콧대 높은' 10대 여자들이 그들을 선택하지 않는다. 그녀들을 채가는 것은 진짜 야타족들"**

오렌지족은 그들이 실제로 차지하는 인구학적 비율에 비해서 지나친 주목과 대표성을 얻게 되었다. 가장 큰 이유는 기성세대와 언론이 오렌지족들에 집중포화를 쏟아부었기 때문이다. 여기에는 이들이 끼치는 해악에 대한 응징의 차원도 있었지만, 다른 청년들의 행동을 통

---

* "[김형민의 '응답하라 1990' (18) 신인류의 출현] 압구정서 '야~타!' 외치던 오렌지족, 지금은…", 〈한겨레〉, 2014. 3. 28.
** 고길섭, 《문화 비평과 미시 정치》, 문화과학사, 1998, 212~213쪽 (강준만, 《한국 현대사 산책 1990년대편 2》, 인물과사상사, 2006, 120쪽에서 재인용)

제하기 위한 표본으로 삼는다는 목적도 함께 존재했다.

하지만 오렌지족이 한국 사회에 던진 가장 중요한 의미는 한국 사회가 유지해왔던 동질성이 더 이상 유지될 수 없다는 사실이었다. 빈부 격차는 계속해서 벌어지고 있었으나, 절대 빈곤으로부터 경제가 성장하는 과정에서 그것은 별로 중요하지 않게 다루어졌다. 또 독재 정권은 통치의 용이성을 위해 동질성을 해치는 행위를 처벌해왔다. 그러나 민주화는 이런 거짓 동질성을 유지해야 할 이유도 함께 사라지게 했다. 그러므로 1980년대의 분위기로부터 빗겨나 있었던 부유층의 유학 청년들이 정신을 차려 보니 엄청나게 쌓여 있는 부모 돈을 쓰며 티를 내지 못할 이유는 더 이상 없었던 것이다.

다른 한편으로, 오렌지족이나 야타족에 대한 정의 혹은 작명에서부터 드러나는 것이 있다. 오렌지족이라는 말의 확인되지 않은 어원 중 하나는, "당시로서는 비싼 과일이었던 오렌지를 이성異性에게 건네고 그걸 받으면 이른바 '원 나이트'가 합의되는 풍습(?)"*이다. 이 행위의 주체는 대부분 남자로 가정된다. 여성들은 압구정동과 그곳에서 파생된 새로운 도심지에서 탱크톱, 배꼽티, 미니스커트, 핫팬츠 등을 입고 이 오렌지족들의 구애를 받는 것이다. 야타족은 아예 그 주체가 남자로 정해져 있다. 어쨌거나 이 새로운 정체성들의 핵심은 자신의 재력을 과시하며 별다른 어려움 없이 여자들과 섹스를 할 수 있는 남자들이다. 물론 여성들 역시 1980년대와는 다른 1990년대를 맞이했으며, 사

---

* 김형민, 앞의 글

실은 남성들보다 더 빠르고 급격하게 변화했다.* 그러나 적어도 1990년대의 변화를 상징하는 오렌지족과 야타족을 구성하는 데 있어서 여성은 이들의 비도덕성과, 경제적 지위를 드러내기 위해 사용되는 배경으로 존재했다.

자유주의, 그중에서도 성性의 자유주의를 설파했던 이들도 있었다. 1992년 소설 《즐거운 사라》를 출판했다가 음란물을 유포했다는 이유로 체포되어 징역 8월에 집행유예 2년을 선고받았던 마광수가 대표적이다. 사라라는 이름의 여대생이 다양한 남자들과 다양한 방식으로 섹스에 탐닉하는 내용의 소설인데, 이 때문에 그는 수업 도중에 긴급 체포되었고, 대법원에서까지 그의 소설이 음란물이라는 판결을 내렸다. 문학작품의 표현의 자유가 무한정이 아니며, "병적이고 동물적인 성행위 장면이 선정적으로 묘사됐을 뿐 삶에 대한 새로운 비전이나 통찰을 제시"하지는 않았기에 읽는 사람의 성적 수치심을 자극했다는 것이 그 골자였다. 1998년이 되어서야 그는 사면 복권되었다.

그는 1990년대에 극단적인 옹호와 반대를 동시에 받은 인물이었다. 옹호하는 쪽의 입장은 그의 파격과 반권위주의, 솔직함, 자유를 높이 샀다. 그를 반대하는 이들은 그가 교육자이자 지식인인 대학교수로서 부적절하며, 저열하고, 품위도 능력도 없는 자라고 깎아내렸다. 마광

---

* 가령 1992년 미국 보이 밴드 뉴키즈온더블록(New Kids on the Block)의 내한 공연 때 10대 여성들의 열광적인 호응은 압사 사고를 일으킬 정도였다. 1990년대 신세대의 중요한 요소 하나인 팬클럽 문화를 주도했던 것은 10대 여성들이었으며, 그 외에도 특히 하위문화 분야에서 여성 소비자-동호인들의 활약이 두드러졌다.

수는 한국 사회의 위선적 세계관을 비판하며, 특히 "문학의 품위주의, 양반주의, 훈민주의"를 비판했다. 그는 《즐거운 사라》가 이것에 대한 의도적인 반작용임을 주장했고, "우리나라에선 아무리 야한 소설을 쓴다고 해도 (……) 꼭 결론에 가서 권선징악적으로 맺는다거나 반성을 한다거나 그런 식으로 글을 맺잖아요. (……) 우리나라 소설에 사라 같은 여자가 있나요. 다 자살하거나 반성하거나 그러지"*라고 작품의 의도를 밝혔다. 이는 앞서 살펴본 1980년대 에로 영화들의 문법이나 당시에 존재했던 성인 작품들에서 쉽게 찾아볼 수 있는 것이었고, 사라처럼 반성하지 않거나 파멸하지 않는 여자들은 없었다.

파멸하지도, 참회하지도, 용서를 구하지도 않는 여자는 결국 남자에게 의존하지 않는 여자이자, 남자를 필요로 하지 않는 여자다. 남자는 자신에게 의존하는 여자를 통해 자신의 존재를 정립한다. 그러니 의존하지 않는 여자들은 남자에게 모종의 거세 공포로 다가온다. 자유로운 여자들을 계속해서 벌하려는 남자들의 서사는 이 공포로부터 벗어나기 위해서다. 특히 통속적이고 성적인 작품들은 이중의 욕망에 시달리는데, 자유로운 여자의 몸과 성적 행위를 최대한 자세하게 묘사하고자 하는 관음의 욕망과, 그 여자를 벌함으로써 다시 정상성으로, 즉 가부장제로의 복귀를 꾀하는 '안전'에 대한 욕망이다. 이는 여자에 대한 이중의 착취를 뜻한다. 즉 남자의 성적 쾌락을 위해 정조를 버린 (혹은 박탈당한) 여자는, 남자의 쾌락 이후 찾아오는 죄책감을 위해 벌

* 강준만, 《한국 현대사 산책 1990년대편 1》, 인물과사상사, 2006, 187쪽.

을 받아야 하는 것이다.

그를 비롯하여 성적 자유주의를 주장한 이들의 주장은, 기존의 한국 사회가 갖고 있던 성에 대한 이중적인 태도를 비판하는 데 중요한 역할을 했다. 그러나 문제는 이들의 자유가 갖고 있는 지나친 단순함이다. 이들은 욕망과 쾌락 앞에서 모두 당당하고 솔직해야 한다고 주장했다. 그러나 그것이 남자들에게는 죄책감을 덜어내기만 하면 되는 간편한 것이지만, 여자들에게는 수많은 사회적 차별과 위험을 무릅써야 하는 일이라는 사실을 인지하지 않았다. 애초에 이들이 주장했던 욕망과 쾌락의 내용은 남자들의 성욕과 그것에 의거한 다양한 성적 행위들에 집중되어 있었다. 그리고 이것을 받아들이지 않는, 즉 사라가 되지 않는 모든 여자들은 다 구시대의 도덕관념에 사로잡힌 낡은 존재가 되었다.

성적 자유주의의 극단적인 버전은 PC 통신 등에서 '논객'으로 활동하던 김완섭의 《창녀론》이다. 그는 여성의 순결이 하나의 상품이고, 결혼은 남자가 경제적 책임을 지는 대신 평생 성교권을 사는 장기적 매춘 계약이라고 주장했다. 그러므로 모든 여성이 창녀임을 인정하는 것이 여성해방이며, 당당하게 화대를 요구해야 한다는 것이었다. 즉 김완섭에게 있어서 여성은 자신이 가진 성을 팔기 위해 살아가는 존재 이상도 이하도 아닌 셈이다.

인간이 자신의 성적 욕망과 쾌락을 추구하는 것은 죄가 아니며, 개인의 행복에 중요한 것이라는 관점은 오늘날 어색하지 않은 명제가 되었다. 이와 더불어 한국 사회가 가지고 있는 성에 대한 이중성은 여전히 사회에 잔존해 있다. 1990년대의 성적 자유주의자들의 버전이 가지고 있는 단순함은 자유의 평등한 확산을 불러오지는 못했다. 대신 그 자유를 잘못 집어먹은 남자들이 그 누구도 묻지 않은 자신의 성적 욕망을 자유라는 명목하에 만천하에 전시하는 일이 반복되었다.[*]

한편 이 당시 20대를 명명하는 가장 대표적인 말은 신세대 혹은 엑스세대였다. 이들은 기존의 발전주의적 세계관이나 저항운동이 아니라 대중문화 그 자체에 몰두하고 그것의 가치를 가장 중요시하는 새로운 청년 세대이자 적극적인 소비자였다. 이들에게 중요한 것은 소비와 문화에 대한 자신의 '취향'을 획득하는 것이었다. 이것은 더 이상 독재 타도나 조국 근대화 같은 절체절명의 선결 과제가 존재하지 않는 1990년대에 등장한 새로운 전선이었다. 여기서 취향의 방점은 고유성에 있었다. 계급적 지위를 과시하는 고급 취향을 갖는 것이 중요한 게 아니라, 독특하고 나를 드러낼 수 있는 취향을 만들어내는 것이 관건이었던 것이다. 이는 다시 말해 역사와 이념이 개인을 규정하고 구속하지 않는 시대에서 나의 존재를 구성해내야 하는 투쟁이었다.

이 취향을 향한 투쟁은 신세대의 문화 부족화를 만들어냈다. 이들은 취향의 공동체를 만들어내기 시작했다. 때마침 도입된 PC 통신은 전국에 있는 비슷한 취향을 가진 이들을 만나게 했고, 사람들은 그것을 통해 서로 정보를 공유하고 취향을 학습했다. 당시 개방되지 않고 음성적으로 공유되던 일본 문화를 비롯하여, 영화, 게임, 음악 등을 두

---

[*] 대표적인 사례로 탁현민 청와대 행정관이 몇 권의 책에서 내보였던 여성관과 성 관념을 들 수 있을 것이다.

고 세분화된 동호회들이 생겨났다. 이 문화 부족들은 한국의 대중문화 및 하위문화의 생산자와 소비자를 형성하는 최초의 단위들이 되었다.

"나, 엑스세대? 나를 알 수 있는 건 오직 나!" 남성용 화장품 광고에서 처음으로 등장한 '엑스세대'라는 명칭은 이후 신세대와 동일한 혹은 그것을 대체하는 개념으로 사용되었다. 이 문구에서도 신세대의 고유성에 대한 갈망이 드러난다. 게다가 신세대는 이유를 묻지 않았다. 무언가의 배경이나 맥락을 구구절절하게 설명하는 것은 인기가 없어졌다. 대신 첫인상이나 느낌이 판단의 중요한 기준이 되기 시작했다.

그리고 그 첫인상과 느낌을 판단하는 데 가장 큰 역할을 하는 것은 무엇보다도 외형이다. 신세대는 자신을 드러낼 수 있는 외형을 연출하는 데 공을 들였다. 이는 무엇보다도 광고 이미지에서 잘 드러났다. 광고학자 이귀옥에 따르면 1970년대부터 1990년대까지 광고에 등장한 남자들의 면면을 살펴본 결과, 1970년대에는 "신체적으로 강한 남자 이미지"가, 1980년대에는 "성공한/명성 있는 남자" 이미지가 가장 우세하게 나타났던 반면, 1990년대에는 "'외모를 가꾸는 남자' 이미지"가 지배적으로 나타났다. 이귀옥은 이를 1990년대에 들어 과거의 성장 일변도의 가치가 아니라 다양한 가치들이 대두되면서, 전통적 성 정체성과 성 역할에 구애받지 않고 전통적인 남성상과 다른 방향으로 외모를 꾸미며 생활을 즐기는 남자의 이미지가 상품화되기 시작한 것으로 볼 수 있다고 분석했다.[*]

---

[*] 이귀옥, 「'강한 남자'에서 '아름다운 남자'로」, 《미디어, 젠더 & 문화》 제22호, 한국여성커뮤니케이션학회, 2012, 177~178쪽

이전의 남자의 외모에 대한 기준이 '단정함'이나 '남자다움' 같은 최소 기준에 가까운 것이었다면, 1990년대의 남자의 외모는 나의 개성을 잘 드러내는 외모를 꾸미는 것이 관건이 되었다. 과감한 액세서리, 머리 스타일, 특이한 옷들이 이용되었다. 또 지역과 자신이 향유하는 문화에 따라서 외형도 달라졌다. 강남과 강북의 스타일이 달랐고, 서울과 비서울, 도시와 비도시가 달랐다. 힙합, 테크노, 펑크록, 메탈, 아이돌 음악, J-Pop같이 즐겨 듣는 음악 장르에 따라서도 차이가 생겼고, 이런 외형들은 그 사람의 정체성으로 간주되었다.

남성성에 대한 본질적 의문을 자신의 존재로서 제기한 이들도 등장했다. 1993년 〈국민일보〉와 〈중앙일보〉 등에서 동성애를 에이즈 확산의 근본 원인으로 지목하는 자극적인 기사들을 써내자, 이에 대응하여 한국 최초의 동성애자 인권 단체인 초동회草同會가 결성되었다. 그리고 이는 1994년 남성 동성애자 인권 단체인 친구사이와 여성 동성애자 인권 단체인 끼리끼리의 발족으로 이어졌고, 이후 연세대학교 사회학과 대학원생이었던 서동진 등이 커밍아웃을 하면서 동성애가 공식적으로 사회적 의제가 되었다.[*]

이 중에서도 좀 더 주목을 받은 것은 남성 동성애자, 게이들의 운동이었다. 이들은 게이가 통념처럼 여자 같은, 혹은 여성화된(거세된) 남자도 아니고, 정신병자나 변태 성욕자도 아니고, 자본주의(혹은 공산주

---

[*] 이병량, 「한국 성적 소수자 인권운동의 전개와 정책적 대응: 가설적 논의」, 〈정부학연구〉 제16권 제2호, 고려대학교 정부학연구소, 2010, 22~23쪽

의)의 병폐도 아닌 다른 존재라는 것을 알렸다. 또 이들이 언제나 인류의 일정 비율을 차지하고 있으며, 그 역사가 아주 오래되었다는 사실도 밝혔다. 서동진은 "그들은 전혀 다른 삶의 정체성을 가지고 있는 사람들이다. 이들은 가부장제와 그것이 생산하는 여러 가지 권력 관계 내에서, 여성과 더불어 가장 억압당하고 있다"라고 썼다.

동성애자 인권 운동은 단순히 성 소수자에 대한 차별 시정에만 관심을 기울인 것이 아니라, 사회에서 지극히 당연시되고 있는 '이성애'라는 것 자체에 의문을 제기했다. 법은 물론이고 사람들의 일상에서까지 남자와 여자가 만나 결혼을 하고 자녀를 갖는 것이 표준이자 정상으로 여겨지는 것, 즉 이성애 부부의 닫힌 침실이 모든 성 규범의 표준이 되는 것에 대한 문제 제기였다.**

동성애자 인권 운동이 제기한 섹슈얼리티의 문제를 통해 이른바 성

---

* 서동진, 《누가 성 정치학을 두려워하랴》, 문예마당, 1996, 133쪽(강준만, 《한국 현대사 산책 90년대편 3》, 인물과사상사, 2006, 154쪽에서 재인용)

** "특히 서동진은 1980년대 맑스주의에 기반한 한국 급진 정치의 맹점을 재구성할 문제 설정으로서 페미니즘과 게이 정치학을 핵심으로 하는 성 정치학을 주장한다. 이때 섹슈얼리티는 페미니스트들이 발전시켜온바 성별(gender)의 하위 차원의 문제가 아니고, 그것을 중심으로 위계화된 권력 관계가 존재하는 독립적인 개념으로 의미를 얻게 된다. 섹슈얼리티와 성별이 교차하면서 만들어내는 권력의 지점 예컨대 성별 권력 관계적인 성이 존재하고, 페미니스트들은 이 차원의 문제를 분석해왔고, 앞으로도 분석할 필요가 있지만, 동시에 그렇게만 볼 수 없는 섹슈얼리티의 권력 관계가 존재한다는 것이다. 예컨대 동성애자들의 비가시화와 억압은 성별 권력 관계의 문제가 아니라 섹슈얼리티 권력 관계의 문제로 보아야 한다는 것이다." (김현경, 「'문화' 개념과 '성차' 관련 개념들에 관한 몇 가지 고찰―1990년대 이후 한국 사회 "페미니즘 문화 연구"를 중심으로」, 《민족문화연구》 제53호, 고려대학교 민족문화연구원, 2010, 205~206쪽)

소수자에 대한 차별과 억압을 사유할 수 있는 새로운 지평이 열렸다. 그러나 동성애 운동은 맹렬한 '호모포비아'의 벽에 부딪혔다. 커밍아웃을 한 동성애자들에게는 협박과 폭력이 끊이지 않았고, 언론 역시 이들을 에이즈 전파의 주범이나 퇴폐적 성 문화의 산물로 몰아가는 것을 멈추지 않았다. 종교에서는 이들의 존재를 죄악시하는 것은 물론이고, 이들을 이성애자로 만들 수 있다는 이른바 '전환 치료'를 선전하면서 기도원 등에서 가족에 의해 강제로 떠밀려 온 동성애자들을 학대했다.

이른바 '자기 계발하는 주체'*의 등장 역시 이 시기에 본격적으로 이루어졌다. 아무런 사회적 부채감 없이 경제적 성공을 목표로 삼는 이들이 등장한 것이다. "토플과 토익 점수를 챙기고, 영어 회화 학원을 다니고, 그것도 모자라면 장기 어학연수를 갔다 오고, 학력 인플레 현상에 툴툴거리며 학점 관리에 신경 쓰는 등 오늘날 말하는 '스펙 쌓기'에 몰두"는 이들이었다.** 이들은 스스로를 노동자가 아니라 창의적인 인재나 기업가로 여기며, 자본주의적 주체가 되고자 했다. 사실 이 유형이야말로 기성세대가 가장 요구했던 신세대의 모습인데, 그렇다고 이들이 기성세대의 마음에 들기 위해서 그런 길을 택했던 것은 딱히 아니었다. 이들은 샐러리맨이나 판검사가 되고자 한 것이 아니라, 능동적이고 주체적으로 새로운 자본주의의 일원이 되고자 했다. 그중에서도

---

* 자세한 내용은 서동진, 《자유의 의지 자기 계발의 의지》, 돌베개, 2009 참조
** 이재원, 위의 글, 110쪽

주식과 광고는 새로운 자본주의를 알리는 대표적인 예로서 각광받았다. 청년들은 사장님이 아니라 CEO가 되고자 했고, 경영학과 자기 계발 서적들이 인기를 얻었다. 월급을 모아 저축을 하고 집을 사는 것보다는, 하이 리스크-하이 리턴을 노리는 승부사적 마인드가 인기를 끌었다.

이런 세대의 다면화 가운데서 사회경제적 격차는 점점 더 벌어지기 시작했다. 그리고 그 파열음이 곳곳에서 터져 나왔다. 가장 대표적인 사건은 사회를 경악에 빠트렸던 '지존파' 사건이다. 지존파는 1994년 가을에 뉴스를 통해 한국 사회에 모습을 드러냈다. 20대 남자들과 뒤늦게 합류한 한 명의 여성으로 이루어진 이 조직은 평범한 폭력 조직이 아니었다. 이들의 목적은 부자를 죽이는 것이었다. "돈이 많은 자를 증오한다", "10억을 모을 때까지 범행을 계속한다", "배신자는 죽인다", "여자는 어머니도 믿지 말라"라는 행동 강령을 바탕으로 여러 건의 살인, 강간, 강도, 납치, 사체 유기 등 거의 모든 강력 범죄를 저질렀다. 이들의 아지트 지하에는 창살 감옥과 사체 처리용 소각 시설이 있었고, 단지 연습을 위해 사람을 죽이기도 했다. 잡혀 있던 여성이 탈출하면서 검거되었고, 가담 정도가 낮은 여성 한 명*을 제외한 전원이 사형을 선고받아 1995년 11월 2일에 집행되었다. 아이러니하게도 이들은 자신들이 죽이겠다고 공언했던 부자나 잘난 놈들을 아무도 죽이지 못했다. 이들이 살해했던 희생자들은 평범한 20대 직장인, 자신들의 전

---

* 이 여성은 조직원 중 한 명과 교제 중이었으며, '가사를 맡기기 위해' 가담시킨 것으로 알려졌다.

조직원, 카페 밴드 마스터, 그나마 가장 '부자'였던 중소기업 사장 부부 등이었다.

이들은 스스로를 사회적 격차의 산물이라고 주장했다. 물론 그들의 범행은 비슷한 다른 사례들과 비교해서도 결코 일반화할 수 있는 것은 아니었다. 만약 1980년대였다면 이들이 가지고 있는 분노는 어떤 계기들을 만나 '계급의식' 같은 것으로 고양될 수 있었을지도 모른다. 그러나 1990년대는 하층계급에 대한 부채감이나 의무감이 많이 희석된 이후였다. 게다가 부동산 투기로 부자가 된 이들이 폭증하고, 기회를 못 잡는 사람이 바보 취급받게 된 시대였기도 하다. 겸양은 옛날 사람의 미덕이고, 자신이 가진 것은 물론이고 못 가진 것까지도 잔뜩 펼쳐서 나를 드러내는 것이 새로운 시대의 룰이었다. 게임에 끼어들지조차 못한 이들이 보기에 그것이 얼마나 사무치게 눈부셨을지는 안 봐도 뻔한 이야기다.

이들은 1990년대 하층 계급 남성들의 좌절에서 비롯된 일탈이 가장 극단화된 형태라고 할 수 있다. 표면적으로 여성에 대한 혐오를 드러낸 것은 물론이고, 강간을 반복해서 저질렀다는 면에서도 그렇다. 이들이 생각하는 상층계급의 삶이란 부(10억)와 섹스(야타족)를 자유롭게 누릴 수 있는 삶이고, 이들은 그런 상태에 저항한 것이 아니라 그럴 수 없는 자신들의 처지에 분노했을 따름인 것이다. 결국 이들이 행한 일이라고는 자신들과 비슷하거나 더 열악한 사회적 약자들을 짓밟는 것이었다.

1990년대 전반기의 남자들은 1987년에 한 번, 그리고 1991년 5월 투쟁에서 또 한 번, 그리고 마지막으로 1996년 연대 사태*에서 또 한 번 반복되는 이념과 투쟁의 시대의 끝에서 출발했다. 그리고 이들은 각자의 방식으로 자신의 존재를 알아서 증명하라는 사명을 안고 다양한 방식으로 남성성을 변주해나갔다. 그러나 이들은 1980년대라는 중압감을 완전히 벗어던지지는 못했고, 이념 투쟁이 아니라 민족주의나 국가주의 같은 이념들을 가볍게 받아들이는 것으로 기성과 타협하고자 했다. 영페미니스트들의 등장과 반성폭력 운동의 전개 등을 통해 적극적으로 시대와 불화했던 여성들에 비해, 남성들이 타협적이었던 것은 기존의 체제가 여전히 남성들에게 더 수혜를 베푸는 존재였기 때문이다. 시대가 바뀌었다고 공언되었던 1990년의 출생 성비는 116.5, 1995년에는 113.2였다. 아들을 낳기 위해 임신중절을 택하는 것이 한국 역사상 최고조에 달했던 시기다. 결국 1990년대의 자유는 아들들을 위한 것이었다. 딸들은 밀리터리 룩에 군화와 메탈릭 메이크업으로 무장하고 시대에 맞서고자 했다. 그러나 딸들은 완전히 초연해질 수도, 초연한 척을 하지 않을 수도 없는 진퇴양난에서 혼란에 빠졌다.

---

* 1996년 8월 14일 연세대학교에서 한국대학총학생회연합(한총련)의 주최로 열린 조국통일범민족청년학생연합(범청학련) 통일 대축전 행사를 경찰이 대규모 병력과 헬리콥터 등을 동원하여 원천 봉쇄했고, 이에 학생들이 강경하게 대응하면서 약 일주일에 걸쳐 연세대학교 일대에서 벌어진 사건이다. 이 사건을 통해 5848명이 연행되어 462명이 구속되었다. 정부의 강경 대응과 언론의 대서특필 및 악의적 보도, 시위대의 격한 대응 등으로 인해 학생운동권에 대한 여론이 급격하게 악화되었고, 마지막 거대 학생운동 조직이었던 한총련의 실질적인 와해로 이어졌다. 학생운동의 몰락을 대표하는 사건으로 평가되고 있다.

하지만 이 자유의 단꿈은 곧 모두 무너져 내리게 된다. 1997년, 아직 앙골모아 대왕이 강림할 때까지 2년이나 남은 어느 날이었다.

고개 숙인 남자: IMF 외환 위기와 '남성성의 위기'

1997년 11월 21일 한밤중에 한국 정부는 외환 위기를 해결하기 위해 IMF로부터 구제금융을 받게 되었다고 발표했다. 또 이를 위해 IMF가 제시한 구조 조정을 실시할 것이라는 이야기도 뒤따랐다. 설명에 의하면 한국의 외채는 1500억 달러인데 현재 가지고 있는 외환 보유고는 40억 달러에도 미치지 못하며, 때문에 구제금융을 받지 못하면 사실상 국가의 부도 선언이나 마찬가지인 모라토리엄(지급유예)을 선언해야 할 지경이라는 것이었다. 이것이 6·25 이후 닥친 국가 최고의 환란이라 일컬어졌던 1997년 외환 위기 혹은 IMF 사태의 본격적인 시작을 알리는 신호탄이었다.

이듬해인 1998년 한국의 경제 성장률은 6.9퍼센트를 기록했다. 30대 대기업 중 17개의 대기업이 도산했고, 1998년에만 127만 명이 일자리를 잃어 실업자 수가 전년도의 약 세 배 정도 증가한 150만 명이 되었다. 주식시장도 반 토막 났다. 1995년 1200에 달했던 코스피^KOSPI는 1997년 12월에 400, 1998년 6월에 280까지 하락했다. 1달러에 800원 수준이던 원 달러 환율은 2000원에 육박했고, 유학생과 대학생들은 휴학을 하거나, 남자의 경우에는 입대를 하는 경우도 많았다. 자원입

대자가 갑자기 몰려든 탓에 수개월을 대기해야 하는 일도 생겼다. 집값과 전세금이 폭락했고(각각 -12.4%, -18%) 금리가 폭등했다.[*]

1990년대 전반기의 자유를 향한 열망을 뒷받침했던 것은 경제가 성장하고 있으며, 성장할 것이라는 믿음이었다. 그리고 이 열망은 그야말로 '개박살' 났다. 명예퇴직과 정리 해고로 한순간에 직장을 잃은 사람이 넘쳐났다. 17개 대기업의 도산은 그 밑에 딸려 있는 수많은 중소기업들의 줄도산을 불러왔다. 길거리에는 노숙인들이 급증했다. 1998년 9월의 노숙인 수는 3020명, 12월에는 4500명, 1999년 9월에는 6000명으로 증가했다.[**] 이혼율도 대폭 증가해 1998년에는 전년보다 27.6퍼센트 증가하였고(11만 6300건) 1999년에도 이와 비슷한 수준을 유지했다(11만 7400건). 스스로 목숨을 끊는 사람도 속출했다. 1997년 인구 10만 명당 13.1명(총 6608명)이었던 자살률이 1998년 18.4명(총 8662명)으로 늘어났다가 1999년에는 다소 줄어들어 15.0명(총 7056명)의 비율이었다.

'남성 생계 부양자' 모델은 타격을 입었다. 실직한 가장들의 이야기가 연일 뉴스를 점령했고, 드라마나 영화 같은 미디어에서도 흔한 소재가 되었다. 정작 구조 조정의 칼바람 속에서 가장 큰 타격을 입은 것은 여성들이었다. 여성 실업률은 1998년에 5.7퍼센트로 역대 가장 높은 수치를 기록했고, 바로 그 다음으로 1999년의 5.1퍼센트였으니 말

---

[*] "20년 전, IMF 사태를 겪었던 한국의 놀라운 풍경 7가지", 〈허핑턴포스트코리아〉, 2017. 11. 21.
[**] "노숙자 IMF 때보다 더 늘어…올 6000명 1년 전 2배", 〈중앙일보〉, 1999. 9. 14.

이다. 미혼 여성은 아버지에게 의존하거나 결혼을 하면 된다는 것이고, 기혼 여성은 남편이 벌어 오니 괜찮다는 논리였다. 남성 생계 부양자 모델이 작동 불가능한 상황에 빠져들고 있었음에도 불구하고, 사회는 여전히 '가장'을 수호하기 위해 애를 썼다.*

이와 함께 부상하기 시작한 것은 '불쌍한 아버지'에 대한 언설들이다. 즉 아버지들은 그동안 가족을 먹여 살리기 위해 가족과의 시간을 보내지도 못하고 밤낮으로 고생해왔는데, 외환 위기를 맞이하여 경제적으로 타격을 입는 바람에 마지막 자존심이었던 경제적 역할마저도 못할 위기에 처하게 되었다는 것이다. 그러므로 이 위기 속에서는 그동안 헌신해왔던 아버지의 노고를 치하하고, 아내와 자녀들은 아버지에 대한 존경과 사랑을 표함으로써 그들의 위신을 살려주어야 한다는 것이었다.

돈을 벌기만 하고 쓰지는 못했던 아버지, 인생의 즐거움을 모두 가족을 위해 유보한 아버지, 회사에서는 격무와 과로와 압박에 시달리고 가족에게는 정서적으로 남이나 마찬가지인 아버지 등등 다양한 캐리커처가 등장했다. 그리고 기혼 여성들에게는 이런 남편들의 기※를 살리는 것이 지상 과제로 주어졌다. '남성-생계 부양자, 여성-전업 주부'

---

* "당시 대통령 직속 여성특별위원회 자료(《여성 해고 실태와 정책 과제》, 1999))에 따르면, IMF로 인해 집중적으로 직장을 잃은 사람은 '300인 이상 사업장에서 일하는 20대 사무직 여성'이었다. 그리고 사무직에서 해고성 비자발적 이직은 남성 9.7퍼센트, 여성 43퍼센트였다. 여성 사무직 정리 해고자 비중도 1997년 하반기 13.4퍼센트에서 1년 뒤 43.7퍼센트로 늘었다." ("[반다의 질병 관통기] 당신의 고통과 희생에 위로를…", 〈일다〉, 2017. 11. 20.)

라는 성별 분업 체계하에서 경제 위기는 곧 아버지와 남편의 위기로 등치되었기 때문이다.

'기 살리기'의 내용들은 대체로 남편의 경제적 부담을 덜어주면서도, 그것이 남편을 위축시키거나 부담을 주는 방식이 아니게 해서 남편의 자존심을 북돋아주라는 것이었다. 아내는 강하고 희생적인 어머니이자, 남편의 든든한 친구이자, 가정 내에서 막중한 책임과 권한을 가진 권력자이자, 남편의 심리적 상처를 치료해주는 치료사로 호출되었다.*

기 살리기는 외환 위기라는 경제 위기를 불러온 원인과 그것의 실질적인 해결책으로부터 아마도 가장 멀리 떨어져 있는 해법이었다. 그럼에도 이것이 각광받았던 이유는 취할 수 있는 조치 중에서 가장 '저렴한 것'이었기 때문이다. 그러나 동시에 기혼 여성들이 이런 해법을 일정 부분 자발적으로 수용하게 된 것은 위기가 실시간으로 주고 있었던 뼈아픈 교훈 때문이다. 즉 생존은 개개인의 몫이고 국가는 해줄 게 없으니, 그나마 가장 생존의 가능성을 높일 수 있을 만한 방법을 찾아야 한다는 것이다. 대량 실직이 일어나고, 여성들이 얻을 수 있는 일자리가 한정되고, 그마저도 점점 줄어들고 있던 상황에서, 가족 단위의 결집을 도모하는 것은 완전히 불합리한 것만도 아니었다.

(……) 한국 사회 경제 위기에 관한 담론적 대응은 위기를 정서적인 것

---

* 박혜경, 「경제 위기 시 가족주의 담론의 재구성과 성 평등 담론의 한계」, 〈한국여성학〉 제27권 3호, 한국여성학회, 2011, 90~91쪽

으로 만드는 정서화emotionalization, 위기를 주로 남성의 문제로 만들고(남성화), 동시에 그 책임을 여성에게 돌린(여성화) 젠더화, 경제 위기를 사회적이거나 공적인 문제보다 일차적으로 가족의 문제로 만든 가족화familialization / 사영역화privatization의 성격을 띠었다.

이러한 담론 변화의 과정은 가족주의의 재생산 또는 재구성 과정이기도 했다. 요컨대, 한국의 신자유주의적 자본주의 질서 속에서 가족 연대를 강화하고 그것을 정서적으로 지원하는 관념이 형성되어왔다고 결론 내릴 수 있다. 가족주의 담론은 성별 분업을 정당화하고, 남편과 가족을 위해 정서적 치료사의 위치가 부여된 여성상을 정서적인 외피로 포장했다. 가족주의는 경제 위기로 인한 삶의 위협과 불안정에 대한 처방으로 생산되고 유통되었던 것이다.[*]

생존의 물질적, 정서적 기반으로서의 (핵)가족은 외환 위기 이전부터 존재해왔던 것이지만, 위기를 통해 일정 부분 강화되었다. 이와 관련하여 외환 위기를 기점으로 급증했던 "자녀 살해 후 부모 자살"[**]들은 하나의 시사점을 준다. 기존 언론 등에서 '가족 동반 자살', '자녀 동반 자살' 등으로 불리고 있는 이 참극들은 부모가 어린 자녀를 살해하고 자살하는 것을 말하는 것으로, 이미 명칭에서 드러나듯이 언론과 사회가 이런 사태를 매우 온정적인 형태로 다루어왔음을 알 수

---

[*] 같은 글, 97쪽
[**] 이현정, 「'부모-자녀 동반 자살'을 통해 살펴본 동아시아 지역의 가족 관념: 한국, 중국, 일본 사회에 대한 비교 문화적 접근」, 〈한국학연구〉 제40집, 고려대학교 한국학연구소, 2012, 189쪽

있다. 힘들고 어려운 삶을 살아온 부모가 자신의 사후에 자식이 겪을 고통을 견디지 못해 미리 목숨을 거둔다는 식의 해석이다.

이것은 한국 사회에서 오랫동안 지속되어왔던 가족주의적 위기 대응 방식의 가장 극단적인 사례다. 물론 이것의 근본적인 원인은 사회 안전망의 부재로 인해 생존이 오롯이 가족이라는 단위에만 맡겨지는 상황이다. 인류학자 이현정은 한국에서 벌어지는 자녀 살해 후 부모 자살의 특징을 세 가지로 분석했다. 첫째, 사회경제적 지위가 낮고 주변에 도움을 받기 어려운 계층에서 주로 일어나고 있으며, 둘째, 그간 이런 방식의 살해-자살을 해석하는 방식이었던 '아이를 소유물로 생각하는 문화'보다는, 자식을 홀로 남겨두는 것이 '무책임한' 행위로 인식되는, 다시 말해 자녀의 생존을 오롯이 부모의 책임으로서 존재하는 것으로 여기는 측면이 더 크며, 셋째, 그 원인이 사회에서 부과된 가족 내 성별 분업에 따라 달라진다는 점이다.*

이중 세 번째 항목을 좀 더 자세히 보면, 이런 살해 후 자살이 더 빈번히 발생하는 것은 '어머니' 쪽인데, 이는 자녀의 양육과 생존에 대한 책임이 어머니(특히 생모)에게 과도하게 쏠려 있는 현재 한국 사회에서의 가족상을 반영한다. 즉 어머니의 입장에서 자녀를 두고 가는 것은 고통과 고생일 것이므로 함께 죽는 것이 낫다는 심리적 과정을 거치게 된다는 것이다. 반면 '아버지'들이 살해 후 자살을 택하는 가장 큰 이유는 '아내의 부재'다. 이는 아버지에게 익숙하지 않은 양육의

* 　같은 글, 201쪽

의무를 부과하는 고통과, 가족을 유지하지 못한 가장이라는 권위의 실추를 동시에 가져오는 사건으로 인식된다. 결국 둘 다 '엄마 없는 아이들'이라는 상태를 견디지 못하는 부모의 독단적인 선택의 결과인 것이다.[*]

고개 숙인 남자들에 대한 동정 담론의 연장선상에서 '아버지-신파 문학'이 인기를 끌기도 했다. 가장 대표적인 작품은 소설가 조창인의 《가시고기》와 김정현의 《아버지》였다. 《가시고기》의 아버지는 한물간 시인으로 떠난 아내가 남기고 간 백혈병 걸린 아들을 치료하기 위해 자신의 장기를 팔려다가 암에 걸렸다는 사실을 알고는, 자신의 각막을 팔아 아들을 수술시키고 전처에게 떠나보낸 뒤 죽음을 맞이한다. 《아버지》의 아버지는 공무원으로 가족을 돌볼 틈 없이 일했지만 가족에게 인정받지 못하는 존재로 역시 말기 암을 선고받는다. 뒤늦게 아버지의 시한부 소식을 전해들은 가족은 아버지와 화해를 시도하지만, 심해지는 고통 끝에 아버지는 결국 친구인 의사에게 부탁해 안락사를 택한다.

두 작품은 모두 아버지의 죽음을 통해 아버지의 숨겨진 부성애와 가족으로부터의 소외를 그린다. 가족들은 아버지의 사후에 겨우 아버지의 마음을 이해하며 뒤늦게 그를 애도하는 것으로 뉘우치게 된다. 재미있는 것은 이 아버지들에게 각자 애인이 존재한다는 사실이다. 《가시고기》의 아버지에게는 임종을 지킨 여자 후배가 있었고, 《아

---

[*] 같은 글, 220~221쪽

버지》의 아버지에게는 가족이 주지 못하는 위안을 선사해준 요정에서 일하는 젊은 여성이 있었다. 이들은 가족들이 보지 못하는 아버지들의 매력과 성품을 알아봐주는 젊은 여성들로서, 시한부의 중년 남성과 기꺼이 사랑에 빠진다. 이런 환상적인 존재들에 투영되고 있는 것은 오히려 아버지들의 욕망이다. 그리고 그 욕망은 자녀와 아내로부터의 존경을 받고자 함은 물론이고, 가정 밖에서도 젊은 여성들의 사랑을 받을 만큼 여전히 매력적인 남자이고자 하는 것이다.

이 욕망들은 아버지라는 존재가 가지고 있다고 상정되는 '외로움'을 향하고 있다. 아버지는 외롭다. 평생을 헌신하며 경제적 책임을 졌지만, 자신이 부양하는 가족으로부터 인정받지 못하고 겉돌기 때문이다. 다 큰 자녀들은 아버지를 꼰대로 여기고, 아내는 무능력하고 밖으로 나도는 존재로만 여긴다. 그래서 아버지들은 퇴근 후에 친구/동료들과 술집을 전전하고, 호스티스들에게 농을 던진다. 하지만 이 아버지들은 한 번도 진지하게 가족과 대화를 하거나, 아내의 이야기를 들어주려고 한 적은 없다. 왜냐하면 아버지는 서툴고 감정 표현을 잘 못하는 존재이기 때문이다. 그러나 가족을 사랑하는 마음만은 누구에게도 지지 않는다. 이것이 이른바 아버지의 외로움의 표준적인 설정(?)이다.

그러나 앞서 계속해서 살펴봤듯이 남성-생계 부양자와 여성-전업주부가 꾸리는 온전한 중산층 가족은 한국 사회에서 일부에게만 허락되어왔던 것이다. 현실은 여성들도 어떻게든 살림에 보탬이 되기 위해 노동을 해야 했고, 무엇보다도 그런 경제활동 여부에 상관없이 육아와 가사라는 거대한 노동이 온전히 기혼 여성의 몫으로 배정되었다.

아버지들처럼 밤거리를 누비며 외로움을 토로하는 것은 어머니들에게는 한 번도 허락된 적 없는 자유다. 어머니는 이른 새벽에 일어나 아침 식사를 차리고, 가사를 돌보다가 틈틈이 자녀와 남편에게 연락하면서 가족의 유대감을 형성하고 지키려는 노력을 한다. 그러나 아버지는 이런 노력도 없이 자신에 대한 존경심이 가족에게서 알아서 우러나오길 바란다. 이러니 돈 버는 기계라는 푸념은 별로 의미가 없어진다. 이미 스스로가 돈만 벌면 나머지는 알아서 다 된다고 생각하고 있는 거나 마찬가지이기 때문이다.

아버지들이 가족에서 소외되는 것은 가족과의 유대감을 쌓고 삶을 유지하는 과정으로부터 빗겨 나가 있기 때문이다. 그 이유는 대체로 그런 것을 '잘못한다'라는 핑계다. 그러나 어머니들도 태어날 때부터 가사와 육아를 위한 선천적인 능력을 갖고 태어나지 않는다. 그것을 가능케 하는 것은 순전히 반복되는 경험과 학습을 통해서다. 생활을 유지하고, 의식주를 조달하고, 가족과 친밀감을 형성하는 능력을 배양하지 못하는 것은 아버지들에게 독으로 돌아온다. 앞서 살펴본 아버지들의 자녀 살해 후 자살의 가장 큰 원인이 아내의 부재라는 것은, 아내를 잃은 슬픔이 아니라 가족을 유지하지 못했다는 자괴감에 더해, 이런 일상을 유지하는 능력의 부재가 커다란 몫을 차지한다. 또 최근 늘어나고 있는 50대 남성들의 '고독사' 역시 상대적으로 낮은 임금과 더 열악한 환경에 놓여 있는 독거 여성들에 비해서도 빈번하게 발생하고 있다. 엄밀히 말해 부재를 통해 자신의 존재감을 과시하는 것은 아버지보다는 어머니다. 배우자와의 죽음/결별이 유발하는 스트레스는 여자보다 남자가 월등히 높다. 2016년을 기준으로 배우자와 이혼한 남성의 사망률은 기혼 남성의 사망률보다 2.7배, 사별한 경우에는 4.2배 더 높다.*

하지만 어쨌거나 남성 생계 부양자-가장에 대한 반세기에 걸친 믿음의 체계에 돌이킬 수 없는 균열이 생겨나고 있었다는 것도 진실이었다. 그러므로 새로운 질문은 돈을 벌어 오지 못한다면 아버지란 대체 무엇인가라는 것이었다. 물론 이전에도 무능한 남자들이 없었던 것은 아니지만, IMF는 무능한 개인들의 일탈이 아니라 한국 남자라는 존재 자체의 무능함이 파국적으로 드러난 사건이었다. 한국 사회에서 최초로 남자의 존재가 의문에 부쳐진 셈이다.

결국 남자들에게도 변해야 한다는 자각이 생겨나기 시작했다. 사실 변화가 시작된 것은 1990년대 초반부터였다. 한국에서 시작된 남성 운동의 특징은 '좋은 아버지'가 되는 것이 목표였다는 점이다. 1992년 '좋은 아버지가 되려는 사람들의 모임', 1995년 '평등 문화를 가꾸는 남성 모임', 1997년 '한국 남성의 전화', '한국 아버지 모임 전국 연합', 'NGO 아버지 재단' 등의 단체들이 결성되었다. 1994년에 영·유아 보육과 교수 정채기가 남성학 관련 문헌들을 소개한 이후로 1997년에는 '남성학 연구회'를 결성하기도 했다.** 1998년에는 남성학 관련 서적들이 출판 시장에서 주목을 받았고, 이 책들은 "여성학의 문제 제기와

* 최창훈, 「혼인 상태에 따른 증액 연금보험의 도입 검토」, 〈고령화리뷰〉 제4권 제2호, 보험연구원, 2016, 30~35쪽.
** "여성학을 비판하는 시선들", 〈여성신문〉, 2007. 7. 20.

도전을 비판적으로 수용하고 있는 남성학 책들은 남성에게 지워진 짐이 여성만큼이나 버겁다는 소박한 주장**을 담고 있다고 평가되었다.

2007년에 출간된 남성학 관련 서적에서는 "한국의 남성 운동은 원래 가정에서의 아버지의 권위 실추에 대한 대책, 다시 말하면 가정 내에서의 아버지의 지위와 역할 회복을 목적으로 탄생한 것이다. 그리고 구체적인 방법으로 '가정 내에서 육아에 참여하는 것'에 중점을 두었다고 볼 수 있다"**라고 정리한다. 요컨대 한국의 남성학/운동의 시작은 아버지들이 가족의 일원으로서의 역할을 도모하기 위한 것이었고, 그 핵심은 자녀와의 관계 및 육아(가사)에 대한 참여에 있었다. 여기에 사회에서 남성이 겪고 있는 어려움에 대한 토로가 추가되었다. 앞서 서구의 경우를 살펴본 것처럼 페미니즘이 제기한 가부장제라는 문제의식을 확장하여, 남성도 그것의 수혜자이기만 한 것이 아니라 피해자이기도 하며, 남자에게 주어진 사회적 역할, 그중에서도 경제를 책임져야 한다는 기대와 압력(이른바 "돈 버는 기계")이 남자에게 큰 억압이 된다는 것이었다.

초창기의 한국 남성학은 가족과 사회에서 위협받고 있는 남자들에

---

* "왜곡된 남성다움의 굴레를 벗는다—남성의 눈으로 남성 사회의 억압 구조 파헤친 남성학 관련서 늘어", 〈출판저널〉 제229호, 1998
** 정채기 외, 《페미니즘에 대한 남성학과 남성 운동》, 도서출판 원미사, 2007, 48쪽. 이 책의 구성은 매우 흥미롭다. 앞부분에는 평범한 교과서용 학술 서적의 형태로 논의를 전개하고 있는데, 후반부에는 저자 중 한 명이 작성한 정체불명의 칼럼들이 두서없이 나열되어 있다. 그 내용에는 앞서 교과서 부분에서 전개하고 있는 상식적인 내용과 다르게 페미니즘에 대립하는 역차별론으로 점철되어 있다. 실제로 남성학은 한국에서 학문적으로나 사상적으로 발전하지 못했으며, 대체로 이 후반부에 해당하는 흐름이 주를 이루고 있다.

대해 비교적 균형 잡힌 관점의 분석들을 제시했다. 가령 "남성학은 여성학에 맞서면서 남성을 옹호하는 것이 아닌, 여성 문제와 동전의 양면처럼 맞물려 있는 남성의 모든 문제에 대해 연구하는 것"*이라는 주장이나, "가부장적 사회에서도 권력은 소수 남성에게만 주어질 뿐 그 밖의 많은 남성들은 권력을 누리지 못한다. (……) 여성에게는 권력을 가질 기회가 주어지지 않았기 때문에 여성은 자신의 처지를 가부장적 사회 탓으로 돌릴 수 있지만 남성들은 자신의 무능력을 탓할 수밖에 없다. 그리고 자신의 무능력에 대한 남성의 열등감과 좌절감은 약자 특히 여성에 대한 공격 및 억압을 낳기도 한다"**등과 같은 관점은 현재에도 시사점을 준다. 그러나 한국 사회의 남성학은 출발부터 가부장제에 대한 엄정한 비판보다는 그 안에서 주류가 되지 못하는 남성들이 겪는 어려움에 집중했다. 건국 이후로 당대까지 한국 사회에서 사람이란 오직 남자를 뜻하는 것이었는데도 불구하고, '남자도 사람이다'라고 주장하는 격이었던 것이다. 결국 한국의 남성학은 1999년 군 가산점 위헌 판결을 전후로 반페미니즘의 유의어쯤으로 전락하고 만다.

남성학이 아니라 남성-페미니스트라는 생소한 정체성을 주장하는 사람들도 나타났다. 1997년에 출간된 《나는 남성의 몸에 갇힌 레즈비언》은 미디어 비평가이자 편집자이며 PC 통신 등에서 논객으로 활약했던 변정수의 책이다. 변정수는 이성애자 남성임에도 불구하고 "나는

---

* 같은 책, 118쪽
** 같은 책, 133쪽

남성을 혐오한다"라고 선언한다. 왜냐하면 "여성이 단지 여성이라는 이
유만으로 이토록 끔찍한 현실을 경험해야 하듯이, 남성은 그가 남성이
기 때문에 이러한 현실에 대해 결코 공정할 수 없"기 때문이다. 그래서
그는 "내가 만일 여성일 수 있다면, 여성만을 사랑하는 레즈비언일 것
이다. 물론 유감스럽게도 나는 여성이 아니다. 그래서 '남자의 몸에 갇
힌' 레즈비언이다"라고 쓴다.* 정치학자인 권혁범 역시 스스로를 남성
페미니스트로 정체화했다. 그는 한국 사회의 남자들을 다음과 같이
네 분류로 나눈 바 있다. "첫째, 극소수의, 어쩌면 한 줌도 안 될지 모
르는 페미니스트가 있습니다. 둘째, 노골적인 성차별 마초입니다. 셋째,
별 생각 없이 가부장적인 문화를 자기 생각으로 받아들이는 다수의
사람들입니다. 넷째, 여성학도 배우고 성 평등이 뭔지도 아는데, 여전
히 남성 우월주의적인 남자입니다. 이 네 번째 부류가 가장 위험한 부
류지요."**

　남성 페미니스트들은 지극히 소수였고, 대부분 지식인이었다. 이들
의 활동 영역은 언론이나 출판계의 담론장이었고, 드물게는 여성 단
체 등에서 활동가로 일하는 이들도 있었다. 그러나 남성 페미니스트라
는 정체성은 널리 퍼지거나 인기를 얻지는 못했다. 여성 페미니스트들
에게는 저의를 의심받거나, 지나치게 발언권과 관심이 집중되는 문제
로 인해 애매한 시선을 받았고, 남성들에게는 배신자나 패배자 취급
을 받아야 했다. 또 가부장제의 자장에서 살아온 남성들이 여성의 문

---

*　변정수, 《나는 남자의 몸에 갇힌 레즈비언》, 삼인, 1997, 8~9쪽
**　권혁범, 《여성주의, 남자를 살리다》, 또하나의문화, 2006, 29쪽

제들을 완벽하게 체감할 수 있을 리도 만무했다.

어쨌거나 경제 위기와 함께 찾아온 파국은 의도적이든 의도적이지 않든 남성성의 변화를 촉구했다. 그 변화의 방향은 일정 정도는 강제적이라고 할 수 있을 것이다. IMF가 제시한 구조 조정안에는 노동 유연성의 증대가 핵심적인 과제로 포함되어 있었다. 이는 정리 해고와 명예퇴직 같은 쉬운 해고를 뜻하기도 했고, 파견, 하도급, 시간제를 비롯한 비정규직 노동자의 증가를 뜻하기도 했다. 어떤 이들은 정리 해고를 당한 후 같은 회사에 비정규직으로 돌아오기도 했다. 예전 동료들이 돌아온 그의 모습을 보면서 불안감에 떨며 외면하는 일도 많았다.

구조 조정은 인간성에 대한 조정도 동반했다. 위기를 벗어나고 글로벌 경제 질서에 적응하기 위해서는 새로운 인간이 필요하다는 것이었다. 과로를 무릅쓰고 성실하게 주어진 업무를 수행하며, 은퇴할 때까지 한 직장에 머물던 아버지-생계 부양자들은 문제적 인간이 되었다. 그들은 아무런 창의성도, 혁신성도, 도전 정신도 없이 연공서열의 안일함에 젖어 지금의 위기를 만들어낸 공범이 되었다.

새로운 인간은 유연하고, 새로운 환경에 잘 적응하며, 가변적인 인간이어야 했다. 노동의 관점에서 보자면 고용 불안정에 대해 노조에 가입하고 항의하는 사람이 아니라, 자신의 가치를 높이고 협상하여 더 많은 돈을 벌 기회로 만드는(물론 기회를 준다는 것은 아니지만) 똑똑한 개인이 되어야 했다. 이는 이전까지 남자들에게 요구되었던 덕목과는 다른 새로운 것들을 포함하고 있었다.

많은 연구자들이 신자유주의적 노동의 성격을 '여성적'이라고 칭한다. 제조업이 후퇴하고 금융과 서비스업이 경제의 중심으로 급부상한 것과, 자동화로 인해 신체적 능력이 노동에 끼치는 영향이 크게 줄어든 것, 소통 능력이 노동자의 핵심적 능력으로 떠오른 것 등이 근거로 제시된다. 아시아의 국가들은 서구에 비해 이 여파를 뒤늦게 맞이했다. 한국도 외환 위기 이후 구조 조정 과정에서 팀제 도입, 성과급제 강화, 연봉 협상의 도입 등이 이루어졌다. 다만 한국의 대기업들이 가지고 있는 '재벌'과 '오너 경영'이라는 특수한 형태 때문에 완전한 개혁이 이루어지지는 못했다. 위기 속에서 한국의 대기업들이 집중한 것은 오너 일가의 경영권 방어와 그들의 안위였고, 혼란 속에서 위기관리를 핑계로 전 방위적 로비나 비자금 조성을 벌이기도 했다. 오직 노동에 대해서만 정리 해고나 외주화 등의 대대적인 '개혁'이 단행되었을 따름이다.

게다가 신자유주의가 젠더 중립적이고 그 노동이 '여성적'이라고 해서, 신자유주의 노동시장에서 여성에 대한 허들이 완화되는 것도 아니었다.

가이즈마 게이코는 종래 일본의 기업 사회는 여성을 '경기의 자동 조절 밸브'로 삼아 남성의 정규 고용을 지키는 '남자끼리의 연결 고리'로 지탱해 왔는데, 근래에 '남자끼리의 연결 고리'에 포섭되는 자의 범주가 바뀌고 있다고 서술하고 있다. (……) 말하자면 신자유주의하에서 재편되어가는 오늘날의 기업 사회는 재정의된 '남자다움'을 성취한 일부 여성을 '명예 남성'으로 그 중심에 끌어들이는 한편, 그런 '남자다움'을 성취하지 못한 더 많은 사람들, 곧 대부분의 여성과 점점 더 많은 남성을 주변화하면서 여전히

'진짜 남자'에 의한 '진짜 남자가 아닌 자'의 지배를 유지해간다고 이해할 수 있다.*

실제로 벌어진 일은 일본에서 벌어진 일과 흡사하다고 할 수 있다. 앞서 살펴봤듯이 구조 조정은 주로 여성들을 향했다. 그리고 부적응자 남성들도 그 대상이었다. 외환 위기 이후 여성의 경제 참여율이 증가하고 일부는 높은 자리를 얻었지만, 성차별이 개선되었다고 보기에는 어려운 부분이 많았다. 대신에 벌어진 것은 양극화라는 이름의 사회적 '재분배'였다. 가진 자들의 것을 나누는 게 아니라, 없는 자들의 것을 더 빼앗는 반대 방향으로 말이다.

신자유주의가 탈가부장적이라고 해도 신자유주의가 젠더와 관련된 사회 정의를 추구한다는 이야기는 아니다. 신자유주의 정치는 정의에 전혀 관심이 없다. (……) 신자유주의는 노동시장의 탈규제화를 지지하면서 여성 노동자의 비정규직화를 증대했고, 여자들이 지배적이던 경제 영역인 공적 부문의 고용을 축소했고, 여자들에게 이전되는 세금의 주된 기반이던 인적 과세의 비율을 낮췄고, 여자들이 노동시장에서 출세할 수 있는 핵심 경로이던 공교육을 압박했다.**

1장에서 인용한 해나 로진의 글에서 그는 "이런 생활 방식에서는 특

---

* 다가 후토시, 앞의 책, 38~39쪽
** R. W. 코넬, 앞의 책, 364쪽

히 젊은 남자들이 (……) 적어도 사회적 효용성이라는 굉장히 전통적인 잣대에 비추어 볼 때 쓸모없어진다. 그리고 여자들이 남아 그 잔해를 줍게 된다"라고 주장했다. 그러나 미국이 아닌 다른 국가들에서는 그 잔해를 줍는 것조차도 불가능한 경우가 많았다. 한국에서 여성 비정규직 비율은 지속적으로 남성의 약 두 배를 유지하고 있다. 신자유주의 이후 여성들은 더 가난해지고, 더 열악해졌다. 몰락하는 것은 중하층계급의 남성과 여성들이고, 티끌을 모아 자신의 태산에 더하는 것은 자유로워진 세계를 호령하는 상층계급의 남성들과, 아주 적은 수의 여성들이다.

1999년 109회 세계 노동절을 기념하기 위해 전국민주노동조합총연맹(민주노총)에서 만든 포스터는 "고용 안정"이라 적힌 빨간 조끼를 입고 주먹을 쥔 남성 노동자의 뒤로 아이를 안고 있는 아내의 모습을 그렸다. 이 포스터는 당장 페미니스트들에게 엄청난 비판을 당했다. 결국 민주노총은 "여성 문제를 둘러싼 제작 실무진의 불철저한 인식으로 인해 결과적으로 여성 노동자를 차별한 데 정중히 사과드린다"라는 글을 발표했다.* 이 포스터는 생계 부양자로서의 지위를 위협받는 남성들의 처지를 절박하게 드러내고 있으나, 구조 조정의 가장 큰 피해자가 여성이며 비정규직 노동자의 비율에서도 여성이 월등히 앞선다는 사실을 외면하고 있다.

1998년 8월 울산 현대자동차 공장에서 노조는 36일간의 총파업

---

* "민주노총 포스터의 '남성 중심성'", 〈참세상〉, 2006. 4. 27.

을 벌였고, 277명을 정리 해고하는 안에 합의하며 공권력의 투입 없이 마무리하였다. 그리고 이 277명 중 144명은 공장 구내식당에서 일하는 여성들 '전원'이었다. 그마저도 구내식당에서 일하던 여성 노동자 276명 중 132명이 위로금을 받고 퇴사하는 바람에 144명이 된 것이고, 노조는 원래 276명 전원과 남성 노동자 1명을 정리 해고 명단에 올릴 예정이었다. 이들은 이후 노조 식당의 하청 노동자로 재고용되지만, 오히려 이 정리 해고를 시작으로 비생산직 남성 노동자를 비롯해 점점 더 많은 이들이 구조 조정 대상자가 되었다. 이들은 경영이 정상화된 2000년에 노조와 회사가 벌인 해고자 복직 협상의 대상에 올라가지 못했고, '식당 아줌마'들은 노조를 상대로 단식투쟁, 삭발, 알몸 시위를 비롯한 투쟁을 벌였으나, 결국 복직하지 못했다. 이 사태를 〈밥·꽃·양〉(2001)이라는 이름의 다큐멘터리가 기록했다. "'밥'해주는 아줌마들, 투쟁의 '꽃'이었다가, 정리 해고의 희생'양'이 되다"라는 뜻이다.*

20세기 끝자락의 남성성은 휘청거리고 머뭇거렸으나, 그것은 남성성의 해체를 불러오는 위기가 아니었다. 오히려 변화한 환경에 맞춰서 어떤 남성성을 새롭게 만들어낼 것인가를 고민하는 것에 가까웠다. 어떤 것들은 폐기되고 수정되었으나, 남성성의 헤게모니 자체는 해체되지 않았다. 남성 내부의 분화가 새로이 살 자와 죽을 자를 심판하였으되, 여전히 여성에 대한 억압과 차별을 바꾸려는 시도는 남성들 내부에서 일어나지 않았다. 가부장제에 대한 부담을 토로하면서도 가부장

---

* "'우린 그들의 밥이 아냐' 밥 하는 아줌마들의 절규", 〈한겨레〉, 2002. 3. 25.

제를 혁파하려고도 하지 않았다. 모두가 어렵고 힘든 가운데서도 여성을 희생시키고, 약자를 보호하는 대신 자신들의 처지만을 비관했다. 그 결과 다가오는 2000년대의 새로운 남성-청년들은 남성성에 대한 신파적 향수와 페미니즘에 대한 반동으로 무장하게 되었다. 그렇게 고색창연한 21세기가 다가오고 있었다.

4.5
핑크색 옷을 입은 남자들
메트로섹슈얼과 새로운 남성성?

1990년대의 전반기와 후반기를 경유하며 변화를 겪은 한국의 남성성은 새로운 가능성을 만나게 되었다. 2003부터 5년간 방영된 미국의 리얼리티 쇼 〈퀴어아이〉*는 이성애자 남성들의 고민을 돕기 위해 패션, 헤어/스킨케어, 요리, 인테리어, 문화 등의 전문가인 다섯 명의 게이 남성들이 활약하는 내용을 그렸다. 이 쇼는 한국에도 소개되어 큰 인기를 끌었으며, '메트로섹슈얼metrosexual'이라는 개념을 유행시켰다.

메트로섹슈얼은 영국의 문화 비평가 마크 심슨이 1994년 〈인디펜던트〉에 기고한 「거울 맨이 온다Here come the mirror man」라는 글에서 처음으로 등장했다. 그에 따르면 "자신의 외모 가꾸기와 라이프 스타일에 돈과 시간을 들이는, 미적 감각이 뛰어난 도시 남성"이 메트로섹슈얼이다. 또 다르게는 이성애자 남성이지만 동성애자 남성들의 미적 감각과 스타일을 모방하고, 스스로의 내·외면을 가꾸는 이들로 정의되기도 했다.**

---

* 케이블 채널 캐치온을 통해 한국에 소개될 때의 제목으로, 원제는 〈Queer eye for straight guy〉이다.
** 메트로섹슈얼에 대비되는 것으로는 전통적인 남성상인 레트로섹슈얼(retrosexual)과 기존의 남성적인 역할과 관점을 적극적으로 받아들이는 여성인 콘트라섹슈얼(contrasexual)이 있었다.(강준만,《세계 문화 사전 : 지식의 세계화를 위하여》, 인물과사상사, 2005, 201쪽)

한국의 경우 남성들의 외형에 대한 관심은 이미 1990년대부터 꾸준히 증가하고 있었다. 하지만 외모를 가꾸는 남자들에 대한 편견은 쉽게 사라지지 않았고, 흔히 '제비족', 사기꾼, 남성성이 부재하는 남성* 으로 인식되었다. 그러나 메트로섹슈얼의 열풍 이후 자신의 외모를 가꾸고 패션에 신경 쓰는 젊은 남성은 일반적인 현상이 되었다. 또 외형을 가꾸는 것 외에도 감정 표현을 풍부하게 하기, 관계의 친밀성을 중시하기, 폭력적이고 강압적인 남성성에서 벗어나기 같은 것들이 메트로섹슈얼 프로젝트의 한 축을 구성했다. 이외에도, 여성적 스타일을 적극적으로 차용하여 중성적인 이미지를 강조하는 '크로스섹슈얼cross-sexual'과 기존의 남성성의 강인함과 메트로섹슈얼의 부드러움을 결합한 '위버 섹슈얼übersexual'등도 소개되었다.

기원으로 보면 이런 메트로섹슈얼의 담론은 두 가지의 서로 다른 흐름이 결합된 것이었다. 하나는 남성성의 위기 담론으로부터 등장한 모종의 가부장제 '테라피'다. 가부장제는 여성을 억압하는 것뿐만 아니라 남성 역시 억압하고, 특히 남성은 자신이 가진 감정적인 측면들을 드러내서는 안 된다고 배우며 자라난다. 이것은 감정을 가진 인간으로서의 남성을 황폐하게 만들고 행복하지 않게 만든다. 그러므로 감정과 친밀감을 표현하는 방법을 배우고 더 행복한 삶을 살아야 한다는 것이다.

다른 하나는 불황이다. 2000년대에 찾아온 경제적 변화는 앞서 이

---

* 동성애자도 이런 분류에 포함되어 있었다.

야기했던 것처럼 신자유주의를 핵심에 두고 있었다. 그리고 신자유주의는 적어도 표면적으로는 극단적인 실용주의적 관점을 택했다. 남자든 여자든 백인이든 흑인이든 그가 돈을 벌어 온다면 아무런 상관이 없다는 것이다. 게다가 산업구조가 재편되면서 제조업과 조직 노동이 붕괴되고 서비스업과 감정 노동이 중요해졌다. 과거의 사나이다운 뻣뻣함은 더 이상 살아남을 수 없었다. 그러므로 생존을 위해서는 변화해야 하고, 거기에는 부드러워지기와 예뻐지기가 포함되어 있었다.

하지만 서구와는 다르게 여전히 성차별이 강력하게 작동하는 한국 사회에서 불황의 남성화는 일어나지 않았다. 그리고 변화의 대부분은 패션/뷰티 산업과 결부된 예쁜 옷과 피부 관리에 집중되었다. 외형을 가꾸는 것은 스스로를 돌보는 것보다는 이성을 유혹하기 위한 수단에 더 가까웠다. 동성애자에 대한 인식도 별반 달라지지 않았다. 그래서 이 흐름이 가장 많이 만들어낸 새로운 남성성은 형형색색의 예쁜 옷을 입은 호모포비아이자 여성 혐오자들이었다.

5
억울한 남자들

군무새의 노래와 억울한 남자들의 탄생

2000년대 한국 사회 남성성의 가장 큰 특징을 꼽자면 '자기 피해자화'라고 명명할 수 있을 것이다. 1990년대 말 외환 위기가 남성의 위기로 전치되면서 만들어졌던 "불쌍한 남자"의 수사들은 위기가 끝난 이후에도 사라지지 않고 계속해서 남성들이 스스로의 처지를 설명하는 데 사용되었다. 하지만 위기 때 통용되던 담론이 위기 극복이라는 명분이나마 가지고 있었던 반면, 2000년대 이후의 수사들은 남성이 '오히려' 사회의 피해자라는 적반하장식의 주장을 뒷받침하기 위해서 쓰이기 시작했다. 이런 흐름의 본격적인 시작을 알린 것은 1990년 말에서 2000년대 초반에 격렬하게 일어났던 '군 가산점 논쟁'이었다.

1998년 10월 19일 이화여대 졸업생 5명과 연세대 남성 장애인 학생 1명은 군필자가 7급 이하 공무원 시험에 응시할 때 5퍼센트의 가산점을 주도록 되어 있었던 군 가산점 제도에 대한 위헌 심판을 헌법재판소에 청구한다. 그리고 헌법재판소는 1999년 12월 23일 재판관 전원 일치로 해당 제도가 군대에 갈 수 없는 여성과 장애인 등의 평등권과 공무담임권을 침해하고 있다며 위헌 판결을 내렸다.

그리고 이것이 거대한 격전의 서막이 되었다. PC통신과 인터넷의 '일부' 남성들은 헌법 소원을 제기한 5명의 여성(장애인 남성에 대한 성토는 없었다)을 '이화오적'이라고 부르며, 신상을 캐내고, 전화, 문자, 메일로 욕설과 협박과 성희롱을 쏟아부었다. 또 헌법재판소의 판결을 옹호하는 여성 단체들에도 비슷한 일을 벌였으며, 군 가산점 폐지에 찬성하는 남성들에게는 '미필'이거나 '면제'일 것이 분명하고 인기를 얻기 위해 여자들에게 아부하고 있다며 비난했다. 군 가산점이 공무원 시험을 치르지 않는 대부분의 남성들에게는 효용이 없고, 남성들은 이미 호봉이나 승진 등에서 군 복무에 의한 혜택을 얻고 있으며, 국가가 남성들의 불만을 잠재우기 위한 가장 간편한 수를 쓰고 있을 뿐이라는 합리적인 비판들이 군 가산점 폐지론자들에게서 나왔지만 소용없었다.

이 사태의 배경은 1997년 대선으로 거슬러 올라간다. 신한국당의 유력 대선 후보였던 이회창 대표의 아들이 석연찮은 이유로 군 면제를 받았다는 의혹이 불거지고, 사회적 논란으로 확장되면서 이회창 대표는 대선에서 낙마하게 된다. 이는 군 복무와 관련하여 징병제의 역사 전반에 걸쳐 계속해서 존재해왔던 사람들의 의구심에 불을 지폈다. 유구한 전통을 가진 병역 비리 의혹은 강렬하게 대중, 그중에서도 군 복무를 했거나 할 예정인 젊은 남성들을 분노하게 했다. 이 분노를 잠재우기 위해 정부는 1998년, 7급 이하 공무원 시험에만 적용되던 군필자 가산점을 일반 기업체와 국가기관 모두, 그리고 5급 공무원 국가고시에까지 확대할 것을 발표했다.

당시 경제 위기를 겪고 있었던 한국 사회에서 공무원은 거의 마지막으로 남아 있는 안정적인 일자리였다. 대학을 졸업하고 원래대로라면 기업으로 갔을 이들도 기업 공채 규모가 줄어들자 공무원으로 발길을 돌렸다. 그 결과 경쟁률은 높아지고 공무원 시험에 만점자가 속출했다. 여기에서 갑자기 군 가산점이 빛을 발하기 시작했다. 5퍼센트의 가산점으로 당락이 갈렸다. 그런데 정부에서 이런 군 가산점을 모든 국가고시에 적용하겠다고 나선 것이다. 원래 공무원은 차별로 인해 일반 기업에 취업하고 근무하는 것이 어렵던 여성에게 선택할 수 있는 가장 좋은 일자리에 가까웠다. 그런데 군 가산점이 확대되는 것은 이미 정리 해고의 집중적인 표적이 된 여성들을 노동시장에서 추방하는 것이나 다름없었다.

군 가산점 논란이 성 대결로 비화됨으로써 담론의 장에서 사라진 것은 '취업권'이나 '기회 균등', 혹은 '인권 침해'의 문제였다. 장애인 문제에 대한 의도적인 외면은 바로 이러한 효과를 낳기 위한 것이었다. 담론의 지형을 남녀 문제로 바꿔놓는 이 같은 전이는 (경제 위기에 동반한) 역페미니즘 물결*과 맞물려, 현행 징병제 자체에 대한 문제 제기나 실질적 보상 요구 쪽으로 에너지가 튀는 것을 쉽게 막을 수 있었다. 초점을 노동시장이 아닌 '군필자 보상'의 문제로 집중한 담론의 힘은 마치 가산점 존치 세력만이 군대 경험에 대한 보상책을 생각하는 양 사태를 호도함으로써 대다수 남성

* 백래시(Backlash). 원래의 의미는 1970년대 미국에서 일어났던 페미니즘 제2물결에 대한 반동으로, 1980년대에 미국 사회 전반에 불어닥쳤던 반페미니즘적, 반여성적인 공격들을 지칭한다. 자세한 것은 수전 팔루디, 《백래시》, 황성원 옮김, 아르테, 2017 참조.

들의 지지를 끌어냈고, 징병제에 대한 그들의 분노를 여성들에게 향하도록 하였다.*

이후 군 가산점제 부활은 정치 세력과 국방부가 심심하면 꺼내 드는 카드가 되었다. 국방부의 입장에서는 꺼내 들기만 하면 다른 실질적인 보상 조치에 대한 요구를 모두 잠재우고 성 대결로 몰아갈 수 있는 논점 일탈의 카드가 되었다. 정치 세력에게는 꺼내들면 군 복무에 대한 보상에 노력하고 있으며, 안보를 중시하는 정당/정치인이라는 이미지를 얻을 수 있는 포퓰리즘 카드가 되었다. 그러나 국방부와 정당들이 죽은 군 가산점을 열심히 매만지고 젊은 남성들이 동조하며 사회적 소란을 피워대는 동안 바뀐 것은 없었고, 여전히 군 복무자에 대한 실질적 보상 논의는 진척되지 못했다.

나아가 군 복무의 여부로 도덕성을 판별하는 병역제도의 성역화가 '자발적'으로 강화되었다. 양심적 병역 거부 논의가 진전되지 못했던 커다란 이유 중 하나는 한국에서 '양심'이라는 단어는 선택이 아니라 도덕관념이나 염치에 가깝고, 군대를 안 가겠다고 주장하는 병역 거부자들이 '양심적'이라는 것을 도저히 받아들이지 못하기 때문이다. 특히 병역 거부는 고위층의 병역기피나 비리와 곧잘 연결된다. 이는 저항 세력이 단 한 번도 병역 거부를 저항의 방편으로 내세우지 않았던 것과도 관련이 있다. 즉 군대에 가지 않는 것은 타락한 기득권층의 행동

---

* 배은경, 「군 가산점 논란의 지형과 쟁점」, 〈여성과 사회〉 제11호, 한국여성연구소, 2000, 111~112쪽

이다. 반대로 군대에 가서 나라를 지키려 갖은 고생을 한다는 것은 정당한 '국민'의 덕목을 드러낸다. 실제로 고위층의 남성과 아들들이 매우 높은 확률로 병역을 이행하지 '못'했다는 것은 이런 프레임을 더 견고하게 만든다. 모두가 평등하게 고통을 분담해야 한다는 고통의 평등주의가 병역제도에 대한 인식에서 작동하고 있는 것이다.

그러나 도덕적 분노보다도 더 내밀한 사정은 병역 거부라는 예외를 인정하게 된다면 자신이 무기력하게 '끌려갔다 왔다'라는 사실이 더욱 더 부각된다는 점이다. 군대를 개선하는 것을 가장 방해하는 세력은 여대생도, 여성 단체도 아니라 바로 예비역이다. 이들은 복무 환경 개선과 장병 인권 증진이 추진될 때마다 반대 의견을 개진하곤 한다. 표면적인 이유는 그런 조치들이 군기를 상하게 하고, 군대 같지 않은 군대를 만들어낸다는 것이다. 그러나 이런 의견의 이면에는 자신이 감내했던 고생들이 더 이상 불필요한 혹은 의미 없는 것으로 변할지도 모른다는 불안감이 존재한다. 실제로 군 가산점에 대한 찬반 설문에서 공무원 시험 준비생을 제외하고는 군 면제자를 비롯해 자영업이나 일반 기업 종사자 그룹에서 모두 찬성도가 낮게 나타난다. 더불어 20대 초반에는 군 생활이 손해라는 의견이 많지만, 나이가 많아질수록 그래서 취업을 이미 했을 확률이 높아질수록 군 생활이 도움이 되었다고 꼽는 의견이 많아지게 된다.*

---

* 군 생활이 이득이 되었는지에 대해 취업자들은 41퍼센트가 이득이었다고 답한 반면 미취업자들은 40.7퍼센트가 손해라고 답했다. 가장 많이 이득으로 꼽은 것은 조직 적응력(46.9%)과 인내심(29.5%)이었고, 손해로는 인생의 중요한 시기의 공백(48.2%)과 취업 지연에 따른 경

요컨대 불안이 집중되는 것은 군 복무하기 전후, 취업 준비를 하는 청년 시기다. 취업 이후 군대의 경험이 도움이 된다는 것은, 조직이 어떻게 돌아가는지를 선행 학습할 수 있었기 때문이다. 한국의 대부분의 조직들은 군대라는 근대적 조직을 바탕으로 변형과 확장을 거듭해 온 것이라고 봐도 무방하니 말이다.* 즉 군대를 모델로 설계된 한국의 조직들 속에서, 징병제하의 군대를 거쳐온 남자들이, 성차별로 인해 여성 관리자나 경영자가 거의 없는 조직을 이끌어가면서 군대식 문화를 답습하고, 그것이 곧 조직의 중심 문화가 되는 순환이 지속되어온 것이다.

　하지만 이는 권력이 없는 말단이거나, 조직에 아직 들어가지 못한 이들에게는 이득으로 여겨지기 어렵다. 게다가 결국 이 모든 소란의 근원에는 군 복무 그 자체의 경험이 있다. 이것이 사후에 이득이 되거나 말거나와 상관없이 군 복무의 경험은 한국 남자들이 가장 크고 넓게 공유하는 일종의 집단적 트라우마다. 그 이유는 한국의 군 복무가 전인격적 박탈을 전제로 설계되어 있기 때문이다. 한국의 모든 남성들은 20살이 되면 '병역 자원'으로 분류되고 징병검사를 받는다. 그러나 검사 과정에 대한 신뢰도는 낮고, 징병 대상자 상당수는 내가 병역 의무를 수행하는 데 부적합한 면이 없는지를 필사적으로 살피게 된다. 그중 대부분은 1~2년 후에 징집영장을 받아든다. 입대한 이후의 신

제적 손실(16.0%)을 꼽았다.(안상수, 「군 가산점제 부활 논쟁과 남성의 의식」, 《페미니즘 연구》 제7권 제2호, 한국여성연구소, 2007, 321~349쪽)
*　이는 남성 구성원이 적거나 거의 없는 집단들(여대, 간호사 집단 등)에도 군대식 문화가 존재한다는 것을 보면 알 수 있다.

병 훈련 프로그램은 신참들을 순차적으로 일반 사회와 단절시키는 모양새를 띤다. 이것은 단순한 고립이 아니라 모종의 인간공학에 근거한 '인간 개조'에 가깝다. 훈련병들은 말하는 법, 걷는 법, 먹는 법 등 인간의 가장 기본적인 움직임들에서부터 이전과는 다른 방식을 요구받는다. 이에 빠르게 적응하지 않으면 처벌과 불이익을 받게 되는데, 소속 집단 전체에까지 영향을 미친다. 이탈이라는 선택지가 제한되어 있는 상황에서 나의 부적응이나 무능력이 다른 구성원들에게도 악영향을 준다는 것은 심각한 스트레스를 유발할 수밖에 없다. 거꾸로 생각하면 내가 아무리 출중한 능력을 가지고 있어도 다른 사람의 실수에 의해 불이익을 받게 되는 구조이기도 하다. 개인의 능력보다는 작전을 정확하게 수행할 수 있는 집단의 능력이 중요한 군 조직의 특성이 반영된 것이지만, 소위 '고문관'이라고 불리는 집단 내 부적응자, 무능력자에 대한 분노를 학습하고, 키우는 환경이 된다.

게다가 군대는 '그냥 몸으로 때우기만 하면 되는' 경험이 아니다. 정기적으로 이어지는 '정신교육'은 특정한 관점을 가지고 있는 역사와 사상으로 이루어져 있으며, 군대 내에서 유일하게 옳은 지식을 주입하는 일이다. 물론 오늘날의 군은 과거에 비해서 많이 민주화되어 있고, 군에서 설파하는 모든 이념을 완벽하게 신봉하는지를 감시하지는 않는다. 그러나 '시늉'조차 하지 않는 이들을 곱게 놔두지도 않는다. 군에서 볼 때 비정상적이고 위험한 존재들은 언제든지 불이익을 주고 처벌할 수 있다. 2017년에 있었던 육군본부의 토끼몰이식 동성애자 색출 작전을 생각해보자. 육군 참모총장의 명령하에 군 내 동성애자 색출에 나선 육군본부는 신원이 확인된 동성애자 간부를 심문해 다른 동성애자 군인들을 고발하게 했고, 게이 데이팅 앱에 위장 잠입해서 함정 수사를 벌이기도 했다. 또 전역을 앞둔 동성애자 A대위를 무리하게 구속하고 실형을 선고하는 등 그야말로 가공할 만한 수준의 인권 침해를 자행했다. 동성애자 병사의 차별 금지를 명시한 부대 관리 훈령 제7장이 존재함에도 불구하고 이런 일이 자행될 수 있다는 것은, 그것이 사상*을 비롯한 다양한 요인들에 의한 색출도 가능하다는 것을 암시한다.

여기에 더해서 군 생활을 환장할 경험으로 만드는 중요한 요소는 모든 것이 지휘관들의 결정에 따라 손바닥 뒤집듯이 뒤집힌다는 점이다. 군에 대한 수많은 법과 규칙이 있지만, 그것들은 현실을 전혀 반영하지 못하다가 책임 소재를 가리고 누군가를 처벌할 때에만 과잉 적용된다. 일상 속의 군은 지휘관의 결정에 따라 무체계적이고 자의적인 방식으로 운용되기 일쑤다. 특히 사회적으로 물의를 일으키는 사고가 발생하면 그것을 방지하겠다는 명목의 명령문들이 반드시 하달되는데, 당연히 해결을 위한 것이 아니라 하나부터 열까지 미봉책이다. 계획은 반드시 어그러지고, 어떻게 책임과 부담을 회피할 것인지가 군 생활의 성공 여부를 결정한다.

'위험'은 이런 군 경험에 방점을 찍는 궁극적인 요소다. 2000년 이후 한국의 군대에서는 매년 최대 182명(2000년)에서 최소 75명(2017년)

---

* 과거 2008년에 폭로된 국방부의 '금서 목록'에는 노엄 촘스키, 장하준, 김진숙을 비롯한 저자들의 책 23권이 선정되었고, 2011년 공군 소속 한 전투비행단장이 휘하 부대에 발송한 금서 목록에는 42권의 책이 올라가 있었다.

에 이르는 군인들이 사망했다.[*] 그리고 변함없는 군 내 사망 요인의 1위는 '자살'이다. 자살에 대한 군의 대책은 자살을 하지 말라고 윽박지르거나, 자살할 것 같은 사람을 감시하는 것이다. 인권운동가 고상만의 지적처럼 이는 "군인이 되어서는 안 될 사람을 잘못 징병하여 죽게 한" 것이거나, "징병은 잘했는데 (……) 관리를 잘못"했기 때문에 사망한 것으로 당연히 국가가 책임을 져야 하는 사안이다. 그러나 1948년 군이 창설된 이래로, 군에서 사망했으나 국가로부터 아무런 예우를 받지 못한 사망자의 수는 약 3만 9000명에 이른다.[**] 이외에도 병에 걸렸으나 군 내 의료 체계의 미비로 인해 적절한 치료를 받지 못해서 숨지거나, 안전사고로 목숨을 잃거나, 드물다고는 해도 살해를 당하는 이들도 있었다. 군 내로부터 심심찮게 들려오는 사망 사고 소식들은 대체로 군인들에게 어두운 진실을 말해준다. 병역의무를 수행하다가 죽어도 국가는 진상 규명과 합당한 보상 대신에 사망 원인을 개인에게 돌리고 사건을 축소하려고 할 것이며, 어떻게든 책임지지 않도록 노력할 것이라는 사실 말이다.[***]

징병제도와 군인들의 처우에 문제가 있다는 것은 대부분의 군인과 예비역들이 인지하는 사실이다. 군 가산점에 대한 집착은 실질적인 이득보다는 자신의 '고생'을 보상하는 체계가 무엇이든 존재해야 한다는

---

[*]   통계청 웹사이트(kostat.go.kr)의 〈군 사망 사고 현황〉 참조
[**] "3만 9000명의 '개죽음'을 확인하다", 〈프레시안〉, 2017. 2. 25.
[***] 2000년대 이후 군이 가장 예우를 갖춰 기념했던 사건들은 대체로 정치적 이해관계를 배경에 두고 있다. 가장 대표적인 것은 천안함 사건으로 군은 매년 천안함 사상자들에 대하여 전쟁 영웅에 준하는 기념식을 거행하고 있다.

집념의 산물에 좀 더 가깝다. 하지만 왜 문제의 근원을 향하는 움직임
은 언제나 적을까?

현역 병사들의 문제 제기는 언제나 불이익으로 돌아온다. 군은 처
우 개선이나 민원을 익명으로 제보할 수 있는 창구를 정례화하고 있지
만, 군에 익명이란 존재하지 않으며 그것을 위한 조치는 모두를 더 힘
들게 할 것임을 모두가 알고 있다. 2014년 여성정책연구원이 수행한
연구에 따르면, 군 복무 중 인권 문제를 제기한 사람들의 비율은 10퍼
센트가량이었고, 인권 문제 제기가 잘 처리되지 못했거나 역효과가 났
다는 응답은 45.8퍼센트에 달했다. 조사자 중 직접적으로 인권 피해를
입은 사람은 11.4퍼센트였는데, 이들 중 83.0퍼센트는 아무런 대응도
하지 않았다고 응답했다. 그 이유로는 비밀 보장이 되지 않는다(61.4%)
가 가장 컸고, 문제 제기를 하면 자신과 부대원 전체의 생활이 힘들어
진다(26.0%)와 공정한 처리를 기대하지 않기 때문(12.6%)이 그 뒤를
이었다.*

그렇다면 예비역들의 문제 제기가 중요해진다. 그러나 앞서 얘기했
듯이 예비역들은 군의 처우 개선을 반대하는 중요 세력이다. 여기에는
'이제 나와는 관계없기 때문에 더 '빡세게' 굴려야 한다'라는 식의 '앙
심'이 얼마쯤은 작용한다. 하지만 이 모든 것을 예비역들의 짓궂음으
로 설명할 수는 없다. 그보다 더 큰 것은 국방의 의무라는 이름으로
개인의 신체와 인격을 구속하는 경험 그 자체다.

---

* 안상수 외, 「남성의 삶에 관한 기초 연구: 군 복무 이행, 성역할 재
사회화 및 성 평등 정책 수용을 중심으로」, 한국여성정책연구원, 2014

징집 과정은 일련의 행정적인 절차에 의해서 이루어진다. 그리고 그 행정적인 절차는 약 2년여의 시간 동안 극단적인 기본권의 제한을 불러온다. 여기에다 이후 8년간 이어지는 예비군 훈련과 40세까지 이어지는 민방위 훈련이 있다. 거의 20여 년의 기간 동안 한국 남성의 신체는 국가에 의해 동원 가능한 자원으로 관리되고 그것을 거부할 권리는 주어지지 않는다. 어길 시에는 벌금이나 처벌이 뒤따른다. 민주화 이후 국가가 나를 죽일 수도 있다는 공포는 사라졌지만, 국가가 나를 귀찮게 할 수 있다는 사실은 여전하다. 합리적인 대안이나 토론의 가능성이 아예 닫혀 있는 군 복무 경험은 개인에게 국가에 대한 무기력함을 학습시킨다. 괜히 나서서 일을 복잡하게 만들고, 무언가를 책임지는 것은 가장 피해야 할 일이다. 어떻게 하는 것이 가장 덜 얽히고, 덜 귀찮을 수 있는지가 중요하다.

군 복무 경험이 일으키는 문제는 단순히 군 내부에서 끝나는 것이 아니라 남성의 삶 전반은 물론이고 사회 전반에 영향을 주고 있다. 반인권적 병영 문화를 경험한 이들은 비교적 나은 환경의 군 경험을 했던 이들보다 낮은 삶의 만족도와 자존감을 보였고, 성 역할 갈등, 여성 혐오적 경향이 높게 나타났다. 인권 침해적인 군 경험이 이후의 인생에도 악영향을 미치고 있는 것이다.[*]

그러나 현재로서는 당사자들에 의한 해결은 요원하다. 당사자들이 문제의 원인에 대해 질문하길 거부하고 있기 때문이다. 이 거부는 '현

---

[*] 같은 글

존하는 북한의 위협'이라는 대한민국의 건국 이래 꾸준하게 통치 세력을 정당화해준 요인으로부터 나온다. 군 복무 경험은 국가와 군이 주장하는 바대로의 안보 이데올로기를 철저하게 학습하는 장이기도 한 것이다. 그래서 많은 예비역들은 '아무리 그래도 군대는 군대'라는 유명한 말을 두 가지 뜻으로 사용한다. 하나는 아무리 개선의 노력을 기울여도 변하지 않을 것이라는 이야기이고, 다른 하나는 개선의 노력이 전쟁을 대비하는 군이라는 본령을 해쳐서는 안 된다는 것, 다시 말해 군은 사회와 분리된 별도의 영역으로서 계속해서 존재해야 한다는 뜻이다. 하지만 군이 북한의 가장 큰 위협이라 주장하는 핵무기에 대비하기 위해서 필요한 것이 정말로 '60만 대군'일까? 실제적인 군사 행동은 최후의 상황일 뿐, 평시의 군은 민주주의의 논리에 따라 유지되어야 할 시스템이다. 2018년에 밝혀진 국군 기무 사령부의 계엄령 선포 계획은 군이 여전히 독자적인 정치 세력으로서 민주주의를 위협할 수도 있음을 경고했다. 때문에 더욱더 의무병제하의 군인은 군복을 입은 시민이지 국가나 군 간부들의 노예로 취급되어서는 안 된다.

그러므로 이 문제의 해법은 결국 군의 더 철저한 민주화이고, 인권을 부수적이고 어색한 개념으로 생각하는 병영 문화를 뜯어고치는 것이다. 극한의 상황에 몰아넣고 스트레스를 줘야 전투력이 강해진다는 통념은 그 신빙성도 확실치 않거니와 민주주의 사회에 어울리지 않는다. 한국 남자들이 빠져 있는 이 집단적인 외상 후 스트레스 장애를 해결하지 못하면, 한국의 남성성은 지금의 '남자 문제'를 그러안은 채 고착되어 있을 것이다. 군의 개선도, 사회의 진보도 어려움은 물론이다.

여성 혐오의 연대기 1: 된장녀의 탄생

2000년대 이후의 여성 혐오는 이미 한국 사회에서 빼놓을 수 없는 요소가 된 사이버 공간에서 맹위를 떨쳤다. 가장 먼저 등장한 여성 혐오의 표상은 '꼴페미'였다. 꼴페미는 군 가산점 논쟁을 벌이던 남성들이 군 가산점 폐지 찬성을 주장했던 여성들에게 붙인 이름이다. 자신의 남성성을 지나치게 과시하는 남성들에게 붙이던 '꼴마초'라는 단어를 뒤집은 것으로, 이들은 '남녀평등'을 추구하는 '진정한 페미니즘'과는 다르게 여성 상위를 주장하는 '변질된 페미니즘'을 신봉하는 이들이라고 주장되었다. 군 복무와 출산을 두고 사회적 효용성을 비교하는 것이나, '권리만 챙기고 의무는 다하지 않는' 같은 익숙한 주장들도 이미 만연해 있었다.

하지만 꼴페미로 지칭되는 존재는 수적으로 따지면 많지 않았다. 이 단어는 그 의도만 따지면 어떤 극단을 지칭하기 위해 만들어진 것이었고, 온라인 게시판에서 논쟁을 벌이는 대상을 향해서 사용되던 용어였다. 꼴페미와 꼴페미가 아닌 자에 대한 구분이 존재했고, 그 구분을 위해서 이 단어가 사용되는 것이나 마찬가지였다.

어차피 그 구분은 자의적이었다. 군 가산점 위헌 판결을 내린 헌법재판소를 꼴페미라고 욕하는 사람은 없었다. 살해 협박을 받거나 개인 정보가 성인 사이트에 올라가 성희롱을 받게 된 헌법 재판관도 없었다. 장애인을 꼴페미라고 공격하는 이들도 없었다. 심지어 군 가산점 논쟁에서 폐지에 찬성하고 '꼴마초'들과 격렬한 설전을 벌였던 일부 남성들마저도 꼴페미라고 불리지 않았다. 오직 여성들만이 꼴페미가 될 수 있었다.

군 가산점 논쟁을 통해 온라인에서는 본격적으로 반페미니즘을 표방하는 남성 집단들의 등장이 활발해지기 시작했다. 이들은 가부장제에 대한 비판을 수용하면서 그 안에서 겪는 남성의 고통을 주장했던 1990년대 남성학의 흐름과 단절하고, 현대사회에서 남성은 피해자이며, 과거의 여성을 배려하기 위해 만들어진 제도들이 남성을 역차별하고 있다고 주장했다. 이들의 커뮤니티에서 꼴페미는 좀 더 경멸적인 의미가 담긴 '페미년'으로 대체되었다.

그리고 2005년에서 2006년 사이에 공전의 '히트'를 치며 온라인을 넘어 오프라인과 방송, 언론을 장악한 것이 있었으니 바로 '된장녀'였다. 된장녀의 어원이 어디에서 온 것인지에 대해서는 이견이 존재한다. 일반적으로는 '젠장'이 된장이 되었다는 설, '머리에 똥만 찼다'라는 표현의 똥을 된장으로 바꾼 것이라는 설, 명품의 가치를 알아보지 못하면서도 무조건적인 선호를 하는 여성들이 '똥인지 된장인지' 구별을 못한다는 것에서 나타났다는 설, 뉴요커적인 삶을 꿈꾸어봤자 어차피 한국에서 태어난 토종 '된장'이기 때문에 그렇게 붙었다는 설, 명품과 함께 된장녀를 상징하는 브랜드인 '스타벅스'의 커피 색을 빗댄 것이라는 설 등이 다양하다.

이 중 일반적으로 알려져 있지 않으나 흥미로운 설명이 하나 있다. 이 단어의 유래가 다음 카페 '백인 여인과의 만남'cafe.daum.net/meetwhite*'

***

* 이 카페는 현재 존재하지 않는다.

에서 유래되었다는 주장이다.

　　백인 남자, 흑인 남자 등과 원나잇 하면서 값싸게 놀아나는 일부 한국 여자들이 다음 카페 '백인 여인과의 만남'에서 백인 여자와 만남을 원하는 남자들을 비하하자, 이에 대해 남자들이 집단 반발하여 "된장녀"라고 역공을 펼친 데에서 '된장녀'라는 말이 유래했다는 설이다. 백인 남자와 흑인 남자와는 더치페이를 하면서도 아랫도리를 다 내주면서 유독 한국 남자만 만나면 더치페이를 거부한 채 거드름을 피우는 이중적인 일부 한국 여자들을 가리켜 '된장녀'라는 별칭을 붙여준 것이다. 이런 부류의 여자들은 마치 자신이 백인이라도 된 듯이 한국 남성들을 비하했다고 하는데, 이 여자들이 한국 여자임을 부각해주기 위해서 '된장'을 차용하여 '된장녀'라고 맞불을 놓은 것으로 추정된다.*

　　실제로 당시 '된장'은 일부 커뮤니티들에서 한국인에 대한 자조적인 비하를 할 때 사용되곤 했던 단어다. 이 단어는 인종주의적인 질서를 냉소적으로 체념하는 한편, 한국인의 행동을 비난하기 위해 사용되었다. 즉 인종 질서의 하위에 놓여 있는 아시아인이자, 그중에서도 일본과 중국에 치이는 한국인으로서 감출 수 없는 후진성 혹은 '쿨'하지 못함을 뜻하는 말이었던 것이다. 한국에서 태어나서 한국의 사회질서

---

* "된장녀의 뜻이 뭐죠?"라는 익명 네티즌의 질문에 대한 유저 peacedoll의 2009년 9월 11일자 답변 중 일부.(http://tip.daum.net/question/40199927)

와 문화를 습득하고 체화하여 살아가는 모든 이들은 '된장'일 수밖에 없다. 가끔씩 된장으로서의 숙명을 벗어나려고 노력하는 이들이 있지만 그래봤자 그들이 될 수 있는 것은 '바나나'이다. 언어와 내면을 미국인으로 만들 수는 있겠으나, 가장 가시적이고 확실한 외모-신체는 결코 벗어날 수 없는 천형이기 때문이다.

그리고 위의 설명에 따르면 된장녀는 그런 숙명을 거부하려는 한국 여성들에 대한 분노, 그리고 그들이 외국인과 자신들을 차별한다는 피해의식으로부터 나타난 단어다. 백인과 흑인을 만나서는 더치페이도 하고 주도적으로 섹스에 임하지만, 한국 남자와는 더치페이도 하지 않고 섹스도 쉽게 허락하지 않는다는 것이다. 그러나 그 여성들도 결국 된장 냄새를 풍기는 한국인일 뿐이라는 사실을 지적하는 것이 이 단어의 목표였다. 그 이면에는 '헛된 저항'을 포기하고 인종 질서를 받아들여, '된장남'들과 짝을 맺어야 한다는 음침한 소망이 깃들어 있었다.

그런데 "백인 여인과의 만남"이라는 카페의 이름에서 알 수 있듯이 이들은 그게 누구인지는 모르겠지만 자신들을 인종적 열등함으로부터 구원해줄 백인 여성을 기다리는 중이다. 마치 프란츠 파농이 묘사했던 알제리의 흑인 청년들을 연상케 하는* 이 황당한 이름의 카페는

---

* 프란츠 파농은 자신의 인종적 열등함을 극복하기 위해 알제리를 식민 통치하고 있는 프랑스의 백인 여성과 섹스하는 데 혈안이 된 알제리의 흑인 청년들을 묘사한 바 있다. 심지어 이들은 정신질환이 있는 백인 여성과 섹스를 하고 돌아와서는 '백인과 잤다'라며 의기양양해했다고 한다.(자세한 내용은 프란츠 파농, 《검은 피부 하얀 가면》, 이석호 옮김, 인간사랑, 1998 참조)

자신들이 비난하는 행위를 그 누구보다도 선망하고 있다. 이들이 '백인 여인'을 만나고자 한 것에는 '한국 여인'들에 대한 불만이 배경에 있고, 그보다 더 중심에는 '한국 남자'인 스스로에 대한 열패감이 있다. 이들은 흑인 여성도, 아시아의 다른 여성도 아닌 백인 여성을 만나고자 한다. 이들의 상상 속의 백인 여성은 성적으로 개방적이고, 남자에게 의존하지 않으며, 교양 있고, 경제력도 있다.* 정확히 이들의 상상 속에 존재하는 한국 여자의 대척점이다. 무엇보다 백인 여자는 세계적으로 '열등한' 인종일 뿐만 아니라, 한국 사회에서도 상층계급에 속하지 못하는 이 남자들의 자존감을 일거에 세워줄 수 있는 가장 근사한 트로피다.

당연하게도 이 백인 여성은 실체가 없는 존재인 것은 물론이고 그 자체로 인종차별적이다. 그런데 위의 설명에서 주목해야 할 다른 한 가지는 이들이 한국 여성에게 품고 있는 것이 사실은 '질투'에 가까운 감정이라는 점이다. 마찬가지로 다분히 인종 차별에 더한 성차별적 요소들이 포함되어 있는 가운데, 서양 남성과 동양 여성의 쌍이 성립할 가능성은 그 역보다 훨씬 크다. 새롭게 열린 글로벌한 세계에서 한국 남자는 경제력과 가부장적 권력을 점차 잃어가는 가운데, 한국 여성들은 그 가능성의 공간에 상대적으로 '쉽게' 진입할 수 있는 것이다. 이 사실은 한국 남성들을 패닉에 빠트린다. 자신들은 아직 된장 냄새

---

* 이 상상 속의 백인 여성은 직간접적으로 접촉했던 선진국의 백인 여성들에 대한 파편적 인상으로부터 도출되었을 것이다. 그러나 이들이 간과하는 것은 그러한 독립적이고 주도적인 태도의 기원이 다름 아닌 여성의 권리 신장과 성차별의 개선, 페미니즘이라는 사실이다.

가득한 한국 땅에 발이 묶여 있는데, 마땅히 자신이 취해야 할 대상이라고 여겨졌던 한국 여자들을 서양인들에게 '빼앗기고 있다'라는 불안이 실현되는 상황이다. 그래서 이들은 그 여자들을 단속하기 위해 발목을 부여잡고 된장을 묻히려고 하는 것이며, 백인 여성은 자신의 능력을 과시하기 위한 시위의 일환으로 일없이 소환되고 있는 것이다.

한편 좀 더 대중적인 알려진 버전의 된장녀는 사치와 허영에 물든 여성들이다. 이들은 미국의 드라마 〈섹스 앤드 더 시티〉*, 스타벅스, 명품 가방, 고급 화장품 등을 추종하지만, 정작 자신은 (경제적) 능력이 없다. 그래서 이들은 부모님(아버지)이나 남자 친구 등에게 경제적으로 기생하여 자신의 허영심을 채운다. 요컨대 된장녀라는 호명은 진짜 부자를 위한 것이 아니라, 부자인 척하는 젊은 여성들을 향한 것이다. 된장녀에 대한 비판은 서구의 세련되고 '럭셔리'한 문물을 향하지 않는다. 왜냐하면 그것은 더 이상 고유의 문화를 해치는 왜색이나 퇴폐 문화가 아니라 목표이자 선망의 대상이기 때문이다. 모두가 명품과 외제차와 고급 시계를 꿈꾼다. 부자는 경멸이 아니라 선망의 대상이며, 심지어 훌륭한 사람의 증거이기까지 하다. 이념과 대의가 해소되고, 문화와 개성의 시대가 경제 위기로 박살 나면서 남은 유일한 것은 경제 그 자체가 되었기 때문이다. 그래서 정말로 돈이 많아 비싼 물건들을 소

* Sex and the City. 미국의 드라마 전문 채널인 HBO에서 1998년부터 2003년까지 여섯 시즌에 걸쳐 방영된 드라마다. 뉴욕을 배경으로 4명의 주체적인 전문직 여성들이 등장한다. 이들은 각자의 커리어, 연애, 섹스, 결혼 등의 문제를 두고 많은 경험과 시행착오를 겪는 한편, 친구들과 함께 수다를 떨고 우정을 나누며 성장해가는 이야기를 담고 있다.

비하는 사람은 여성일지라도 비난의 대상에서 살짝 비껴 나간다.

된장녀가 등장하는 이야기들의 일반적인 얼개는 비슷하다. 된장녀는 주로 학교 후배이고, 적당히 혹은 애매하게 매력적인 외모를 가지고 있다. 그녀는 사치와 허영에 물들어 있으며 교양을 쌓지 못해 무식하다. 그녀는 명품백 등의 사치품은 물론이고 학업이나 식사와 같은 일상생활을 영위하는 데에도 남자들에게 의존하는데, 주로 대상이 되는 것은 순진하고 그녀에게 연심 혹은 호감을 품고 있는 인기 없는 남자들이다. 이 남자들은 된장녀의 마음을 얻기 위해 빠듯한 생활 속에서 돈을 모아 비싼 식사나 선물을 대접한다. 그러나 이 된장녀는 그런 남자들에게 뉘앙스만을 풍기고 절대로 그들과 연애나 섹스를 하지 않는다. 그리고 마지막엔 외제차를 탄 부자 남성이 등장하고 된장녀를 가로채서 사라진다. 여기에서 비난받는 것은 외제차를 탄 부자 남성이나 명품백, 간·쓸개를 빼준 인기 없는 남자들이 아니라 오로지 된장녀다.

된장녀는 역사적으로 오랫동안 반복되어온 요부(팜파탈)나, 성을 매개로 금품을 노리는 범죄자(꽃뱀)와 비슷하지만 미묘한 차이를 갖고 있다. 된장녀는 치명적이기보다는 어딘가 어설프고 엉성하며, 웃음거리가 되기 위해서 만들어진 악당 캐릭터에 가깝다. 그래서 이것은 분노의 대상이라기보다는 어리석음을 간파당하고, 개과천선시켜야 하는 존재다. 하지만 된장녀가 깨달아야 하는 교훈이 무엇인지는 애매하다. 단순히 사치와 허영을 멀리하고 성실한 사람이 되라는 것이 아니기 때문이다. 그보다 된장녀는 남자들이 원하는 특정한 종류의 여자를 만들어내기 위한 반전상이자 도구다. 된장녀의 반대에는 남자에게 경제적으로 의존하지 않으면서, 스스로 적절하게 외모를 가꿀 줄 알고, 너무 높지 않은 기준의 대상과 연애를 하며, 상대방을 정서적·성적으로 케어하는(기를 살려주는!) 여자가 있다. 이 기준을 벗어나는 여자들에게 "너 된장녀지?"라고 물어보는 것으로 여성들이 행동을 교정하고 자기 검열을 강화하도록 만든다.

하지만 이것이 된장녀와 관련된 이야기의 전부는 아니다. 왜냐하면 저런 이상적인 여성상은 결혼을 위한 것이기 때문이다. 살림을 방만하지 않게 운영하고, 육아와 가사를 전담하고, 부모님에게 대신 효도하면서, 재테크를 통해 집을 살 수 있게 해주는 여자는 '필요'한 존재다. 그러나 '부담스럽지 않을 만큼 예쁘면서 적당히 백치미가 있는 밝은 여자'는 섹스의 상대로 선망된다. 된장녀에 대한 불만의 핵심은 그들의 사치와 허영이 아니라, 남자들의 성의에 응답하지 않는다는 것이다. 내가 '이 정도'(물론 대체로 보잘것없는 수준이지만) 했으면 넘어와야 하는데 그렇지 않다는 것에 대한 분노다. 많은 남자들이 이성 간의 관계를 돈을 넣으면 섹스가 나오는 자판기로 인식하고 있다. 그리고 된장녀는 일종의 고장 난 자판기인 셈이다.

사실 우리는 실존 인물로서의 된장녀보다는 인터넷 등을 떠도는 아는 형, 동생, 친구의 경험담이나, 방송을 비롯한 다양한 매체를 통해서 된장녀를 만날 수 있다. 특히 방송과 언론은 완벽한 된장녀를 찾기 위해 예능과 보도를 막론하고 가장 열을 올린 집단이다. 출처 불명의 이런저런 디테일들과 만들어진 이미지들이 얼기설기 엮여 된장녀는 실

체를 얻는다. 사람들은 된장녀를 구성하는 수많은 요소 중 단 하나와
의 유사성만으로도 '혹시 된장녀?'라는 의심과 물음을 던진다. 선글라
스를 머리 위로 올려 쓰거나, 스타벅스 커피를 마시거나, 여대에 다닌
다는 사실만으로도 충분히 가능하며, 이는 진지하게 반응하는 사람이
지는 농담이나 놀이처럼 여겨진다. 이 놀이의 반복을 통해서 사람들은
세상에는 상당히 많은 된장녀들이 실제로 존재한다는 확신을 감각적
으로 갖게 된다. 그리고 이 감각적 확신은 진실과는 별로 관계가 없다.

가령 된장녀의 실존을 증명하는 여러 가지 증거물들(주로 TV 방송
의 캡처 화면) 중에는 애초에 방송 제작 시부터 연출되었거나, 맥락을
잘라먹은 채 떠도는 것들이 많다. 한 여성이 "남자의 수입은 월 2000
만 원 이상"이라고 말하고 있는 방송 이미지는 능력 없이 남자의 경제
력만을 요구하는 된장녀의 표본처럼 떠돌았지만, 실제 그 사진 속의
여성은 연봉 2억의 학원 강사로, 자신보다 연봉이 낮은 남성을 만났
을 경우 남성의 자괴감 때문에 관계 유지가 힘들다는 이야기를 하는
중이었다.[*] "능력 좋은 남자를 빨리 만나서 내 학자금 대출도 갚아주
고"라는 자막과 함께 방송 출연 화면이 공유된 여성 역시 비슷한 이유
로 인터넷을 떠돌며 조리돌림을 당했지만, 뒤에 이어지는 이야기는 그
럴 수 있다면 상관없겠지만 그런 것이 아니기 때문에 결혼을 생각할
여유가 없다고, 과도한 삶의 비용 때문에 결혼, 출산, 연애를 포기한 삼
포 세대의 일원으로서 발언하는 내용이었다.[**] 수많은 남자들을 분노

---

[*]   Mnet, 〈그는 당신에게 반하지 않았다 시즌2〉, 2011. 2.
[**] MBC, 〈MBC 스페셜: 우리가 결혼하지 않는 진짜 이유〉, 2016. 10.

로 몰아넣은 "키 180센티미터 이하는 루저"라는 발언은 방송 출연 시 제작진으로부터 할당받은 역할과 대본에 따른 것이었다.* 이 증거들은 최초에는 맥락을 알고 있는 이들에 의해서 조작되었고, 이후에는 맥락을 모르는 사람들에 의해 공유되고 그대로 된장녀의 실존에 대한 증거로 굳어졌다.

그러나 문제는 이런 내용들에 대해서 사람들이, 특히 남성들이 조작이나 가짜라고 의심하기보다는 믿기를 원했다는 것이다. 이는 단순한 게으름으로 볼 수도 있지만, 그보다는 자신이 이미 믿고자 하는 이야기가 굳어져 있으며, 이것이 사실과 다를 경우 현실에 맞추어 수정하거나 폐기하기보다는, 원하는 대로 왜곡하여 그 상을 강화하고 싶어 했다는 것으로 보는 게 더 타당하다. 즉 된장녀가 존재하고, 그 된장녀가 남자들의 등골을 빼먹으려 암약하고 있다는 것을 믿고자 하는 이들이 의심 없이 자신의 생각을 뒷받침할 만한 것들을 골라 받아들인 것이다.

2015년 진행된 한 조사에서는 이런 문제가 단적으로 확인된다.** 청소년, 대학생, 취업 준비생, 직장인 등을 대상으로 여성 혐오의 발생 이유를 묻는 질문에서 가장 많은 이들이 여성가족부를 꼽았다. 그리고 두 번째로 많은 것이 "남자에게 의존해서 사치를 일삼는 여자들 때문

---

* KBS, 〈미녀들의 수다〉, 2009. 11.
** 안상수 외, 〈남성의 삶에 관한 기초 연구(Ⅱ): 청년층 남성의 성 평등 가치 갈등 요인을 중심으로〉, 한국여성정책연구원, 2015, 114쪽. 2015년 10월에 15세 이상 35세 미만 청소년 및 청년층 남성 1200명과 여성 300명을 대상으로 시행한 온라인 설문조사로, "여성혐오가 생기게 된 이유가 주로 어디에 있다고 생각하는가?"라는 질문에 이유를 두 가지씩 꼽게 하였다.

에"라는 답변이었다. 이 중에서도 흥미로운 것은 된장녀와 동일한 속성을 지적하는 두 번째 항목의 응답률이다. 모든 답변 대상 중 이 항목에 가장 높은 응답률을 보인 것은 다름 아닌 청소년 남성이었고, 두 번째로 높은 응답률을 보인 것은 비교군으로서 조사에 참여한 여성들이었다. 청소년 남성들이 된장녀와의 만남을 통해 그들에 대한 부정적인 인식을 갖게 되었을 가능성은 적다. 마찬가지로 여성들이 된장녀에게 부정적인 평가를 갖게 된 것은 실제의 된장녀들이 여성에게 피해를 끼쳐서라기보다는 된장녀가 여성 전체를 규정하고 매도하는 데에 이용되고 있기 때문일 개연성이 더 크다. 이는 된장녀라는 존재가 실제의 만남이나 경험보다는 떠도는 이야기들과 그에 대한 사람들의 반응에 의해서 더 많이 인지되고 규정되는 존재라는 사실을 보여주는 것이다.

된장녀 자체는 조롱과 혐오의 대상이다. 그런데 이 떠들썩한 조롱 잔치의 이면을 보면 남자들의 공포가 느껴진다. 가령 된장녀는 '남자에게 경제적으로 의존'하기 때문에 비난의 대상이 된다. 개과천선의 서사들에서 된장녀는 화려하게 살아가던 삶을 버리고 수수한 삶을 택한다. 이 수수한 삶은 그동안 자신이 쫓던 부자 남자가 아니라, 자신의 곁에서 가만히 지켜봐주던 평범한 남자를 만나 평범한 연애와 결혼을 하는 것이다. 그런데 왜 된장녀의 개과천선이 다른 남자를 만나는 것으로 귀결되어야 할까? 만약 된장녀가 남자라는 존재에게 의존하는 것 자체를 멈춘다면 어떻게 될까? 해나 로진은 된장녀와 같은 세대의 남성들을 '고추장남'이라 호명하면서 그들의 공포를 진단한다.

여성 혐오 발생 이유

(단위: %)   (단위: 명)

	여성	청소년	대학생	취업 준비/무직	직장인	응답 수
군대는 안 가면서 특혜만을 요구하는 여자들 때문에	6.3	29.3	21.3	21.2	20.1	284
공중 질서를 어기는 무개념 여자들 때문에	37.3	27.7	25.8	26.0	31.0	450
남자에게 의존해서 사치를 일삼는 여자들 때문에	39.7	40.8	33.7	33.6	37.9	556
여성 단체, 페미니스트들 때문에	6.7	24.5	36.7	34.9	36.8	436
여성가족부 때문에	16.0	53.8	48.4	41.8	38.3	582
남성 연대 등 키보드 워리어 (키보드 전사) 때문에	30.7	8.2	7.9	11.0	5.6	181
경쟁에 뒤처진 루저 남성들 때문에	22.0	2.70	2.70	4.8	5.6	115
일자리 부족 등의 경제적 어려움 때문에	7.0	1.10	4.70	8.9	7.3	89
경쟁을 심화하는 사회적 환경 때문에	28.3	9.20	13.2	17.8	15.8	255
기타	6.0	2.70	5.50	0.0	1.5	52

(출처: 한국여성정책연구원)

요즘 고추장남에게 진정한 위협이 되는 것은 된장녀가 아니라 된장녀와 상반되는 여성이다. 본인이 공부하느라고 워낙 바빠서 시험공부하는 남자를 꾀어내지 않는 여자, 몇 년 후에는 스스로 점심이나 멋진 고급 핸드백을 살 수 있기 때문에 그런 걸 사는 데 남자의 돈이 필요 없는 여자나. 지금 아시아에서 부상하고 있는 문제는 유혹의 위협이 아니라 오히려 엄청난 성적 무관심의 위협이다. 한국을 비롯한 여러 아시아 국가에서, 변화하는 여성과 변함없는 남성은 서로를 살펴보고는 상대가 인생의 동반자로 완전히 부적합하다고 여기는 바람에 아시아는 '짝 없는 외기러기들'로 가득하게 되었다.[*]

된장녀는 여성의 무능을 상정하지만, 실제로 명품을 사고 글로벌한 라이프 스타일을 지향하는 젊은 여성들은 무능하기는커녕 과거에 비추어 볼 때 한국 사회에서 가장 교육을 잘 받고, 가장 많은 기회를 갖게 된 여성들이다. 그들은 부자 남자를 만나 팔자를 고치겠다는 생각은커녕 자신의 미래를 개척하는 데에 골몰하고 있으며, 아주 높은 확률로 남자들보다 훨씬 더 성실하게 노력한다. 물론 이들을 막아서는 사회적 차별, 예컨대 임금격차나 채용에서의 차별이나 직장에서의 성차별 등이 존재하지만, 이 새로운 시대의 여성들은 체념하기보다는 저항하며, 자신의 사회적 삶을 유지하고 정당한 몫을 요구한다. 그러므로 진짜로 벌어지고 있는 일은, 여자들이 남자들에게 지나치게 의존하는 것이 아니라 그 반대다.

"180센티미터 이하의 남자는 루저"라는 문장이 그토록 수많은 남자들의 분노와 억울함을 자아냈던 것은 단지 한국 사회의 남성 평균 신장이 173센티미터를 기록하고 있기 때문만은 아니다. 180센티미터라는 기준이 새롭게 제시하는 바는, 아무것도 못해보고 도태될 수도 있다는 지점이었다. 키가 180센티미터가 되지 않아 찍어볼 수도 없는 나무

---

[*] 해나 로진, 앞의 책, 341쪽

가 생긴다는 것, 즉 성적으로 접근이 불가능한 여성이 존재한다는 것, 그리고 그런 사람이 점점 늘어날 것이라는 사실에 대한 절망인 것이다.

자신만의 취향과 욕망을 갖고, 주체적으로 즐기고, 소비하고, 섹스하는 여성은 공포의 대상이다. 가부장제적인 권력 자체는 과거에 비해 줄어들었음에도, 여전히 그런 관계 안에서만 여자와 남자 간의 관계를 생각할 수 있는 남성들은 자신에게 주도권은커녕 관심조차 없는 여성과의 관계에서 박탈감과 분노(나를 무시했다!)를 느낀다. 그러나 무엇이 이들로부터 박탈되었는지는 알 수 없다. 심지어 이들의 부모 세대도 가부장/남성으로서의 무소불위의 권력을 휘두르는 경우는 많지 않았다. 그러므로 이 박탈은 상상적 박탈이다. 존재하지 않는 것을 상상하고, 그것을 가짜 기원으로 삼으면서 동시에 향수를 느끼는 것이다. 현재 상태에 대한 불만을 가장 쉽게, 그러나 부적절하고 정의롭지 못한 방식으로 풀어내려는 시도다. 그러나 이 향수는 처음부터 불가능한 것을 향하고 있으며, 당연하게도 해결책으로서도, 참조할 만한 것으로서도 아무런 가치가 없는 무책임한 반동일 뿐이다.

된장녀 이후 한국 사회는 각종 여성 혐오 표현들의 춘추전국시대를 맞이했다. '루저녀', '군삼녀*' 등 각종 ○○女들이 난무하는 가운데, 남초(남성 초과) 인터넷 커뮤니티의 대표 주자 격이었던 디시인사이드 www.dcinside.com(이하 '디씨')의 코미디 프로그램 갤러리(이하 '코갤')과 아프리카TV^{www.afreecatv.com}의 남성 유저들을 중심으로 등장한 새로운 단

---

*   한 방송에서 남자들이 군대를 3년은 갔다 와야 한다는 농담조의 인터뷰를 했다가 욕설과 비난의 대상이 된 여성에게 붙여진 이름.

어가 등장했다. '보슬아치'는 '보지가 벼슬인 줄 아는 여자'를 뜻하는 말이거나 혹은 '보지가 벼슬이다'라는 뜻으로 쓰였다. 이 단어의 탄생은 개인 방송 사이트인 아프리카TV로부터 시작한다. 아프리카TV에서의 개인 방송은 생방송으로 진행되고 시청자들은 채팅을 통해 실시간으로 의견을 올리고 참여할 수 있다. 방송을 보는 도중 마음에 들거나 응원하고 싶은 BJ*에게는 '별풍선'이라는 일종의 전자화폐를 줄 수 있다. 아프리카TV가 이 별풍선 값에서 수수료를 제하고 나머지를 BJ에게 지급하는 시스템이다. 서비스가 궤도에 오르자 처음에는 취미의 일환으로 이루어지던 개인 방송이 점점 전문화, 상업화되었다. 전문 개인 방송인 중 시청자에게 별풍선 지급을 종용하는 이들이나, 선정성을 내세우는 방송도 많이 생겨났다. 이들은 '별창(별풍선 창녀)'이라는 명칭으로 불리기 시작했다.

보슬아치는 이런 별창의 연장선상에서 유행하기 시작한 단어다. 남성 BJ들이 게임 방송을 비롯해서 차력에 가까운 기행 등을 콘텐츠로 선보인 반면, 여성 BJ들은 대체로 정적인 콘텐츠를 중심으로 방송을 진행했기 때문이다. 때문에 여성 BJ들이 노력에 비해 쉽게 별풍선을 얻는다고 생각한 남성 유저들이 '보슬아치'를 만들어냈다. 즉 이 단어는 여성들이 단지 여성이라는 이유만으로 쉽게 돈을 벌고 있다고 주장하고 있으며, 그에 대한 분노와 질시를 표현하고 있다.

별창과 보슬아치에 대한 공격은 단순히 악플 수준에서 그치지 않

---

* 원래 '방장'의 초성을 딴 명칭이었으나 이후 'Broadcasting Jockey'의 이니셜을 딴 정식 명칭이 되었다.

았다. 코갤 및 아프리카TV의 남성 유저들은 여성 BJ의 신상을 캐내어 임신중절 수술을 받은 사실을 찾아내거나, 실제 생활 공간에 불리한 정보들을 제보하는 등의 공격을 일삼았다. 이들은 공격 대상과 전략을 공유하고, 자신들의 행적을 자랑스럽다는 듯이 동영상 등으로 만드는 등의 집단적인 행동을 보였다. 그 이유는 이들이 표면적으로 취미 위주의 방송이었던 아프리카TV 상업화와 '타락'을 막는다는 식의 명분을 취하고 있었기 때문이다. 그러나 이들은 여성 BJ들에게 많게는 수억 원의 돈을 안겨준 남성 이용자들에 대해서는 신상을 털거나 공격하지 않았다. 이들의 관심은 오로지 여성 BJ들을 공격하고 그들을 괴롭히는 것이었다.

된장녀가 남자에게 경제적으로 의존해 무엇이든 간에 피해를 끼치는 여성에 대한 형상화였다면, 보슬아치는 존재론적인 불평등이 존재한다는 주장과 함께 그에 대한 혐오를 담고 있다. 사실 이 구도는 최하층의 여성은 성매매를 통해 '쉽게' 돈을 버는 반면, 최하층 남성은 막노동 같은 위험하고 힘든 일을 해야 한다는 식의 불평의 연장선상에 있다. 기행을 저지르는 남성 BJ들을 육체노동자로, 춤을 추거나 애교를 부려 별풍선을 받아 가는 여성 BJ들을 성매매 여성으로 치환한 것이다.

그렇다면 이들은 남성은 성매매를 할 수 없기 때문에 돈을 벌기가 어렵다는 불만을 터트리고 있는 것이었을까? 아니면 '별창, 보슬아치=성매매'이고, 그것은 더러운 것이기 때문에 도덕적으로 정화를 하려는 것이었을까? 정답은 둘 다 아니다. 물론 이들은 누군가를 단죄하는 것을 좋아한다. 디씨에서도 다른 갤러리와 일없이 전쟁을 벌이고(유저들은 이를 '턴다'라고 표현한다), 시빗거리가 있으면 마다하지 않고 사이버 불링cyberbullying과 부족 전쟁을 벌여댔다.* 이 싸움은 온라인 커뮤니티를 자신의 주요한 근거지로 삼는 이들에게 있어서 소속감과 권능감을 부여하는 의식과 같은 것이기 때문이다.

그러나 별창과 보슬아치를 향한 공격은 결이 다르다. 먼저 큰 배경으로는 이 말이 본격적으로 유행하기 시작하던 시기가 이른바 미국발 금융 위기의 여파로 경색된 경제 상황이라는 지점이 있다. 이 여파를 맞아 한국 사회 역시 청년 세대의 실업과 불황이 장기화되기 시작했고, 이를 바탕으로 하는 세대 담론이 대두되었다. 인터넷을 주요한 근거지로 삼고 있는 남성 청년들은 이전부터 '막장'이나 '잉여' 같은 단어들로 자신들의 처지와 존재에 대한 자조를 이어가고 있었다. 이들의 행동과 표현들에는 시대를 관통하는 성찰이 담긴 것들도 있었으나, 다른 한편으로 여성 혐오를 비롯한 다양한 혐오 정서와 표현들이 내재되어 있기도 했다.** 그중에서도 보슬아치는 단순히 여성을 혐오하는 것에서 그치는 것이 아니라, 그들의 사회적 현실을 자의적으로 상정하고 발화자인 남성들을 약자의 포지션에 놓는 것이다.

물론 2000년대 중반 이후 청년 세대 남성들이 이전 세대의 남성들에 비해 경제적으로 열악한 위치에 놓여 있는 것은 맞다. 그러나 청년 세대 남성들보다 더 열악한 곳에 청년 세대 여성들이 있다는 것 역시

---

* 자세한 내용은 이길호, 《우리는 디씨》, 이매진, 2012 참조
** 자세한 내용은 최태섭, 《잉여사회》, 웅진지식하우스, 2013 참조

사회적 사실이다. 앞서 이야기했던 대로 수많은 통계와 지표들이 고용, 임금, 노동 과정 전반에 걸쳐 여성들이 차별받고 있음을 나타낸다. 한국의 성별 고용률에서 여성이 남성에 앞서는 것은 오직 20대 때뿐이고 30대가 되는 순간 남성의 고용률은 수직 상승하는 반면 여성의 고용률은 급격하게 하락하기 시작한다. 이런 이야기에 남성들은 흔히 '여자는 시집가면 된다'라고 주장하지만, 그런 이야기가 (본의 아니게) 남성 생계 부양자의 신화가 박살난 이후의 청년 세대의 입에서 나오는 것은 역설이다. 심지어 혼인율 자체도 낮아지고 있는 추세를 생각하면 이 사회에서 경제적 약자는 남자가 아니라 여자들임이 분명하다.

하지만 왜 모실 생각도 없으면서 애꿏은 여자들을 상전 취급하고 있을까? 여기에 결부되는 것은 이들이 여자가 편하게 산다고 말하는 가장 큰 근거인 '성'이다. 자신들을 포함하여 남자들은 모두 여성의 성을 원하기 때문에 그것을 거래하면 편하게 살 수 있다는 것이다. 그렇다면 이야기는 단순히 사회경제적인 지위에서 여성이 우위에 있기 때문에 질시하는 것이 아니게 된다. 오히려 이 '항의'가 뜻하는 바는 여성들의 성이 너무 '비싸다'라는 뜻에 가깝다. 비싸다는 것은 두 가지 의미에서 그렇다. '막장'이자 '잉여'인 우리(남자)들에 비해 비싸고, 내가 그것을 얻기에도 너무 비싸다는 뜻이다.

이 불만은 여성을 오로지 섹스로 치환하는 비인간화의 논리를 취하고 있다. 그리고 이러한 여성 혐오적 언설은 자기 비하의 정서로부터 정당성을 얻는다. 우리는 이미 막장이고 잉여이기 때문에 다른 사람을 비하하는 것쯤은 괜찮다는 것이다. 어차피 인간은 모두 '몸뚱이'로,

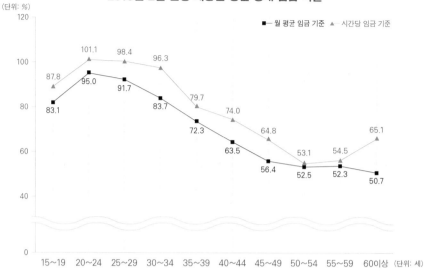

2018년 2월 연령 계층별 성별 상대 임금 비율

(단위: %)

■ 월 평균 임금 기준 ▲ 시간당 임금 기준

시간당 임금 기준: 87.8, 101.1, 98.4, 96.3, 79.7, 74.0, 64.8, 53.1, 54.5, 65.1

월 평균 임금 기준: 83.1, 95.0, 91.7, 83.7, 72.3, 63.5, 56.4, 52.5, 52.3, 50.7

15~19 20~24 25~29 30~34 35~39 40~44 45~49 50~54 55~59 60이상 (단위: 세)

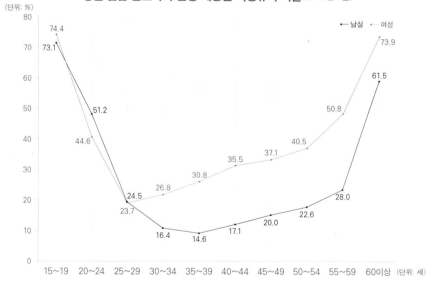

성별 임금 근로자의 연령 계층별 비정규직 비율(2017년 8월)

(단위: %)

→ 남성 → 여성

여성: 74.4, 51.2, 24.5, 26.8, 30.8, 35.5, 37.1, 40.5, 50.8, 73.9

남성: 73.1, 44.6, 23.7, 16.4, 14.6, 17.1, 20.0, 22.6, 28.0, 61.5

15~19 20~24 25~29 30~34 35~39 40~44 45~49 50~54 55~59 60이상 (단위: 세)

출처: 권혜자, 〈고용동향브리프〉 3월호, 고용정보원, 2018

가장 원초적이고 본능적인 것들에 의해 좌우되는 존재라는 냉소주의적인 인식이 바탕에 깔려 있다. 이러한 위악僞惡의 유행은 사회 변화에 영향을 받음과 동시에 온라인 문화가 가지고 있는 자체적인 문법들에 영향을 받는다. 청년 세대의 사회경제적 삶의 조건들이 악화되어옴과 더불어 온라인에서의 부족 전쟁과 주목 경쟁이 심화되면서, 성찰적이고 예의바른 언어보다는 자극적이고 모욕적인 언어가 점점 온라인 공간을 장악해온 것이다.

그런데 이 자기 비하는 스스로에게도 비인간화의 논리를 적용하고 있는 것으로 보이지만, 실은 매우 방어적이다. 가령 잉여는 내가 스스로에게 자조적인 의미로 사용할 때는 괜찮지만, 타인이 진심으로 나를 잉여라고 부르는 것은 안 된다. 자기 비하를 방패 삼아 타인을 조롱하고 깔아 내리지만, 정작 그 화살이 정확하게 자신을 향하면 그 순간 '놀이'는 끝난다. 그러므로 이 위악은 윤리적으로도 미학적으로도 실패로 끝난다. 상처받지 않기 위해 스스로를 비하하는 척하는 전전긍긍하는 자아만이 존재하기 때문이다.

게다가 이 멸칭과 냉소주의의 문법으로 전달하고자 하는 '너도 어차피 똑같다'의 의미는 인간성의 한계나 바닥을 향하고 있다기보다는, 다분히 자신의 지식, 상황, 욕망이라는 한계들 속에서 만들어진다. 가령 '남자는 섹스를 원하고 여자는 돈을 원한다'라고 단정하는 이들의 냉소적 세계관은 동물적 자원이 아니라 사회적 관계들로부터 도출된 것이고, 이것으로 설명할 수 없는 문제가 많음에도 불구하고 별다른 고민 없이 인간의 본능이나 영점으로 설정된다. 이는 세상을 이해하기 위한 시도인 동시에, 세상의 복잡한 면모들을 내가 아는 것으로 만들기 위한 왜곡이기도 하다. 이 왜곡은 심각한 자기-편향을 갖고 있으며, 여기에 타인에 대한 이해나 고민은 포함되어 있지 않다.

이것이 여성들이 겪는 그 수많은 어려움을 뒤로하고 '여자라서 살기 편하다'라는 말을 내뱉을 수 있었던 이유다. 편협하고 자기중심적이고 무엇보다도 남성의 관점에서만 만들어진 세계관 속에서 여성 혐오는 순환을 반복하며 독성을 더해나가게 된다.

여성 혐오의 연대기 2: 김치녀부터 메갈까지

'김치녀'는 본디 일베와 디씨로부터 탄생한 것으로서 온라인 문화의 맥락에서 '일부 한국 여자'를 지칭하는 것이었으나, 얼마 못 가서 한국 여자 전체를 욕하는 멸칭으로서 기능하기 시작했다. 흥미로운 것은 된 장녀와 마찬가지로 한국을 대표하는 토속 음식인 김치가 비하의 의미로 사용되었다는 것이다. 즉 이 멸칭의 어원에는 된장녀와 마찬가지로 인종주의적인 요소가 포함되어 있다. 비난의 대상을 한국 여자 전반으로 확장함과 동시에, 다른 나라에는 '그렇지 않은 여자'들이 존재한다는 환상/희망/주장을 담고 있는 것이다.

된장녀의 캐릭터가 조금 더 명확했던 데에 반해 김치녀는 한국 여성의 다양한 면모를 비하하기 위해 사용되었으며, 면피를 위해 붙곤 하던 '일부'라는 겉치레도 점점 생략하게 되었다. 김치녀가 유행하기 시작한 시점은 반사회적인 것으로 가장 문제시되는 남초 커뮤니티인 일베와 일베가 아닌 커뮤니티들 간의 대립선이 다소 분명하게 그어졌던 시기임에도 불구하고, 일베와 그것의 전신인 디씨의 코미디갤러리에서 생겨나 퍼져나간 이 단어를 거부하는 남초 커뮤니티는 아무 데도 없었다. 당시 일베를 제외한 남초 커뮤니티들은 일베를 하는 이용자들을 일베충※이라 부르고, 그들을 자신들의 커뮤니티로부터 축출하기 위해 노력했다. 반면 일베에서는 스스로를 비밀결사와 비슷한 존재로 여기며, 다른 커뮤니티들에 영향력을 행사하기 위한 '음모'를 꾸미곤 했는데, 다양한 이미지에 일베의 로고나 (조롱을 목적으로) 노무현 전 대통령의 사진을 티 안 나게 합성하여 배포하는 것과, 손가락으로 자신들의 로고를 표시하고 인증 사진을 찍어 올리는 것이었다.

비-일베 커뮤니티에서는 일베가 배포한 이런 이미지들을 걸러내기 위해 큰 노력을 기울였다. 때로 방송사들의 부주의한 이미지 수집을 통해 일베가 편집한 이미지들이 방송에 노출되는 경우가 있었는데, 이런 이미지를 알아보고 방송사 등에 항의하는 것도 비-일베 커뮤니티 유저들의 몫이었다. 때문에 더 교묘하게 합성하려는 일베와, 더 치열하게 찾아내려는 비-일베 유저들 간의 대결 구도가 발생하기도 했다. 이렇듯 자신들을 일베와 구분하는 일에 강박적으로 매달리는 이들이 많았음에도 불구하고 여성 혐오는 일베와 비-일베를 구분하지 않고 횡행했으며, 김치녀와 같은 일베발 언어 역시 별다른 걸림돌 없이 퍼져나갔다.

김치녀는 '너도 잉여 나도 잉여'와 같은 상호적 자조가 아니라, 그 자체로 비도덕적인 단죄의 대상으로 상정되었다. 김치녀를 비판하는 것은 도덕적인 것이기 때문에 그것을 비난하는 것은 나에게 아무런 허물이 되지 못했다. 왜냐하면 자신들은 일베가 아닌 평범하고 떳떳한 남자들이었기 때문이다. 일베의 등장과 대두가 적어도 온라인 커뮤니티의 세계에서는 인간이라는 존재의 기준을 낮춰놓았고, 단지 그 커뮤니티에 접속하지 않는다는 이유 하나만으로도 쉽게 인간의 자격을 취득할 수 있었던 것이다.

김치녀에 대한 비난은 일종의 온라인 놀이가 되어 수많은 커뮤니티들에서 일상적으로 이루어졌다. 이미 오랫동안 축적되어왔던 출처 불명의 이야기, 조작된 자료, 맥락으로부터 탈각된 담론들이 끊임없이 순환하며 뼈를 만들고 살을 붙였다. 나름대로의 의분義憤을 표출하며 준엄하게 김치녀들을 비판하는 이들도 있었지만, 대부분의 김치녀 비난은 'ㅋㅋㅋㅋ'를 동반한 유머와 뒤섞여 있었다.

이렇게 여성 혐오가 일상화된 가운데, 이에 대한 집단적인 반격이 최초로 등장했다. 2015년 메르스 사태를 겪는 와중에 개설된 디씨의 메르스 갤러리에서 등장한 이른바 '메갈리아*'다. 메르스를 국내에 최초로 전파한 것으로 알려진 60대 남성에 대해서는 '가장의 고단한 삶'에 대한 상상적이고 적극적인 이해와 동정이 쏟아졌던 반면, 홍콩에서

---

* '메갈리아'는 '메르스'와 '이갈리아'의 합성어로서, '이갈리아'는 노르웨이의 소설가 게르드 브란튼베르그가 1977년에 발표한 소설 《이갈리아의 딸들》에 등장하는 가상의 국가다. 이 소설은 현재의 남성과 여성의 성 역할과 처지를 정반대로 뒤집어 보여주어 역으로 현재의 차별을 돌아보게 하는 '미러링' 기법을 사용하였다.

고열 증세를 보여 공항에 억류된 20대 여성 두 명에 대해서는 김치녀가 나라 망신을 시켰다는 식의 비하와 욕설이 쏟아진 것에 분노한 디씨 내의 여성 유저들이 메르스 갤러리에 몰리기 시작한 데서 유래했다. 이들은 기존의 남성 중심의 온라인 문화에서 쏟아져 나온 여성 혐오적인 텍스트, 표현, 논리를 그대로 반전해 보여주는 미러링을 매우 정교하게 선보였다.

이후 디씨 측의 적대적인 정책에 직면한 메르스 갤러리의 여성 유저들은 별도의 커뮤니티 사이트 메갈리아^{www.megalian.com}를 만들고, 거기에서 미러링과 여성 혐오에 대한 비판을 이어갔다. 사이트는 2017년을 기점으로 폐쇄되었고, 메갈리아에서 성소수자 혐오 논쟁을 거쳐 분리된 워마드^{womad.life}를 제외한 대부분의 파생 사이트들 역시 폐쇄되었다. 그러나 '메갈'이라는 단어는 그 이후 남초 커뮤니티의 유저들로부터 메갈리아의 유저, 페미니스트이거나 그런 경향을 보이는 여성, 여성 혐오에 불쾌감이나 비판적 의견을 가진 여성을 비롯하여 매우 넓은 범위의 여성을 지칭하는 멸칭으로 사용되기 시작했다.

메갈은 1990년대 말에서 2000년대 초반 군 가산점 논쟁에서 활약하던 '꼴페미'와 유사했다. 그러나 대다수의 꼴페미들이 여성주의를 통해 학습된 언어를 이용하여 논쟁을 벌였던 것과 다르게, 이들은 온라인의 문법에 더 익숙한 이들이었다. 온라인에서 사용되는 신조어나 비속어를 능숙하게 구사했고, 기존의 여성 혐오 딘어들에 대항하는 새로운 단어들을 만들어내기도 했다. 김치녀에 대응하는 것은 '김치남/씹치남', 남성 유저들이 이상형으로 꼽곤 했던 '스시녀(일본 여성)'의 대응어는 '갓양남(서양 남성)'이었다. 그 외에도 남성들의 이중 잣대를 비난하는 단어로 '이중 좆대'를 만들었으며 남자들이 욕을 먹어 분함에 몸을 떠는 모습을 '자들자들'이라는 의태어로 만들었다. 그러나 가장 파괴력이 강했던 것은 '6.9cm'였다. 이는 한국 남성의 발기 전 평균 성기 사이즈로 알려진 것으로, 메갈리아의 로고가 뜻하는 바이기도 했다. 다른 창의적인 욕설들보다 성기가 작다는 얘기를 반복하는 것만으로도 울분에 차 길길이 날뛰는 남자들의 모습을 볼 수 있었다.

작은 성기에 대한 조롱은 예의 여성 혐오에서 계속 배경이 되었던 인종주의적 울분(?)을 자극하는 한편, 대체로 '성행위를 한다(따먹는다)'에서 끝나는 남성들의 성적인 상상력에 그 이후가 있다는 것을 알리는 불길한 신호였다. 즉 남성들은 아무리 도도한 여성이라도 섹스를 함으로써 성적/인간적으로 굴복시킬 수 있고 이것이 그 여성을 정복하는 것이라는 환상을 갖고 있는데, 여성들은 정복당하거나 굴복하거나 수치스러워 하기는커녕 네 성기가 작아서 나를 만족시킬 수 없다는 냉정한 평가를 하고 있었던 것이다. 즉 성적으로 여성을 만족시킬 수 없다는 남성들의 원천적인 공포를 직접적으로 자극하는 표현이었던 셈이다.

이들의 언어 사용이나 표현은 온라인상에 광범위하게 퍼진 혐오 문화로부터 자유롭지는 않았지만, 이미 수많은 남초 커뮤니티들이 허용하던 것보다 더 심하지는 않았다. 하지만 한국의 남성들은 사상 최초로 자신의 성별을 대상으로 하는 제대로 된 욕설들을 맞이하게 되었기에 매우 격렬한 반응을 보였다.

메갈에 대한 대응은 크게 두 갈래로 이루어졌다. 하나는 '메갈=일베'라는 공식을 만들어내는 것으로, 그리 오래 걸리지 않고 순식간에 달성되었다. 메갈은 여성을 향한 멸칭 중에는 최초로 어떤 비하적 의미도 표현하고 있지 않지만, 그간 존재했던 멸칭 중 가장 높은 위상을 차지하는 단어가 되었다. 어떤 남성들은 메갈을 친일파나 나치보다도 더 나쁜 집단이라 주장했고, 메갈리아와 그 파생 사이트들이 폐쇄된 이후에도 그 악명은 사라지기는커녕 더 맹위를 떨쳤다. 두 번째 대응은 현실의 위계를 젠더 폭력의 방식으로 확인시키려는 시도였다. 신상 털이, 사이버불링, 강간 협박 등이 메갈과의 싸움을 위해 동원되었다.

이 싸움을 통해 많은 여성들은 그동안 참아왔던 것들이 참지 않아도 되는 것이었다는 사실을 깨달았으며, 스스로가 그동안 얼마나 많은 여성 혐오적 인식에 사로잡혀 있었는지(이른바 '코르셋')에 대한 각성과 분노를 표출할 수 있는 언어를 얻었다. 반면 남자들은 여성들이 자신들을 아프게 할 수 있다는 사실을 깨달았으며, 때문에 더 맹렬하게 싹을 뽑아야 한다는 강박에 사로잡히게 되었다. 그러나 여성들이 명분에 더한 노력과 치열한 내부적 논쟁*, 모금과 학습 등의 진취적인 모습을 보였던 반면, 남성들은 기존의 여성 혐오적 세계관을 유지하는 가운데 음모와 협잡을 통해 싸움에 임했다.

예를 들어 한동안 페미니즘에 대항하거나 이를 대체하는 사상으

---

* 가령 메갈리아에서는 미러링이라는 기법의 한계와 넘지 말아야 하는 선에 대하여 지속적인 논쟁이 있어왔으며, 메갈리아와 워마드가 분리된 계기인 '똥꼬충(남자 동성애자를 비하하는 말)' 논란에서도 격론이 오갔다.

로 수많은 남자들에 의해 인용되었던, 남녀 간의 기계적 평등을 주창하는 '이퀄리즘'이라는 사상은 나무위키^{namu.wiki}의 한 유저가 엉터리로 만들어낸 것이었는데, 이를 수상하게 여긴 페미위키^{femiwiki.com} 및 여성 유저들이 관련 논문이나 국내외 문헌들을 조사해 조작임을 밝혀냈다. 사상으로서의 틀을 갖추지 못한 조잡한 내용에도 불구하고 많은 남성들이 페미니즘 관련 논쟁에 의기양양하게 나무위키 링크를 제시했고, 조작이 밝혀진 이후에도 "이퀄리즘이 옳다"라는 주장이 끊이지 않았다.

메갈에 대한 대응은 남초 커뮤니티들을 중심으로 산발적으로 이루어져왔는데, 이것이 조직적인 움직임으로 전화된 것은 2017년을 기점으로 한다. 당시 메갈리아와 관련된 모금 프로젝트 중 하나로 제작된 "Girls do not need a Prince"라고 적힌 티셔츠를 한국의 게임 제작/배급사인 넥슨에서 서비스하는 게임 〈클로저스〉에 참여했던 한 여성 성우가 입고 사진을 찍어 자신의 개인 SNS에 올린 데 대해 남성 유저들이 넥슨에 항의한 것이다. 해당 성우는 결국 자신의 작업 분량을 삭제당하고 계약을 해지하게 되었으며, 이후 이 흐름은 게임, 웹툰을 비롯한 문화 산업을 중심으로 격화 양상을 보였다.

아이러니한 점은, 그동안 여성 혐오의 중요한 근거가 되어왔던 '남자에게 의존하는 여자'의 상에 정확하게 반하는 메시지인 "Girls do not need a Prince"에 대해 남자들이 분노했다는 점이다. 가능한 독해는 두 가지다. 하나는 예의 된장녀에서 나타났던 것처럼, 남자들이 원하는 것은 자신에게 의존하지 않는 여자가 아니라는 것이다. 이들이 원하는 의존은 무거운 부담이 되지는 않지만 존재감을 인정해주는 것이라는 복잡한 형식을 띠고 있다. 예를 들어 식사를 할 때 더치페이를 하지만 남자 친구의 기를 살려주기 위해서 계산은 남자가 하도록 한다거나, 남자 친구가 사다준 별것 아닌 선물에 진심으로 감동해준다거나 하는 식이다. 그러므로 더 정확하게는 자신에게 정말로 경제적/사회적 의존을 하길 바란다기보다는, 적은 노력과 투자로 의존에 뒤따르는 신뢰와 존경만을 보내주길 바라는 유아적이고 이기적인 방식을 원한다고 말할 수 있다. 다른 하나는 의존을 하거나 말거나, 왕자를 원하거나 원하지 않거나, 그저 메갈 혹은 여성이 하는 모든 행동과 말을 비난하고 싶기 때문이라는 해석이다. 그리고 진실은 이 두 개가 섞인 어딘가쯤에 있을 것이다.

메갈리아는 일베에 대한 강박보다도 더 큰 강박을 온라인의 남자들에게 심어주었다. 이들이 무엇인가를 메갈이라고 판단하는 기준은 점점 영역을 넓혀갔다. 티셔츠를 입은 사람, 성폭력이나 여성 혐오에 반대 의사를 표명한 사람, SNS에서 그런 게시물을 공유한 사람, 그 공유한 사람의 아는 사람, 메갈로 의심받은 사람, 의심받은 사람이 그렇지 않다고 올린 해명문을 공유한 사람 등등. 남성 유저들은 주로 대중문화와 하위문화 영역에서 활동하는 여성들의 개인 SNS를 찾아다니며 증거를 수집하고 관련 업체나 기관에 민원을 넣었다. 여자 연예인, 특히 아이돌들은 집중적인 색출의 대상이 되었다. "Girls Can Do Anything"이라고 적힌 휴대폰 케이스를 사용한다는 이유로 메갈로 지목되거나, 여성 관련 통계를 바탕으로 여성의 삶을 묘사한 《82년생

김지영》이라는 책을 읽었다는 이유로 페미/메갈로 찍혀 남초 커뮤니티로부터 '거른다'라는 평가를 받았던 이들이 있었고*, 2018년 5월에 있었던 모 유튜버의 사진 촬영회를 빙자한 성폭력 폭로에 대한 수사 청원 요청에 응했다는 이유로 해당 연예인에게 '사형'을 선고해달라는 청원을 올리는 남자들도 있었다. 이들의 행동은 점점 이성을 잃어갔으며, 성범죄와 젠더 폭력에 대한 경각심을 일깨워 더 많은 여성들을 페미니즘 쪽으로 밀어내는 것 말고는 아무런 의미도 만들어내지 못했다.

이 남자들의 거센 항의는 게임 업계를 비롯한 몇몇 영역에서는 실질적 위협이 되었고, 점차 무시할 수 없는 수준의 여론으로 취급받았다. 이 여론화의 과정에서 언론에 의한 선별적 증폭이 큰 역할을 했다. 물론 기득권을 가지고 있는 남자들은 페미니즘에 우호적인 태도를 취하거나, 페미니즘 자체를 무시하는 식의 태도를 취하는 경우가 많다. 게다가 사회통계를 비롯하여 다양한 층위에서 나타나는 성차별과 그것이 요구하는 비용의 문제는 더 이상 방기할 수 없는 상황이 되었기에, UN을 비롯하여 세계적이고 권위 있는 기구들은 모두 성 평등과 페미니즘에 우호적인 입장을 채택하고 있다. 이런 흐름에 반하는 것은 종교적 근본주의와 심각한 인권 유린이 득세하고 있는 국가들과, 최근 세계적으로 발흥하고 있는 새로운 극우 세력들뿐이다.

게다가 이들은 페미니즘에 대항하는 어떠한 가치 체계도 만들어내지 못했다. 특히 반일베와 반메갈을 동시에 내세우고 있는 이른바 '선

---

* 물론 이것이 얼마나 실질적인 의미가 있는지는 알 수 없다. 연예/공연 산업을 떠받들고 있는 주요 소비자층은 여성이기 때문이다.

량한' 남자들의 경우에는 더 그러하다. 일베의 경우에는 보수주의와 반페미니즘을 결합하려는 일부 시도들이 나타났다. "애국펜스룰집회"나, "페미니즘은 맑시즘을 짜깁기한 변종 나치즘" 같은 조어들이 이를 보여준다. 그러나 일베가 아니라고 주장하면서도 여성 혐오를 정당화하는 이들에게는 더 골치 아픈 문제가 기다리고 있다. 자신들은 진보적이고 정의로운 편인데 페미니즘은 그렇지 않다는 것을 입증해야 하기 때문이다. 그래서 이들은 '일베나 메갈이나 똑같다', '지금의 페미니즘은 변질되었다', '페미니즘은 남녀 간의 분란을 조장하고…' 같은 말들을 고장 난 녹음기처럼 반복하는 것을 택했다. 하지만 이들이 여성 혐오적 태도를 지속하면 할수록 '일베와 다르다'라는 주장은 우스운 것이 되어가고 있다.

어쨌거나 이 연대기를 통해 확인할 수 있는 것은 인터넷이 생긴 이래로 남성들이 해왔던 주요한 일은 여성을 비난하는 일이라는 사실이다. 메갈 등장 이전까지의 온라인 공간의 '남초화'에 대하여 여성주의 연구 활동가 권김현영은 인터넷의 초창기인 2000년대 초반부터 "인터넷 유저를 끌어 모으는 콘텐츠로서 여성이 자리매김"*되었다고 말한다. 즉 인터넷에서 여성이 유저가 아니라 콘텐츠(주로 성적인 의미의)이자 소비자(꾸미고, 살림하고, 애 키우는 여자)로서만 존재하게 되었다는 것이다. 그리고 그 가장 큰 이유로 그는 플레이밍flaming, 즉 악플이나 사이버 공격이 남성 유저들에 의해 반복됨으로서 여성들이 이탈해갔던 상황을 꼽

---

* 권김현영 외, 《대한민국 넷페미史》, 나무연필, 2017. 55쪽

는다. 이를 통해 "온라인에서 성별이 역전된 게 아니라 여성 유저들이 자신이 여성임을 드러내지 않거나 혹은 그 공간이 불편해져서 떠"*났기 때문에 온라인 공간에서 남성의 과잉 대표화가 벌어졌다는 이야기다.

실제로 온라인은 쉽게 여자가 없는 공간으로 상정되며, 있어도 없어야 하는 공간이다. 그러한 동성성同性性을 바탕으로 다양한 행위들, 예컨대 포르노의 공유나, 거친 말투나 욕설에 대해 잠정적으로 양해를 구하고, 내부인으로서의 의식을 갖게 되기 때문이다.** 여자가 없기 때문에 일상에서는 하지 않는 과격한 행동을 할 수 있고, 마찬가지로 그렇기 때문에 여자가 없어야 하는 것이다. 이 동성성의 문제는 특히 남성 청(소)년들의 놀이 문화에서 극단화된다.

출구 없는 순환: 놀이 문화와 여성 혐오***

PC 통신에 이어 인터넷이 등장한 이후, 이곳은 청년들의 주요 서식지가 되었다. 온라인은 오프라인과 비교해 연결이 쉽고 돈도 덜 들면서, 내가 원하는 것들을 찾기도 수월했다. 특히 한국 사회는 2000년대 들어 놀라운 수준의 IT 인프라와 디바이스의 발전을 이룩했다. 1990년

---

* 같은 책, 60쪽
** 이에 대해서는 이길호, 앞의 책; 최태섭, 〈고자와 게이로서 말하기: 관계 불가능에 대한 자조와 공포〉,《잉여사회》, 웅진지식하우스, 2013 참조.
*** 이 절은 연대젠더연구소,《그런 남자는 없다》, 오월의봄, 2017에 실린 최태섭, 〈Digital Masculinity: 한국 남성 청(소)년과 디지털 여가〉의 논의를 요약하고 추가적인 논의를 보탠 것이다.

대 말 2000년대 초반에 걸쳐 김대중 정부가 추진했던 '정보화'에 의해 광대역 통신망이 전국적으로 깔렸고, 컴퓨터 활용 교육을 비롯하여 저렴한 가격에 최소한의 기능을 탑재한 이른바 국민 PC가 가가호호 보급되었다. 이런 추세는 디지털 디바이스의 대세가 모바일로 넘어온 이후에도 계속되었고, 2017년을 기준으로 한국은 전 세계에서 여섯 번째로 높은 스마트폰 보급률(77.7%)을 기록하고 있다.[*]

최초에 가상공간에 대한 기대는 출신 성분, 계급, 성별, 인종, 국경을 넘어서 평등한 소통이 가능토록 할 가상의 공론장이었지만, 생각대로 되지는 않았다. 익명성은 얼굴 없는 이들이 신원이 특정된 이들을 가혹하게 공격할 수 있는 조건이 되었고, 기존 사회에 존재하던 차별과 편견들은 온라인 공간에서 더 강하게 증폭되었다. 그리고 앞서 살펴보았던 것처럼 여성에 대한 무분별한 성적 대상화와 성폭력이 자행되는가 하면, 세상 만물의 부조화가 모두 여성의 잘못이라고 주장하는 주장도 계속해서 울려 퍼졌다.

젠더 없는 공간이 될 것이라 여겨졌던 가상공간은 점점 남초화되었다. 여성과 남성 간의 인터넷 이용률은 유의미하지 않은 수준의 차이를 보이고 있지만, 사용자가 많이 모이고 의견이 오가는 장에서는 남성들의 목소리가 도드라졌다. 한 온라인 매체의 조사에 의하면 네이버 뉴스란에 달린 댓글의 성비는 남성 77퍼센트, 여성 23퍼센트로 극단

---

[*] "지구촌 10명 중 4명 스마트폰 쓴다… 한국은 77.7%로 6위", 〈연합뉴스〉, 2017. 7. 1

적인 성비 불균형을 보였다.* 또 국가별로 웹사이트 이용량 순위를 제
공하는 Similar Web^{www.similarweb.com}의 한국 순위(2018년 9월 25일 기
준)에 따르면, 상위 50위에 올라 있는 대부분의 커뮤니티 사이트들이
남성 유저가 압도적인 것으로 알려진 사이트**였다. ***

  2014년 문화체육관광부가 발표한 〈국민 여가 활동 조사〉에 따르면,
한국인들이 가장 많이 하는 여가 활동은 TV 시청, 인터넷 검색, 산책,
게임 순이다. 그런데 10대와 20대로 가면 TV 시청보다 게임이나 인터
넷과 관련된 활동의 비중이 더 높게 나타난다.

  해당 활동들을 성별에 따라 구분해보면 인터넷은 남성의 13.2퍼센
트, 여성은 9.7퍼센트가 1순위로 꼽았고, 게임은 남성이 6.8퍼센트, 여
성은 1.3퍼센트의 참여도로 나타났다. 게임과 인터넷을 포함한 디지
털 여가에서 남성과 여성의 격차가 9퍼센트 정도 존재하는 셈이다. 만
족도 조사에서도 여성이 TV 시청, 영화 보기, 산책, 쇼핑/외식 등을 더
만족스러워한 데 비해 남성은 등산, 인터넷 검색, 게임이 더 만족스럽
다고 답했으며, 연령대가 낮을수록 인터넷 검색과 게임을 만족스러운

---

*   "네이버 뉴스 댓글 '남성' 많고 '10대·여성' 적고", 〈블로터〉, 2016. 7. 25.
** 디시인사이드(7위), 나무위키(9위), 루리웹(ruliweb.com, 12위), 인벤
    (inven.co.kr, 21위), 일베(26위), 에프엠코리아(fmkorea.com, 28위), 뽐
    뿌(ppomppu.co.kr, 29위), 웃긴대학(humoruniv.com, 39위), 오늘의
    유머(todayhumor.co.kr, 46위) 등. 비교적 여성 유저가 많은 사이트는
    더쿠(theqoo.net, 30위)가 유일하다. 포르노 사이트들이 상위에 다수
    랭크되어 있다.
*** 〈월스트리트 저널〉에 의하면 핀터레스트(71%), 인스타그램(56%),
    트위터(53%), 페이스북(52%)을 비롯한 SNS들은 일반적으로 여성 이
    용자가 더 많은 것으로 알려지고 있다.("Pinterest's Problem: Getting
    Men to Commit", *The Wall Street Journal*, 2015. 1. 22.

여가 활동이라고 응답한 경우가 많았다. 즉 남성이 여성보다, 그리고 청년 세대가 중장년보다 디지털 여가에 더 많은 비중을 두고 있다.

이 중에서도 게임은 현재 업계 수준에서 페미니즘에 대한 마녀사냥이 벌어지고 있는 거의 유일한 분야다. 2016년 이후 본격화된 '메갈 사냥'은 2018년에 이르기까지 계속되고 있다. 온라인에는 "메갈 게임 목록"이라는 이름의 문서가 작성되어 돌아다니고 있다. 이 문서는 "1. 메갈이 확실하게 묻었고 이에 대한 개발사 입장 표명이 없거나 손절 안 한 게임들 2. 유저가 무거운* 게임들 3. 확실하게 손절한 게임들 4. 기타" 식으로 논란이 일어난 게임들을 분류하고 있는데, 2018년 3월 26일 기준 약 32개의 게임이 리스트에 올라 있다. 이 중에서 게임 회사가 유저들의 요구를 받아 확실한 '조치'를 취한 게임으로 분류되는 것은 8개다. 즉 페미니즘에 대한 사상 검증 과정에서 작업 분량을 삭제당하거나 계약을 해지당한 것이 최소 8건이라는 뜻이다.**

회사가 아예 직접적인 사상 검증성 행동에 나선 경우도 있다. 게임 〈트리 오브 세이비어〉를 개발하는 IMC게임즈의 김학규 대표는 자사 직원이 메갈이라는 유저들의 제보를 받자, 해당 직원에게 나는 메갈이 아니고 논란을 일으켜 죄송하다는 사과문을 게재하게 했으며, 그럼에도 논란이 잦아들지 않자 직접 '취조'에 나섰다. 그는 입장문을 통해 "정말로 반사회적인 사상을 추구하는 사람은 동료로서 함께 일하고 싶

* 여성이 많다는 의미. '메갈'을 남성의 호감을 사지 못하는 뚱뚱한 여성이라고 상정하는 데서 비롯한 표현이다.
** 이 목록 이후에도 〈벽람항로〉와 〈디제이 맥스 리스펙트〉에서 비슷한 논란이 일어 2명의 일러스트레이터들이 작업물을 삭제당했다.

지난 1년간 가장 많이 참여한 여가 활동 순위

(단위: %)

구분		TV시청	인터넷 검색·채팅·SNS UCC 제작	산책	게임	음악 감상	헬스	잡담·통화·문자	낮잠	등산	스포츠 간접 관람
전체		51.4	11.5	4.5	4.0	2.5	2.4	2.4	1.3	1.0	1.0
성별	남성	46.5	13.2	3.6	6.8	2.0	3.1	1.7	1.1	1.3	2.0
	여성	56.1	9.7	5.3	1.3	3.0	1.8	3.1	1.4	0.8	0.1
연령	15~19세	16.7	28.4	0.1	17.1	9.8	1.0	6.3	1.8	0.2	0.4
	20대	22.3	30.5	1.7	9.2	4.7	3.6	4.9	1.3	0.1	0.8
	30대	51.4	11.6	3.4	3.5	2.0	3.2	2.0	1.1	0.8	1.6
	40대	59.3	6.2	4.4	0.9	1.5	2.8	1.2	1.2	1.5	1.4
	50대	64.1	2.8	5.9	1.0	0.8	2.3	1.2	0.9	1.8	1.5
	60대	72.3	0.4	8.8	0.1	0.3	1.5	1.2	0.9	1.4	0.3
	70세 이상	73.3	0.2	8.6	—	0.2	0.5	1.3	2.3	0.8	—

가장 만족스러운 여가 활동

(단위: %)

구분		TV 시청	영화 보기	등산	친구 만남	산책	인터넷 검색	헬스	종교 활동	게임	쇼핑·외식
전체		12.7	6.7	5.9	5.2	5.1	5.1	3.6	3.4	3.2	3.2
성별	남성	11.4	5.5	7.9	5.0	4.1	5.8	3.9	1.8	5.5	1.5
	여성	13.9	7.8	4.0	5.4	6.1	4.3	3.3	4.9	1.0	4.7
연령	15~19세	6.5	13.3	0.3	6.1	0.2	12.0	1.2	0.4	16.6	2.5
	20대	6.4	12.3	1.0	5.5	1.8	10.2	3.8	0.9	6.0	5.2
	30대	10.4	8.9	4.5	3.9	2.9	7.0	5.4	1.2	2.4	3.9
	40대	12.5	5.5	7.9	4.8	4.9	2.8	4.3	3.6	0.9	3.3
	50대	14.3	3.7	11.4	4.9	5.7	2.5	3.7	4.9	0.8	2.4
	60대	19.2	0.5	9.6	5.5	12.3	0.1	2.1	6.2	0.1	2.0
	70세 이상	24.9	0.2	4.3	7.4	12.1	0.2	0.9	8.8	—	1.0

출처: 〈2014 국민여가활동조사〉, 문화체육관광부, 2014

지 않습니다'라고 말하며 "'한남'이라는 단어가 들어간 트윗을 1건 리트윗한 것, 변질되기 전 의미의 페미니즘과 메갈을 구분하지 못하고 관련된 단체나 개인을 팔로우한 것 등은 실수일 수는 있지만 직장을 잃어야 할 정도의 범죄 행위라고는 생각할 수 없습니다'라고 해당 직원을 '두둔'했다. 그러나 그는 "이전에 메갈과 관련된 인물들이 당장 문제가 되니 사과문으로 면피를 했다가 뒤에 가서는 다시 본색을 드러내는 이중적인 모습을 보였던 전례가 있기 때문"[*]에 모두의 지속적인 감시와 관심이 필요하다고 역설했다. 페미니즘을 대하는 그의 화법이 과거 반공주의자들의 좌경 사상 검열과 놀랄 만큼 닮아 있다는 지점은 실소를 자아냄과 동시에, 이 업계가 페미니즘에 갖는 태도를 압축적으로 보여주는 부분이다.

〈벽람항로〉의 경우에는 협업 중인 베테랑 일러스트레이터에게 "난 메갈리아와 관련이 없고 페미니즘을 지지하지 않는다'라는 트윗을 해줄 수 있나요?"라고 물었다가 해당 일러스트레이터가 부정적인 반응을 보이자, "메갈 측이 아니라는 의견 표명이 없을 경우엔 추후 ○○님과의 지속적인 협업이 어렵다는 게 사측의 입장입니다"라며 계약 해지를 통보했다. 한편 게임 〈소울워커〉의 경우에는 메갈 논란이 터지자 하루 만에 문제가 된 일러스트레이터들의 작업을 삭제하는 한편, 비

[*] "TOS 원화가 트위터 메갈 논란 관련 입장 공지", 2018. 3. 26.(http://tos. nexon.com/news/tosnotice/view.aspx?n4ArticleSN=1025) 김학규 대표는 해당 입장문에서 한국 여성민우회, 페미디아(페미위키), 페미니즘을 반사회적 사상이라고 주장했다가 사과했다. 민주노총은 이 사태를 노동자에 대한 사상 검증 탄압으로 규정하고 성명서를 발표했다.

숫한 문제가 발생하지 않도록 "내부 사전 검수"를 하겠다고 밝혀 남성 유저들의 호응을 얻으면서 150위권에 머물러 있던 게임이 20위권으로 '역주행'하는 기현상을 만들어냈다.

게임계에서 이런 일이 집중적으로 벌어지고 있는 것은 우선 산업의 구조 때문이다. 약 10조 원에 달하는 한국의 게임 산업은 문화 영역 중에서 거의 유일하게 남성 소비자가 여성 소비자를 넘어서는 시장이다. 2016년을 기준으로 남성의 73.8퍼센트, 여성의 61.9퍼센트가 게임을 이용하고 있다. 연령과 성별로 보면 30대 남성(96.8%), 20대 남성(96.2%), 10대 남성(92.5%) 순으로 가장 높은 이용률을 보이고, 뒤이어 30대 여성(84.5%), 20대 여성(81.8%)과 10대 여성(76.7%)으로 나타나고 있다. 점점 차이가 좁아지고 있지만 이용률에서 연령대별로 평균 10퍼센트 이상의 차이를 보인다.

더 중요한 것은 남자들이 돈을 쓰는 거의 유일한 문화 소비재가 게임이라는 것이다. 대부분의 게임 영역에서 남성 유저는 여성 유저의 약 두 배가량의 돈을 지출한다. 마찬가지로 2016년을 기준으로 하면 모바일 게임에 대한 남성 월 평균 지출액은 구입/이용과 확률형 아이템 구매를 합쳐서 8만 9022원이었고, 여성의 경우 5만 538원이었다. 온라인 게임에 대해서도 역시 남성 10만 6082원, 여성 6만 5390원으로 차이를 보였다.* 무엇보다도 최근 가장 높은 이용률을 보이고 있는 모바일 게임의 경우, 한 게임에 수천만 원에서 많게는 억대의 지출을

* 「2016 게임 이용자 실태 조사 보고서」, 한국콘텐츠진흥원, 2016

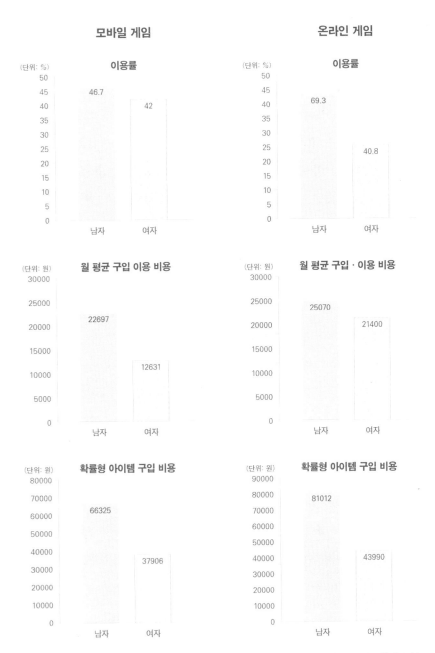

모바일 게임

이용률
(단위: %)

남자 46.7
여자 42

월 평균 구입 이용 비용
(단위: 원)

남자 22697
여자 12631

확률형 아이템 구입 비용
(단위: 원)

남자 66325
여자 37906

온라인 게임

이용률
(단위: %)

남자 69.3
여자 40.8

월 평균 구입 · 이용 비용
(단위: 원)

남자 25070
여자 21400

확률형 아이템 구입 비용
(단위: 원)

남자 81012
여자 43990

출처: 〈2016 게임 이용자 실태 조사 보고서〉, 한국콘텐츠진흥원, 2016

하는 일명 '헤비 과금러'들에 대한 운영 의존도가 높아졌는데*, 이들의 대부분은 남성인 것으로 알려져 있다.

종사자의 성비 역시 약 1:4의 비율을 보인다. 2014년을 기준으로 게임 산업 여성 종사자의 비율은 21.2퍼센트다.** 대표, 임원이나 프로젝트를 이끄는 프로듀서 같은 고위직은 대부분 남성이다. 그러므로 게임은 남자들이 주도해서 기획하고, 남자들이 주도해서 제작하며, 남자들이 주도해서 소비하는 시장이라고 말할 수 있다.

게임은 오늘날 청년 남성들의 또래 집단에서 핵심적인 놀이 문화로 자리 잡았다. 프로게이머에 열광하고, 게임 방송을 챙겨 보고, 친구들과 게임 실력을 겨루고, 게임의 팁을 찾기 위해 커뮤니티를 뒤지는 것은 조금도 낯선 풍경이 아니다. 게임이란 새로운 시대의 남성에게는 일종의 기예다. 축구를 잘하는 것과 당구를 잘 치는 것, 게임을 잘하는 것 사이에는 이제 별다른 차이가 없다.

게임이 각광받게 된 가장 큰 이유는 재미있기 때문이다. 하지만 많은 재미있는 행위 중에 게임이 선택받게 된 조건이 있다. 오늘날 청(소)년들의 여가 시간은 충분하지 않고, 바쁜 일정 중간에 틈틈이 재미를 찾아야 하며, 친구들끼리 모여서 신체적인 활동을 할 만한 곳도 없다.

---

*   2015년 구글 플레이 게임 항목의 매출을 분석한 결과 전체 유저의 95.3퍼센트는 아무것도 구매하지 않았으며, 소액 과금 3.7퍼센트, 중액 과금(10만 원 이상) 0.9퍼센트, 고액 과금(100만 원 이상)은 0.1퍼센트로 나타났다. 매출 비중은 고액 과금자가 전체 매출의 53.4퍼센트, 중액 과금자가 37.7퍼센트를 차지했다. ('[2015 구글플레이 게임 총결산 보고서] 모바일 게임, 1%의 이용자가 매출 90% 이상 책임진다', igaworks, 2016. 2. 18.)
** 《2015 대한민국 게임백서(상)》, 한국콘텐츠진흥원, 2015, 303쪽

적은 움직임과 공간, 그리고 돈만 있으면 해결되는 게임은 최선 혹은 차선이다. 다른 한편으로는 돈의 가치 문제도 있다. 같은 돈을 게임에 사용하는 것과 현실에 사용하는 것은 가치에 있어서 제법 차이가 있다. 이른바 '가성비'의 문제다. 특히 불황의 지속으로 인하여 취미 생활에 큰돈을 들일 수 있는 여유 있는 남성들의 숫자가 계속해서 줄어들고 있는 것은 게임에 대한 선호를 높일 개연성이 크다. 다시 말해 청년 남성들에게 게임이란 상당 부분 경로 의존적인 선택이며, 동시에 그들이 처해 있는 문화적 곤경의 발로이기도 한 것이다.

때문에 게임에 대해서 '외부'라고 여겨졌던 이들, 특히 여성의 의견이나 비판은 영역 침범의 문제로 여겨진다. 게임 문화 속으로 여성이 들어오는 것은 남자들로 하여금 여러 가지 곤란함을 초래한다. 왜냐하면 게임 문화가 게임의 내외적인 면 모두에서 여성의 타자화를 불문율로 삼고 지속되어왔기 때문이다.

아예 섹스를 게임의 주제로 삼는 성인 게임이 아닌 경우에도, 게임에 등장하는 여성 캐릭터들은 역할과 상관없이 노출이 심한 차림새의 젊고 아름다운 모습으로 묘사되는 것이 대부분이다. 이는 주요 고객층의 추측된 욕구를 바탕으로 별다른 문제의식 없이 반복되는 관행과도 같은 것이다. 특히 일본 하위문화의 주요한 코드인 '모에'*가 한국, 중

---

* 모에는 일본어 '모에루(萌える, 싹트다)'에서 유래한 말로서, 복잡한 함의를 내포하고 있다. 가상의 캐릭터에 대한 애정, 가상의 캐릭터를 구성하는 특정한 방식과 요소를 총합한 것 정도로 이해될 수 있다. 일본의 철학자 아즈마 히로키는 일본의 하위문화가 모에를 중심으로 재구성되는 것을 1990년대 이후의 일로 본다. 이전의 서브컬처는 과거 전쟁 패배에 대한 상처를 잊기 위해 전후에 대안적 이야기(가장 대표적으로는

국, 대만 등 아시아는 물론이고 미국과 유럽 등에도 광범위한 영향을 미치게 된 이후로 이런 표현 방식은 하위문화 전반에 걸쳐 확고하게 뿌리를 내리게 되었다. 최근 북미를 중심으로 여성에 대한 부적절한 묘사에 문제를 제기하며 성, 인종, 체형, 나이, 역할 등을 다양하게 묘사해야 한다는 움직임이 존재한다. 그러나 이런 움직임은 서양과 동양을 막론하고 수많은 남성 게이머들로부터 과도한 정치적 올바름을 강요하고 있다는 비난을 받고 있다.* 일부 부적절하거나 성급한 사례들이 없지는 않지만, 결국 이런 흐름에 대한 저항이 뜻하는 바는 확고하다. 이들에게는 이성애자 남성만이 게임 이용자의 유일하고 정당한 성정체성이다. 게임은 남자들의 것이며 남자들의 필요와 욕구에 부응해

〈기동전사 건담〉)를 중심으로 구성되었으나, 1990년대 이후의 하위문화는 더 이상 역사적인 문제나 이야기에 집착하지 않고 모에 요소의 데이터베이스(가령 큰 눈, 메이드복, 고양이 귀, 포니테일, '츤데레' 같은 것들)를 배열하여 특정한 조합들을 생산해내고 그것을 소비하는 형태로 바뀌었다는 이야기다. 자세한 것은 아즈마 히로키, 《동물화하는 포스트모던》, 이은미 옮김, 문학동네, 2017 참조.

* 미래의 우주를 배경으로 하는 게임 〈매스이펙트: 안드로메다(Mass Effect: Andromeda)〉는 발매 이후 등장하는 여성 캐릭터들이 '못생겼다'라는 이유로 비난을 받았다. 제작진 내부에서는 게임에서 백인 캐릭터의 대표성을 축소하고 미형이 아닌 다양한 여성 캐릭터를 묘사하려는 움직임이 있었다고 전해진다. 여기에 게임성 논란이 더해서 해당 게임은 평가와 흥행 모두에 실패했다. 〈리그 오브 레전드(League of Legends)〉에서도 등장 캐릭터들의 다양성을 증대하는 취지로 기존의 남자 캐릭터 바루스에 동성애 관련 설정을 추가하여 마찬가지로 많은 비난을 받았다. 〈오버워치(Overwatch)〉는 게임의 마스코트 격인 여성 캐릭터 트레이서가 동성 연인과 연휴를 보내는 내용의 이야기를 소개했다. 다른 것들이 다소 급격하거나 기존 설정에 맞지 않는 방식으로 다양성을 표현하려 해 문제가 되었던 것이라면, 트레이서의 경우는 급조된 것이 아니었다. 그럼에도 상당수 남자 게이머들의 비난과 항의가 있었다.

야 하고, 그것이 방해받아서는 안 된다는 것이다. 물론 이는 불가능한 요구다. 세상에 존재하는 모든 미디어는 사회적인 관계망 속에 있으며, 언제든지 시대와 사회의 기준에 따라 논평되고 변화를 요구받는다. 게임은 이미 산업적으로도 사회적으로도 중요한 위치에 있기 때문에 이를 피해 갈 방법 같은 것은 없다.

한편 게임 문화 안에서 실제의 여성은 게임을 방해하는 존재다. 엄마, 선생님, 사회, 부인(애인)은 게임을 하려는 남자들의 욕망을 무시하고 쓸데없는 일로 치부하며 적극적으로 그것을 방해하려 한다. 게임 대신에 학습이나 운동, 자기 계발을 해야 한다고 주장하고 게임 하는 남자들을 한심한 존재로 본다. 청년 남성들이 무슨 일을 하는지도 모르는 여성가족부를 주적으로 여기게 된 가장 큰 이유는 여성가족부가 셧다운제의 주무부서이기 때문이다.

하지만 게임 문화에 우호적이거나 게임을 하는 여성들도 분명히 존재하며 그들의 숫자는 점점 더 많아지고 있다. 그리고 이들 역시 타자화된다. 게임 개발에 참여하고 있는 여성들이 겪는 문제는 위에 서술한 사례만으로도 충분히 짐작이 가능할 것이다. 뿐만 아니라 게임을 좋아하는 여성들은 수많은 남성 게이머들로부터 게임을 좋아한다는 이유 단 하나만으로 '너는 나를 이해해줄 것 같다, 그러니 나와 사귀자'라는 말을 들어야 한다. 특히 최근 게임들이 온라인을 통한 협동 플레이를 부각하면서 의사소통을 필요로 하는 일이 많아졌는데, 여성 게이머들은 이때도 역시 원치 않는 그리고 사실 별다른 의미도 없는 플러팅flirting과 성희롱에 시달리고 있다. 뿐만 아니라 여성 게이머에게 적대적으로 구는 것으로 자신의 위신을 세우려는 남성 게이머들도 있다. 이들은 '나는 여자 보기를 돌같이 한다. 그리고 여자는 게임을 못한다. 저 여자는 분명히 다른 남자의 실력에 무임승차해서 지금의 랭킹을 얻었을 것이다' 같은 일반화를 모든 여성 게이머들에게 적용하고, 의미 없이 괴롭히거나 욕설을 한다.

게임에서 여성 유저들의 목소리를 듣는 남자들의 반응은 마치 영토를 침범당한 때와 흡사하다. 그리고 최근 남자들의 저항은 자본주의를 경유한다. 앞서 이야기했듯 게임 산업을 주도하는 것은 남자들이다. 그러므로 자신들은 소비자이고 일련의 행위들은 소비자로서 권리를 찾기 위한 정당한 활동이라고 주장한다. 한 남성 게이머는 이런 행위에 대해서 "저희가 일베와 다른 점은 페미니즘이라고 무조건 다 배척하는 건 아니라는 것이다. (……) 게임에서까지 스트레스를 받고 싶지 않다. 내가 쓴 돈으로 유지되는 게임인데 이 정도 요구도 사상 검증이라고 하는 건 지나치다"*라고 주장했다. 핵심은 '내가 쓴 돈으로 유지되는 게임에 스트레스를 받고 싶지 않다'라는 말일 것이다. 물론 이는 현대 자본주의적 관점에서 상당 부분 유효한 논리다. 하지만 과연 어디까지가 소비자가 행사할 수 있는 권리인가 생각했을 때, 이들이 설정하고 있는 범위가 지나치게 넓다는 것은 분명하다.

가령 과거 몇몇 게임들에서 일베와 관련된 논란이 벌어졌을 때, 남성 게이머들은 마찬가지로 불매운동과 항의를 벌였고, 게임 회사들은

---

* "게임 내 '메갈 찾기'는 정당한 소비자 운동일까", 〈경향신문〉, 2018. 4. 7.

기민하게 조치를 취했다. 남성 게이머들은 지금의 메갈 논란도 이것의 연장선상이라고 주장한다. 하지만 대부분의 남성들은 페미니즘에 대한 명확한 이해가 없고, 메갈을 반사회적 사상이라고 주장하는 것도 매우 자의적인 기준에 의한 것이다. 엄밀히 말해 남성 게이머들이 어떤 페미니즘을 놓고 극단적인지를 판단하는 준거는 오직 나를 비판하는가, 또는 내 기분을 나쁘게 하는가뿐이다.

페미니즘과 관련된 혹은 관련이 거의 없는 것이나 마찬가지인 모든 의견과 사소한 행동까지도 메갈로 몰아 마녀사냥을 벌이고 있는 모습을 보면 이런 변명의 정당성에 의문을 제기하게 된다. 이들은 게임 개발에 참여한 이들의 신상을 털고 온라인에서 조리를 돌리며 모독의 강도를 높여나가고 있다. 하지만 이들이 게임에 돈을 얼마나 쓰는지와 상관없이 이것은 그저 질 낮은 인신공격에 불과하며, 무엇보다 게임은 그 누구의 영토도 아니다. 게임이 사회 속에 존재하는 한 사회적 책임을 져야 한다. 또 게임이 현실에 존재하는 것들을 모사하기에, 게임이 묘사하는 행위는 현실에 분명한 영향을 끼친다. 그러므로 게임의 소비자가 아니더라도 사람들은 게임 속의 차별적 요소들과 재현에 대해서 문제를 제기할 수 있다.

게임이 청년 남성들의 놀이 문화의 전부는 아니다. 여성 혐오적 정서가 배양되고 증폭되었던 핵심적인 장소들은 일베와 그에 대항한다고 주장하는 여타의 남초 커뮤니티들이다. 이들은 한국의 민주화나, 여/야당 등 제도 정치의 차원에 대해서는 차이를 보이지만, 여성 혐오에 있어서는 별다른 차이를 보이지 않는다. 이를 입증하는 가장 좋은 실례는 백래시의 본격적인 서막을 알렸던 〈클로저스〉 사태 때 성립된 반메갈 동맹이다. 이 동맹의 구성원에는 게임계의 메갈을 몰아내야 한다고 주장했던 이들, '메갈 성향'의 작가들이 연재하는 웹툰을 퇴출시킬 것을 주장했던 "YES CUT!" 운동의 지지자들, 이에 대해 정의당 문예위원회에서 논평을 낸 것을 두고 정의당이 메갈 정당이라고 주장한 당 내외의 남성들,* 시사 주간지 〈시사IN〉의 특집 기사 "분노한 남자들"에 분노하여 절독 운동을 벌였던 남성들, 거의 모든 남초 커뮤니티들, 그리고 놀랍게도 '일베'가 포함되어 있었다. 정치적 성향으로는 좌에서 우까지, 연령으로는 10대와 40대 초반까지를 아우르는 광범위한 연대가 반메갈의 깃발 아래 모인 것이다.

이후에 반복되는 '반사회적 사상'으로서의 메갈리아와 페미니즘이라는 프레임은 이 시기에 정립되었다. 그 방법은 메갈리아가 사용했던 미러링의 정당성을 무너뜨리고, 그것을 문자 그대로 독해하는 것이다. 여성 혐오를 실천했던 확신범 그룹의 경우에는 사실에 대한 조작과 왜곡을 덧붙여서 메갈리아의 원본이 남초 커뮤니티들에 존재해왔던 여성 혐오적 표현들이라는 사실을 은폐했다. 반면 그런 사정에 밝지 않았던 이들은 갑자기 쏟아져 나온 메갈리아의 과격한 표현을 곧이곧대로 받아들였다. 물론 후자에 속하는 남자들은 메갈리아가 그런 표현

---

* 정의당 문예위원회는 〈클로저스〉 사태에 대해 여성 혐오이자 노동권 침해의 문제라고 여겨 규탄하는 성명을 발표했다. 그러나 이는 당 안팎으로 큰 논란을 일으켰으며, 급기야는 당 지도부의 결정에 의해 성명서가 철회되기에 이르렀다. 이 논란은 당 내의 페미니스트와 안티 페미니스트 모두의 반발을 사게 되었으며, 성명에 대한 혹은 성명 철회에 대한 항의의 의미로 탈당을 하는 이들도 속출했다.

들을 사용하게 된 사연이나 사정에 관심이 없었고, 불특정 다수를 향해 뿜어져 나오던 미러링의 파편을 얻어맞은 자신의 상처에만 관심 있었다. 이 시기 이후로 메갈리아는 본연의 맥락을 삭제당한 채로 졸지에 '원본 없는 패러디'가 되었다.

커뮤니티가 여성 혐오의 온상이 된 것은 그 자체의 내적 논리에도 상당 부분 기인한다. '여자가 없는 커뮤니티'라는 동질성에 기반하는 믿음 이외에도, 혐오와 폭력의 놀이화라는 기조가 이를 부채질했다. 앞서 살펴본 대로 대부분의 커뮤니티와 뉴스 댓글란 등은 남성 주도적인 공간들이다. 그리고 대부분의 커뮤니티는 생겨난 이후 일관된 방향으로 움직여왔는데, 이른바 '악화가 양화를 구축하는' 쪽이다. 진지하고 사려 깊은 의견들은 곧이어 쏟아지는 조롱과 폭력의 세례를 받게 되고, 이는 상식적인 이용자들의 이탈을 불러온다.

플레이밍 혹은 트롤링이라고 명명된 온라인상의 공격적 행위들은 세계 어디에나 존재한다. 이런 행위는 크게 그리핑griefing, 플레이밍, 레이딩raiding의 세 가지 형태로 나뉜다. 그리핑은 상대방에게 의도적으로 정신적인 고통을 가하는 행위이며, 플레이밍은 욕설, 비방을 활용한 부정적인 커뮤니케이션, 레이딩은 불특정 다수와 집단을 형성하여 집단 행동을 하는 것을 일컫는다.

한편으로 보다 중요한 것은 왜 이런 일들을 하는가이다. 복수의 연구들은 컴퓨터를 통한 커뮤니케이션computer mediated communication, CMC이 가진 익명성에서 오는 공적 자아의식의 감소와 탈사회성의 증대, 개인의 다양한 심리적/사회적 특성에 의한 공격성의 표출 등을 원인으로 지목하고 있다. 또한 타인이나 주변 사람(준거집단)들이 이런 행위를 어떻게 평가하는지가 영향을 끼친다는 주장도 있으며, 여성보다는 남성, 언어 폭력에 대한 용인도가 높은 집단/개인, 예절에 순응적이지 않고 심리적 긴장 상태를 오랫동안 지속하는 사람일수록 이런 행위를 할 가능성이 높다는 연구 결과도 있다. 또 익명성에 따른 개인화가 아니라 익명성과 집단성이 결합되는 경우('친목질'을 금지하고 개성이 드러나지 않는 같은 말투로 소통할 것)에 이런 행동이 더 많이 유발된다는 연구도 존재한다.

이러한 연구 결과들을 종합해보자면 기술, 사회, 개인 모두가 이런 행위를 유발하는 데 영향을 끼친다. 가상공간이 현실에 비해 더 쉽게 공격성을 표출할 수 있는 공간임에는 분명하지만, 모두가 그러한 행동을 하는 것은 아니다. 이런 행동에 노출되었거나 용인하는 문화 속에 있거나 피해를 입었을 경우에 트롤링에 빠질 가능성이 더 높으며, 공격성과 폭력성이 높고 자기통제력이 약하고, 스트레스에 민감할수록 가능성이 높다고 볼 수 있다.*

한국의 남초 커뮤니티들에서 트롤링은 일종의 은어나 놀이 문화, 유머의 일종으로 받아들여지는 경향이 크다. 물론 정도가 심한 트롤에 대해서는 제재를 가하거나 역으로 응징을 가하기도 하지만 서로를 멸

---

* 이상의 내용은 다음의 논문들을 종합, 정리한 것이다. 심재웅·김진희, 「플레이밍(Flaming)에 영향을 끼치는 변인에 관한 연구—사회적 영향 모델을 중심으로」, 〈정보화정책〉 제20권 제4호, 한국정보화진흥원, 2013; 주경희·최지은·이성규, 「인터넷 댓글 문화에서 플레이밍 행동에 영향을 미치는 요인에 관한 연구」, 〈문화산업연구〉 제13권 제2호, 한국문화산업학회. 2013; 서아영, 「가상 공동체의 플레이밍(Flaming)에 대한 이론적 탐색과 실증 분석」, 〈e-비즈니스연구〉, 국제e-비즈니스학회, 제13권 제1호, 2012

칭으로 부르거나 자조하는 것은 흔하다. 종종 어떤 커뮤니티들은 트롤링을 금지하기 위해 비속어 사용을 금지하고 존댓말을 사용할 것을 요구하기도 한다. 하지만 이런 커뮤니티라고해서 트롤링이 일어나지 않는 것은 아니다.

한편 트롤링의 또 다른 중요한 동인은 '주목 경쟁'이다. 주목 경쟁은 과거에는 현실 부적응자들의 기행 정도로 여겨졌다. 하지만 주목/관심은 오늘날 온라인에서는 그 자체로 가장 핵심적인, 그리고 거의 유일한 자원이 되었다. 이것을 얻기 위해 개인은 물론이고 기업과 정부 기관들까지 주목 경쟁에 뛰어들고 있다. 경제적 동인이든 단순히 개인의 만족을 위한 것이든 상관없이 주목 경쟁은 상승 효과를 동반한다. 타인보다 더 주목받기 위해 더 세고, 참신하고, 적절한 표현을 구사하기 위한 상호 간의 경쟁에 뛰어들게 되는 것이다. 경쟁의 방향은 양陽의 방향보다 음陰의 방향으로 더 깊숙하게 발전해왔다. 특히 남초 커뮤니티에서는 주목 경쟁과 내부적 결속을 다지기 위한 중요한 방편으로, 관리가 어려운 심야에 불법 촬영물을 포함한 포르노를 공유하는 일이 빈번하게 벌어진다.* 각 시기를 대표하는 여성 혐오 표현들 역시 이런 주목 경쟁에 의해서 발전(?)해왔다고 봐도 무방할 것이다.

주목 경쟁을 벌이는 가장 큰 이유는 그것이 주는 영향력, 그리고 그것을 행사하는 재미 때문이다. 현실 세계에서 아무런 중요성도 없었던

---

* 소라넷은 이런 사례의 가장 극단적인 형태로, 존재 자체가 불법 촬영물과 포르노를 공유하기 위해 존재하는 지하 산업이다. 소라넷 이외에도 외국에 서버를 두고 한국을 대상으로 서비스하는 불법 사이트들이 많으며, 경제적 이익을 노리는 수익 사업으로 이루어지고 있다.

내가 갑자기 커뮤니티 내의 다수의 사람들에게 관심을 받게 되는 것은 그 자체로 흥분되는 일이 아닐 수 없다. 게다가 온라인에서의 영향력은 때로 현실에까지 영향을 미칠 수 있는 교두보가 되기도 한다. 멀리 갈 것도 없이 2000년대 이후 한국 정치의 핵심에는 언제나 온라인으로부터 시작되는 촛불 시위가 있었다. 하지만 누구나 촛불 시위를 선도한 '앙마*'가 될 수 있는 것은 아니다. 그러므로 단지 표현력뿐만 아니라 어느 분야를 노리는가도 중요한 문제가 된다. 가령 일베는 비교적 많은 관심을 받지 못했지만, 광주 민주화 항쟁을 모독한 이후로 언론의 관심은 물론이고 정부의 지원까지 받는 암흑의 스타가 되었다. 이런 영향력이 주는 즐거움은 엄청난 것이어서, 트롤들은 그야말로 성역 없이 조롱과 모욕을 일삼고 조작이나 왜곡도 불사하곤 한다. 자존감이 낮고 현실의 삶이 왜소할수록 이런 영향력의 유혹은 더 강력해진다. 하지만 유혹에 비해 이것이 초래할 수 있는 문제들에 대한 경각심은 낮다. 많은 이들이 트롤링 때문에 범죄자가 되고 크고 작은 소송과 사람들의 비난에 직면했지만, 대부분 운이 없어서 생긴 결과나 나와는 상관없는 일로 여겨진다.

---

* 2002년 미군 장갑차에 압사당한 두 청소년 여성을 추모하며 한미주둔군지위협정(SOFA) 개정을 위한 촛불 시위를 주창한 네티즌 '앙마'의 이야기가 신생 인터넷 언론이었던 〈오마이뉴스〉의 한 시민 기자에 의해 기사화되었고, 이는 이후 수만 명의 시민들을 광화문으로 끌어내는 기폭제가 되었다. 그런데 나중에 밝혀진 바에 따르면 앙마와 시민 기자는 동일 인물로 자신의 이야기를 제삼자의 이야기인 것처럼 꾸민 것이어서 논란이 되었다. 〈오마이뉴스〉는 "'앙마'의 촛불 시위 기사에 대한 사과—'시민 기자'의 역할 제고에 더욱 노력"(2003. 1. 9.)이라는 기사를 통해 해당 문제에 대해 사과했다.

최근 활황을 맞이하고 있는 1인 방송은 이런 주목 경쟁을 진정한 산업의 차원으로 격상한 것이다. 최근의 청소년들은 20대나 30대에 비해 게임을 덜 하는 대신, 유튜브를 가장 많이 이용한다. 카카오톡, 페이스북, 네이버 등을 합친 것보다도 더 많은 사용량이다.* 과거 프로게이머가 그랬던 것처럼, 1인 크리에이터가 청소년들의 장래희망으로 급부상하고 있다. 유튜브만 한정해서 볼 때, 세계 1위의 시청률을 자랑하는 크리에이터는 1년에 180억 원의 수익을 올리고 있다. 한국의 경우에도 가장 높은 시청률을 자랑하는 채널의 2017년 수입은 약 31억 원가량이며, 개인 방송으로 한정할 경우에는 약 15억 9000만 원가량의 수입을 올리고 있는 것으로 알려졌다.** 한국의 모바일 영상 시장의 규모는 약 2000억~3000억 원 사이로 추정된다.

개인 방송의 주제는 게임, 뷰티, 요리, '먹방', 유머, 스포츠, 생활, 리뷰, 교육 등등 다채롭다. 시간을 맞춰야 하고 원하지 않는 내용도 봐야 하는 TV에 비해서 개인 방송은 실시간으로 방송에 참여할 수도 있고***, 원하는 내용을 바로 찾기도 더 쉬우면서, 스마트폰을 통해 시청할 수 있다는 이점이 있다. 하지만 막상 방송되는 내용들은 크게 새로

---

* 2018년 4월을 기준으로 10대 안드로이드 이용자가 유튜브를 사용한 시간은 총 76억 분으로, 2위에서 6위를 차지한 다른 앱들의 사용 시간을 합친 것보다 많았다. 유튜브는 20대, 30대, 40대, 50대에서도 1위나 2위에 해당하는 사용량을 보였다.("유튜브 10대 사용 시간, 카톡+네이버+페북보다 많아", 〈지디넷코리아〉, 2018. 5. 15.

** "유튜브의 신인류들 경제 생태계를 뒤집다", 〈주간조선〉, 2018. 3. 18.

*** 유튜브의 경우에는 녹화와 편집을 거친 영상들이 업로드되고 해당 영상에 붙는 광고로 조회수당 수익을 결정하는 구조이며, 아프리카TV, 트위치를 비롯한 실시간 방송 채널들은 실시간 채팅과 기부가 가능하다.

운 것들이 아니다. 웹에 돌아다니는 뉴스, 루머, 지식들을 재가공해서 알려주는 수준의 방송이 가장 많고, 나머지는 동원할 수 있는 자원과 단순한 것도 재미있게 만들어내는 크리에이터의 능력에 달려 있다.

개인 방송에서는 방송하는 사람과 시청자들이 서로의 영향력을 주고받는다. 시청자는 기존의 매체들보다 훨씬 더 자신의 댓글에 민감하고 빠르게 반응하는 BJ를 보면서 효능감과 몰입감을 느낀다. 그리고 그런 시청자가 늘어날수록 BJ는 자신의 영향력을 키울 수 있으며 돈도 벌 수 있다. 때문에 팬덤도 기존의 방송보다 더 긴밀한 관계로 엮이게 된다.

최근 이 주목 경쟁과 개인 방송의 결합이 경악스러운 형태로 나타나기 시작했다. 그중 한 사례로 개인 방송을 하는 몇몇 남자 청소년들이 벌였던 '엄마 몰카' 사태를 꼽을 수 있다. 이 청소년들은 엄마의 탈의 장면이나 자고 있는 모습을 촬영해 방송을 하는 것으로 사람들의 주목을 받으려 했다.* 그리고 시청자들은 그런 초등학생들을 부추겨서 불법 촬영을 계속하도록 종용했다. 다른 한편 극단적이고 엽기적인 행위와 욕설로 인기를 얻은 방송인들의 문제도 계속해서 지적되고 있다. 이들의 방송은 특히 청소년 남성들의 맹렬한 지지를 받고 있는데, 이 팬들은 방송에서 사용하는 은어와 욕설을 다른 온라인 커뮤니티나 오프라인에서 사용하고, 이를 싫어하는 이들을 조롱하고 있다. 이런 개인 방송을 완벽하게 모니터링하는 것은 아예 불가능한 일이고 제재

---

* "엄마 몰카·선생님 몰카…아슬아슬 초등생 '엿보기 놀이'", 〈경향신문〉, 2018. 5. 16.

하는 것 역시 쉽지 않다. 누구나 쉽게 개인 방송을 할 수 있는 시대가 되었지만, 기술에 비해 제도는 필연적으로 느리고 무거워 이를 따라가기 어렵기 때문이다.

놀이 문화, 취미의 영역은 외부자들이 내용과 맥락을 온전하게 파악하기도 어렵고, 따라서 적절한 개입도 어렵다. 그런 반면 교육이나 다른 공적인 분야들에 비해 참여의 적극성이나 습득의 정도는 훨씬 강력하다. 그런데 한국 청년 남성들이 주로 이용하는 놀이 문화들은 여성 혐오를 하나의 주요한 정서로서 공유하고 있다. 그 이유는 앞서 설명한 대로, 실제로 그 영역에 여성이 많지 않다는 점, 그리고 그러한 동성성을 유지하는 것이 그들에게 중요한 원리로 인식되고 있다는 점, 그 이유는 그 안에서 여성이란 성적 대상이자 비난할 수 있는 타자로서 존재해야 하기 때문이라는 점 등을 들 수 있다. 그렇게 만들어진 그들만의 영토에서 여성 혐오는 순환을 거듭하고, 동시에 강화된다. 여성 혐오는 청년 남성들의 놀이 문화의 일부분인 것이다. 메갈리아가 나타나 그것에 상처받아왔던 인간으로서의 여성이 있다는 것을 말하기 전까지 그 여성 혐오의 온실은 평화로웠다. 그리고 지금의 상황은 그 균열을 부정하기 위해 더 조직적이고 가열찬 여성 혐오가 벌어지고 있는 것이다. 그러나 진실은, 아무것도 이전 그대로 돌아갈 수는 없을 것이고 이것을 인정하지 못하는 시간이 길어질수록 더 추한 결말만이 기다리고 있다는 것이다.

조작된 혐오

2000년대 이후 한국의 남자들이 결론적으로 하고 싶은 말을 다시 한 번 요약하면 "남자가 피해자다"라는 것이다. 남자는 남자다워야 하고, 군대에도 가야 하고, 데이트 비용도 내야 하고, 결혼하고 나면 돈 벌어오는 기계가 되어서 살아가는 존재이기 때문이다. 반면 여자들은 좋아진 세상에서 의무는 다하지 않고(군대를 가지 않고) 권리만 요구하며, 남자들의 경제력에 의존해서 편하게 살아가고 있다. 그런데도 불구하고 자꾸 페미니즘이나 메갈리아가 등장해서 성차별과 여성 혐오를 지적하는 것은 내 기분을 상하게 한다. 내가 원하는 것은 여자들이 나를 존중해주고, 위로해주는 것이다. 그리고 그것은 남자로서 나의 '권리'인 것이다.

이 진술은 대부분의 사회 지표와 통계를 무시해야 가능한 것이다. 한국의 부정적인 사회 지표 중에서 남성이 앞서는 것은 자살률과 사망률 정도다. 지난 15년간 한국의 사망률 성비는 1.20~1.23사이를 오가는 비교적 안정적인 양상을 보여왔다. 2015년 통계에 의하면 인구 10만 명당 전체 사망률은 541.5명으로, 이 중 여성이 492.1명, 남성이 591.0명으로 1.20의 성비를 나타냈다. 가장 많은 사망 원인은 암(150.8명)이었으며, 심장 질환(55.6명), 뇌혈관 질환(48.0명), 폐렴(28.9명), 자살(26.5명), 당뇨병(20.7명)의 순이었다. 사망 원인을 남성의 성비가 높은 수준으로 나열하면 간 질환(3.14), 운수 사고(2.74) 자살(2.42), 만성하기도질환(1.67), 암(1.64)순이다. 기대 수명은 2015년에 태어난 0세 남성을 기준으로 했을 때 79.0년으로, 여성(85.2년)에 비해 6.2년이 더 짧다.*

이 사망률은 더 장시간 노동하고, 더 많이 술과 담배를 하고, 더 많이 거칠게 운전하고, 더 스트레스에 취약한 한국 남성들의 상태를 보여준다. 사실 성별 간의 수명 차는 인간뿐만 아니라 자연계에서도 광범위하게 관찰되는 현상으로, 이에 대한 다양한 학설들이 존재하고 있다. 남성이 더 위험한 행동을 많이 하고 위험한 직업을 갖는다는 위험 행동설, 문화적 압박 때문에 남성의 사회성이 발달하지 못하고 고민들을 혼자 해결하려고 하기 때문에 스트레스에 더 취약해진다는 사회성 이론, 염색체(XX)의 차이에 따른 유전적 결함 때문에 질병에 더 취약하다는 염색체설, 남성 호르몬이 심장병 발생 위험을 높이고 면역 기능을 약화시킨다는 호르몬 가설 등등이다. 최근에는 수컷이 번식을 위해 생존에 위해가 되는 진화와 행동을 하게 된 반면, 암컷은 짝짓기에 들이는 에너지가 적기 때문이라는 번식 전략설도 등장했다**. 하지만 같은 환경 내의 남녀 간의 차이는 서로 다른 환경에 놓여 있는 남성들 간의 차이에 비하면 매우 적다. 2015년 최장수국인 일본의 평균 수명은 83.7세였던 데 반해, 가장 단명하는 나라인 시에라리온은 50.1세에 지나지 않았다.*** 남녀 간의 수명 차이를 사회 문제로 끌고 가기에는 그 예상 요인이 다소간 빈약한 셈이다.

* 통계청, 〈사망 원인 통계 연보〉, 2015
** "남자의 기대 수명이 짧은 이유", 〈사이언스타임즈〉, 2017. 4. 17.
*** WHO, 2015년 기준

하지만 사망률을 제외한 대부분의 사회 지표는 한국 사회에서 여성이 차별받고 있음을 증명하는 것들이다. 가령 결혼과 관련된 지표들을 보자. 한국의 남성들에게 결혼을 통해 가사와 돌봄, 그리고 자신의 부모에 대한 효도가 제공되리라는 것은 과거에 비해 약해졌을지언정 여전히 존재하는 기대다. 실제로 한국 남성의 가사 분담률은 OECD 국가 중 최하위를 기록하고 있다. 2014년에 실시한 조사에 의하면 한국 남성의 가사 분담률은 16.5퍼센트로 한국 사회보다 성차별이 더 심하다는 일본(17.1%)보다 낮았다. 가장 높은 곳은 북유럽 국가들로 모두 40퍼센트를 상회했다(덴마크 43.4%, 노르웨이 43.4%, 스웨덴 42.7%). OECD 평균은 33.6퍼센트다.

이런 가사 분담률은 기혼 여성의 경제 활동 참여에도 악영향을 미친다. 0~14세 자녀를 둔 부부의 맞벌이 비율은 OECD 평균이 58.5퍼센트고, 부부가 모두 전일제로 일하는 비율도 41.9퍼센트에 달한다. 한국의 경우, 전일제 맞벌이의 비율은 20.6퍼센트에 불과했고, 시간제 근로를 포함해도 29.4퍼센트에 불과했다.* 심지어 맞벌이 부부의 가사 분담 비율에서도 여성이 남성에 비해 주중 여섯 배, 주말 네 배에 달하는 차이를 보인다. 한국노동연구원의 조사에 의하면 남성은 주중에는 하루 평균 18분, 주말에는 36분을 가사에 사용했고, 여성은 주중 112분, 주말 145분을 가사에 사용했다. 반면 교제 및 여가 활동에 쓰는 시간은 남성의 경우 주중 207분, 주말 349분인 데 반해, 여성의 경

---

* "남성 가사 분담률 OECD 최하위…아이 키우는 부부 29%만 맞벌이", 〈한국일보〉, 2017. 7. 3.

우는 주중 176분 주말 277분으로 나타났다.[*] 심지어 세대별 통계에서는 30대 부부의 가사 분담률이 중·노년층을 포함한 평균치에 비해서 높지 않았고, 세탁 등 일부 부문에선 오히려 평균 이하를 나타내기도 했다.[**]

최근 안티페미니즘 진영에서는 이와 같이 남녀 격차를 나타내는 사회통계가 조작되었다는 주장이 인기를 얻고 있다. 그중 핵심적인 것은 성별 임금격차와 여성의 범죄 피해율이다. 2017년 통계청에서 진행한 '제2회 통계 바로 쓰기 공모전'에서 1위를 차지한 것은 "대한민국 성별 임금격차에 숨겨진 진실"이라는 제목의 응모작이었다. 이것이 주장하는 바는 한국의 성별 임금격차가 과장되어 있다는 것이다. 하지만 그 세부적인 주장을 살펴보면 성별 임금격차를 평균 소득이나 중위 소득으로 비교하는 것은 적절하지 않은데, 왜냐하면 여기에는 남녀 간의 노동 시간, 근속 연수, 연령과 같은 교란 변수가 빠져 있기 때문이라는 것이다. 즉 단순히 남녀 간의 격차로 임금 차이가 발생한다고 말할 게 아니라 다른 변수들을 포괄적으로 고려해야 한다는 주장이다.

적절하지 못하다고 언급된 평균 소득의 격차를 보자. 2002년 OECD가 성별 임금격차 조사를 시작한 이후로 한국은 계속해서 1위를 달려왔다. 2016년을 기준으로 보면 한국의 임금격차는 36.3퍼센트로, 2위인 일본(26.5%)과 10퍼센트 가까이 차이가 난다. 3위는 19.5퍼센트인 캐

---

[*] "맞벌이 아내, 주말에도 남편보다 가사 노동 4배 더", 〈한국일보〉, 2017. 5. 8.
[**] "[팩트체크] 한국 남성 가사 분담률 꼴찌 수준"…사실일까?", JTBC 〈뉴스룸〉, 2015. 1. 8.

나다, 최하위는 뉴질랜드로 6.2퍼센트다.* 남성이 한 시간에 평균 1만 9476원을 번다면, 여성은 1만 2573원을 번다. 이를 다시 정규직과 비정규직으로 나눠보면 정규직 여성은 정규직 남성의 65.9퍼센트, 비정규직 여성은 비정규직 남성의 70.5퍼센트만큼의 임금만을 받고 있다. 고용 형태별로 성별 임금격차가 가장 많이 나는 것은 시간당 7306원을 나타낸 일용직 노동자였고, 그 다음은 시간당 7095원의 차이를 보인 정규직이었다. 가장 불안한 고용 형태에 놓인 여성들과 가장 탄탄한 기반을 갖춘 여성들이 나란히 가장 큰 규모의 임금격차 속에 놓여 있는 셈이다.

임금격차의 핵심적인 원인으로 지목되는 여성의 경력 단절 문제를 살펴보자. 남성의 평균 근속 연수는 7.2년인 데 반해, 여성은 4.7년에 그친다.** 이른바 M자형 커브로 불리는 한국 여성의 연령대별 고용률을 보면 25~29세 구간에서 가장 높은 고용률을 보였다가, 30~34세와 35~39세 구간에서 급락했다가, 40~44세 구간에서 다시 오르는 것을 볼 수 있다.*** 남성은 커리어를 이어가며 나이를 더해갈수록 더 많은 임금을 받게 되지만, 여성은 20대 후반에서 30대 초반을 기점으로 출산, 육아, 가사를 전담하기 위해서 일을 그만두거나, 비정규직으로서 계약이 만료되거나, 성차별적인 직장 문화 속에서 비전을 찾지 못하고 퇴직을 결심하게 된다. 이후 40대가 되어 주로 경제적인 이유로

---

*   OECD, 〈Genderwage Gap〉 2016년 기준.
**   고용노동부, 〈2017 고용 형태별 근로 실태 조사 보고서〉, 2017
***   통계청·여성가족부, 〈2018 통계로 보는 여성의 삶〉, 2018

경제활동에 복귀하게 되지만, 얻을 수 있는 일자리는 한정적이고, 저임금이다. 실제로 대부분의 직종에서 남성의 수가 더 많은 데 반해(전체 직종 평균 남성 62.8%, 여성 37.2%), 상대적으로 임금이 적고 저평가를 받고 있는 서비스업에서는 여성이 남성을 71.5퍼센트 대 28.5퍼센트로 압도하고 있다는 점이다. 뿐만 아니라 여성들은 5~9인(42.9%), 10~29인(38.8%) 등 비교적 영세한 규모의 사업장에서 상대적으로 높은 비중을 보였다.* 즉 여성들은 더 규모가 작고 임금이 적은 사업장과 직종에 몰려 있는 셈이다. 더불어 생애 중 가장 돈을 적게 버는 시기에는 남성과 비슷한 임금을 받지만, 임금이 오르는 중장년기로 갈수록 큰 격차로 보다 적은 임금을 받는다. 그리고 비정규직의 비율 역시 남성의 1.5배 수준으로 높다.

지금까지 살펴본 내용은 평균 임금이다. 평균 임금이 성별 임금격차를 판단하기에 적절한 것이 아니라면, 실제로 사람들이 얼마나 벌고 있는지를 알기 위해 임금의 분포를 살펴보자.

통계청이 일자리 행정 통계를 통해 일자리별 소득 분포를 분석하여 시험 작성한 자료**에 따르면, 2015년 남성의 평균 소득은 390만 원, 중위 소득***은 300만 원이었다. 반면 여성의 평균 소득은 236만 원, 중

* 고용노동부, 〈2016 고용 형태별 근로 실태 조사 보고서〉, 2016
** 통계청, 〈일자리 행정 통계를 통해 본 임금 근로 일자리별 소득(보수) 분포 분석〉, 2017. 해당 자료는 건강보험, 국민연금, 지역 연금에 가입된 임금 근로자의 일자리 1500만개를 대상으로 분석한 것으로, 4대 보험에 가입하지 않은 노동자와 자영업자 등 비임금 노동자를 제외한 결과다.
*** 모든 가구를 소득 순으로 순위를 매겼을 때 중간을 차지한 가구의 소득. OECD 기준으로는 중위 소득의 50퍼센트 미만을 빈곤층으로, 50~150퍼센트를 중산층으로, 150퍼센트 이상을 상류층으로 분류한다.

연령대별 고용률(2017년 기준)　　　　　　　　　　●─ 여성　● 남성

(단위: %)

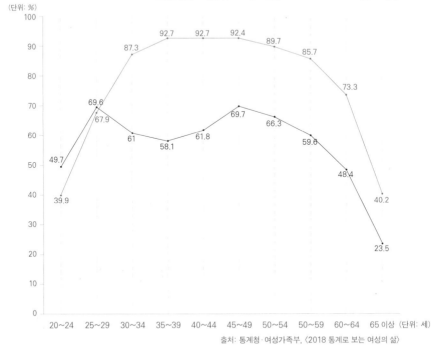

49.7　69.6　87.3　92.7　92.7　92.4　89.7　85.7　73.3　40.2

39.9　67.9　61　58.1　61.8　69.7　66.3　59.0　48.4　23.5

20~24　25~29　30~34　35~39　40~44　45~49　50~54　50~59　60~64　65 이상　(단위: 세)

출처: 통계청·여성가족부, 〈2018 통계로 보는 여성의 삶〉

위 소득은 179만 원으로 나타났다. 동일한 성별에서의 평균과 중위 간의 차이가 여성에서 더 적게 나타난 것은 여성들 간의 소득 격차가 더 적음을, 그래서 여성이 전반적인 저임금 상태에 놓여 있음을 시사한다. 또 남성들 간의 차이보다 남녀 간의 차이가 더 크게 나타나는 것 역시 주목할 만하다. 한국 사회의 경제적 불평등을 만들어내는 많은 조건들이 있지만, 성별이 그 자체로 매우 큰 조건으로 작동하고 있음을 나타내는 또 다른 증거다. 각 소득 구간별로 비율을 살펴보면, 남녀 모두 150만~250만 원 구간이 가장 높게 나타났지만 남성의 경우 그

다음이 250만~350만 원, 350만~450만 원 순이었던 반면, 여성의 경우 85만~150만 원, 250만~350만 원 순이었다. 저소득으로 갈수록 여성들의 비율이 커지는 가운데, 고소득 구간에서는 남성이 여성의 네 배까지 더 많았다.

한 연구에 따르면 임금격차의 요인을 분석하기 위해, 성별과 함께 연령, 근속 연수, 정규직 여부, 최종 학력, 산업군, 기업 규모 등을 분석한 결과, 성별 임금격차의 44.9퍼센트는 차별 등의 설명할 수 없는 이유에 의한 것으로 나타났으며, 이는 각각 정규직의 경우 47.1퍼센트, 비정규직의 경우에는 55.6퍼센트로 나타났다.* 즉 모든 변인들을 감안했을 때에도 한국 사회에서 발생하는 임금격차의 절반가량은 임금을 받는 사람의 성별에 좌우되고 있다는 이야기다. 또 2018년 한국직업능력개발원의 보고서에 따르면 성별 임금격차는 경력이 쌓이거나 승진을 통해서도 해소되지 않는 것으로 밝혀졌다. 보고서에 따르면 차별로 규정될 수 있는 임금격차는 사원급에서 시간당 3100원이었다가 주임/대리급에서 660원, 과장급에서 0원으로 줄어들지만, 이후 차장급에서는 다시 1880원, 부장급에서는 2960원으로 도로 늘어나는 U자형 구조를 갖고 있는 것으로 밝혀졌다.** 게다가 별도의 변수라고 주장했던 근속 연수, 노동 시간, 연령 역시 결국 한국 사회의 젠더적 상황의 자장 하에 있다. 그러므로 통계 조작이라는 주장은 그 자체로 조작에 가까

---

* 김태홍, 「성별 고용 형태별 임금격차 현황과 요인 분해」, 〈여성연구〉 제84권 제1호, 한국여성정책연구원, 2013
** 한국직업능력개발원, 〈직급 정보를 활용하여 '차이'와 '차별'로 나누어본 성별 임금격차〉, 2018. 6. 30.

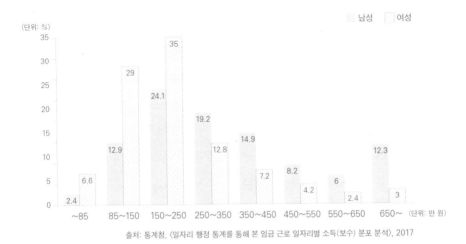

출처: 통계청, 〈일자리 행정 통계를 통해 본 임금 근로 일자리별 소득(보수) 분포 분석〉, 2017

운 주장인 셈이다.

여성의 범죄 피해율도 마찬가지다. 대검찰청이 매해 발표하는 〈범죄 분석〉에 따르면 2014년을 기준으로 강력 범죄를 폭력 범죄와 흉악 범죄(살인, 강도, 강간, 방화)로 나눌 경우, 흉악 범죄의 피해자 중 84퍼센트 이상이 여성으로 나타난다. 그러나 남성들이 문제 삼는 것은 흉악 범죄를 제외하고 일반 폭력을 포함한 범죄 피해율이다. 일반 폭력의 경우 남성 피해자가 60퍼센트, 여성이 28.9퍼센트로 나타나기 때문에 이를 포함하여 통계를 내면 여성의 범죄 피해율이 떨어진다는 주장이 다. 하지만 일반 폭력의 경우에는 술자리 시비 등 남성에 의한 남성의 피해가 많고, 쌍방 폭행으로 처리되어 양쪽이 모두 가해자로 처리되는 경우도 많다. 게다가 범죄는 그 종류와 양상에 따라 사회와 피해자에 미치는 영향에서 현저한 차이가 발생한다. 그런 것을 모두 무시할 거

억울한 남자들

라면 범죄에 대한 이 길고 상세한 통계들을 군이 만들어낼 필요도 없을 것이다.

여성을 대상으로 하는 흉악 범죄 중 가장 많은 빈도를 차지하는 것은 단연코 성폭력으로 여성 대상 범죄의 93.5퍼센트를 차지한다. 뿐만 아니라 2014년 살인 사건으로 숨진 357명 중에서는 여성 187명, 남성 170명으로 여성이 더 많았다. 또 흉악 범죄에 노출되는 여성 피해자는 매년 늘어나고 있어서, 2000년에 6245명이었던 피해자의 수는 2014년에 3만 4126명을 기록했다. 같은 시기 남성 피해자의 수는 2000년 2520명에서 2009년 5649명까지 늘었다가 2014년 3552명이 되었다.

UN 마약범죄퇴치국[UNDOC]의 통계에 따르면 2014년 한국의 성범죄 발생률은 인구 10만 명당 42명으로 77개국 중 25위였다. 한국의 성범죄 신고율이 10퍼센트 안팎으로 예상되기 때문에 실제 피해는 더 많을 것으로 예측되고 있다.[*]

무엇보다도 대부분의 범죄의 가해자는 압도적으로 남성이다. 대검찰청에 따르면 2017년을 기준으로 범죄자의 81.8퍼센트가 남성이었으며, 여성은 18.2퍼센트에 그쳤다.[**] 이런 가운데 여성의 범죄 피해가 부풀려졌다는 주장이 가져올 수 있는 효과란 대체 무엇일까? 아마도 여자들은 안전함에도 불구하고 피해망상에 젖어 있다는 주장을 하고 싶은 것 같다. 하지만 범죄 피해의 공포를 호소하는 사람들에게 너희는 안전하

[*] "이유 있는 언니들의 분노…통계로 짚어봤습니다", 《한겨레》, 2016. 5. 24.
[**] 대검찰청, 《2017 범죄 분석》, 2018

니 입을 다물라고 윽박지르는 것이 그들의 공포를 심화하는 것 말고 무엇에 도움이 된단 말인가?

하지만 남자들이 갖고 있는 피해의식은 단순히 거짓이 아니다. 오히려 이것은 적극적인 자기기만의 산물이라고 해야 할 것이다. 최근 저널리즘과 학계를 중심으로 대두되고 있는 탈진실Post-truth 혹은 대안 현실의 문제와 정확하게 맞닿아 있는 부분이다. 최근 세계 각국의 정치 세력들은 이른바 가짜 뉴스로 혼란을 겪었다. 미국의 대선, 영국의 브렉시트 국민 투표, 한국의 대선 모두 마찬가지였다. 가짜 뉴스가 제기하는 의혹들은 어떤 검증도 거치지 않은 것이지만, 그 뉴스들은 특정한 사람들에게 정확하게 그들이 원하는 소식을 전한다. 그러므로 그것은 특정한 의견을 이미 가지고 있는 사람들에게 어필하며, 쉽게 받아들여진다. 이는 제도 정치뿐만 아니라 일상의 정치, 특히 자신의 정체성이나 사회적 지위와 관련해서도 빈번하게 벌어지고 있다. 자신이 생각하는 자신의 모습을 강화하는 내용의 정보만을 선택적으로 수용해서 그것으로 하나의 세계를 '창조'해내는 사람들의 수가 점점 늘어나고 있는 것이다.

'대안 현실'로서의 여자

"그렇다면 세계는 왜 지금 탈진실의 시대에 들어서고 있습니까. (……) 첫째, 세계화와 급격한 기술의 변화는 어느 때보다 높은 불확실성을 야기하고 있고, 경제적 불평등 및 노동시장의 유연화는 어느 때보다 극심한 삶의 불안감을 낳고 있기 때문입니다. 불확실성과 불안감이 큰 사회에서는 걱정과 염려, 후회, 인지 부조화를 경험할 가능성이 더욱 커질 수밖에 없습니다. 둘째, 비슷한 성향의 사람들끼리만 모여서 정보를 주고받을 수 있는 플랫폼이 등장했기 때문입니다. 보수와 진보의 스펙트럼에 걸쳐서 다양한 언론이 공존하고, SNS상에서 1인 미디어 시대가 열렸지만, 내가 원하는 정보만 선별할 수 있는 환경에서 살고 있습니다."*

세계의 불확실성은 증대되고 삶의 조건은 악화되는 가운데, 기존의 권위를 가지고 있던 체계들이 무너지고 있다. 동시에 미디어는 내가 동의할 수 있는 의견들만을 선별적으로 접할 수 있는 방식으로 발전해가고 있다. 나의 존재적인 상황과 이념에 반하는 '반대 의견'을 접할 기회는 점점 줄어들고, 그것을 접하고자 하는 동력이나 의지도 상실되고 있다. 사람들은 세상에서는 그럴 수가 없지만 머릿속에서라도 '나만의 꽃밭'을 가꾸고 싶어 한다. 하지만 사회적 소수자의 존재와 그들이 겪는 고통, 그리고 내가 그것에 연루되어 있다는 감각은 평온을 위협한다. 이럴 때 비겁한 자들의 선택은 그것을 무시하거나 오히려 공격하는 것이다.

한국의 남자들이 자신들의 처지를 모두 여자 탓으로 돌리고 있는 상황은 정확하게 이 도식과 일치한다. 이들은 '메갈 뒤에는 삼성이 있다'라거나, 'OECD나 UN의 통계도 조작되었기 때문에 믿을 수 없다'라

---

* 김재수, "탈진실의 시대, 진실은 침몰하는가", 〈한겨레〉, 2017. 3. 19.

는 식의 황당한 음모론을 만들어가며 자신들의 생각을 지키고자 한다. 스스로를 페미니스트라고 선언한 대통령의 지지자를 자처하는 이들은 스스로를 페미니스트라고 선언하는 여성들을 찾아가 행패를 부리기에 바쁘고, 남자 대학생들은 여성 학우들의 문제 제기가 담긴 대자보를 몰래 찢는다. 지하철 임산부석에 거칠게 X자를 긋고, 페미니즘 행사를 방해하기 위해 민원을 넣고 허위 참가 신청을 한다. 온라인에서는 성폭력 피해자를 음해하고, 불법 촬영물을 찾아 공유하며 '연대 의식'을 키운다. 그리고 성폭력 사건의 조속한 수사를 촉구하는 청원에 힘을 보탠 여자 연예인을 사형해달라는 청원을 올린다. 이 한심함을 어떻게 이루 말할 수 있을까? 그리고 이런 한심한 행동이 누군가에게 상처와 위협이 되고 있다는 사실을 어떻게 참담해하지 않을 수 있을까?

하지만 이 괴물 같은 남자들이 어느 날 갑자기 땅에서 솟아난 것은 아니다. 우선 지난 10년간 한국 사회의 '문제'로 지적되었던 청년들의 상황이 있다. 이는 간단히 말해 21세기의 청년들에게는 희망을 가질 만한 객관적인 근거가 하나도 없다는 문제다. 제대로 된 직업을 갖기 어렵고, 때문에 돈을 모으기도 어렵다. 시대가 바뀌어 삶에 대한 기대치를 높이는 교육을 받았지만, 현실은 배운 것과 다르게 더디고 구질구질하다. 생존하기 위해서는 경쟁해야 하는 것이 당연하지만 이미 싸우기 전부터 패배해 있다. '노오력'과 젊은이의 열정과 패기를 강조하는 어른들은 젊음을 비틀어 자신들의 입에 흘려 넣는다. 믿을 수 있는 것은 아무것도 없으며, 이제는 미래라는 단어 자체가 생소하다. 눈을 뜨면 성장해 있던 경제는 장기 불황에서 빠져나오지 못하고, 내가 갖게 될 돈은 우리 부모가 가진 돈에 비례하되 그것보다는 적은 액수일 것이다. 10년이 넘도록 청년의 문제에 대해서 떠들어왔지만, 언제나 가장 먼저 버려지는 것은 청년 문제였다. 똑바로 살라며 훈계를 하던 어른들은 청년 장사꾼이 일궈놓은 가게 월세를 세 배로 올리고, 대학 기숙사와 청년 임대 주택의 신규 건설에 반대한다. 국회는 청년들을 지원하기 위해 마련되었던 예산을 삭감해서, 고스란히 자신들의 지역구에 놓을 다리며 도로를 위한 예산으로 옮겨놓았다. 그렇다면 당연히 되묻게 된다. 왜 우리가 사회를 떠받드는 어른이 되어야 하는가? 왜 다른 사람을 배려해야 하는가? 왜 사회의 룰을 지키고, 역사를 긍정해야 하는가?

하지만 이 조건이 남자들에게만 주어진 것은 아니다. 여성 청년들은 이와 똑같은, 실은 오히려 더 처절한 조건 속에서 배운 것과 현실 사이의 괴리를 느껴야 했다. 심지어 청년 담론마저도 공정하지 않았다. 청년 담론 속의 청년은 너무 자연스럽게 남자로 상정되었다. 이 청년 남자들이 취직을 못해서 연애도 못하고, 결혼도 못하고, 집도 못 사고, 아이도 못 낳아 걱정이라는 것이었다. 청년 여성들도 취업을 못하는 것은 마찬가지지만, 청년 남성들의 문제가 해결되면 자연스럽게 결혼해서 가정으로 사라질 존재처럼 여겨졌다. 그러나 청년 여성들은 좁은 경쟁의 문을 통과하기 위해 더 큰 노력을 기울였고, 청년 남성들은 세대론을 면죄부 삼아 자기 연민에 빠져들었다. 둘 다 필연적으로 실패가 예견되어 있는(전자는 구조에 의해, 후자는 별다른 시도를 하지 않았기 때문에) 대응 방식임에는 분명하지만, 어떤 것이 그나마 나은 대응인지도 명백하다.

남자들의 자기 연민은 존재하지 않았던 것에 대한 향수로 나아갔다. 언젠가 남자로서의 권위를 마음껏 누리며 여자들의 존경과 수발을 받고 살 수 있었던 시절을 그리워하게 된 것이다. 물론 한국의 가부장제는 시간이 지날수록 약해져왔다. 그러나 단 한 번도 남자들은 온전한 가부장이었던 적이 없다. 그들은 폭력을 휘두르는 폭군이었거나, 돈을 벌기 위해 멀리 떠난 가장이었거나, 죽어서 없는 존재였다. 아버지는 없거나 없는 게 더 나은 것이었지, 존경받고 사랑받는 가족의 일원은 아니었다. 한국의 남자들은 오랫동안 그럴 필요 없고, 그래서도 안 된다고 배워왔기 때문이다. 게다가 '아빠의 청춘'류의 가부장 신파 역시 일종의 자기 미화에 더 가까웠다. 가족을 먹여 살려야 하는 책임감이 없었다고는 할 수 없지만, 정말로 먹여 살릴 능력이 되었던 이는 생각보다 많지 않았고, 다른 가족 구성원들의 희생은 자기 연민을 위한 소주잔에 따라 마셔버렸기 때문이다.

존재하지 않았던 것에 대한 향수와 더불어 한국의 청년 남성들은 아직 도래하지 않은 것에 대한 분노와 억울함도 함께 쌓았다. 여자는 남자의 돈만을 원하며 여자는 모두 잠재적 꽃뱀이고 결혼하면 남자는 돈 버는 기계가 될 뿐이라는 불만이, 결혼도 취업도 하지 않은 젊은 남자들에게서 튀어나왔다. 그러나 꽃뱀은 돈이 없는 남자에게는 별 관심이 없고, 돈 버는 기계는 그나마 돈을 벌 수 있을 때의 일, 더 정확하게는 돈을 벌어다 줄 사람이라도 있을 때의 일이다. 남자에게 경제적으로 의존하는 여자를 걱정하던 남자 청소년들처럼, 이 모든 향수와 불만과 분노에는 역사적이고 사회적인 현실성이 결여되어 있다. 게다가 무엇보다도 그렇게 여자들이 불만이라면 여자와의 관계를 단절하면 되는 일이다. 그러나 이들은 결코 그런 주장은 하지 않으면서 계속해서 알 수 없는 불만을 토로하고 있는 것이다.

이런 이상한 화법이 알려주는 것은 남자들이 자신의 존재를 여자들에게 '의존'하고 있다는 것이다. 복잡한 정신분석학까지 갈 필요도 없이, 남자는 자신의 존재를 궁극적으로 여자에게 의탁하고 있다. 이들에게 여자란 일이 잘못되었을 때 탓할 수 있는 대상이자, 성욕 해소를 위한 도구이자, 나중에 자신의 삶이 본궤도에 올랐을 때 자신의 아내가 되어 내조와 살림과 대리 효도와 육아를 담당할 어딘가에 있을 나를 위한 '개념녀'다. 이것은 현실에 존재하는 여자라기보다는 어떤 환상 속의, 더 정확하게는 집단적이고 사회적인 환상 속에 존재하는 여자다. 이 환상을 승인한 것은 가족과 사회다. 남자들을 동원하기 위해, 현재의 삶을 유보하고 미래를 위한 몰입으로 이끌기 위해, 불만을 잠재우고 순치하기 위해서, 존재하지 않는 여자의 환상을 남자들에게 제공하고, 교육하고, 방치했다. 동등한 주체이자 인간이자 동료로서의 여성이 아니라 성별화되고, 육화되고, 이념화되고, 비하의 대상이 되는 무언가를 남자들에게 가르쳐왔다. 남자들은 진짜 남자가 되기 위해서는 자신에게 의존해줄 여자를 찾아야 한다는 이상한 성인식을 치러왔고, 스스로 하나의 독립된 주체로 서는 것을 배우지 못한 것은 여자들이 아니라 오히려 남자들이다.

그런데 이 환상이 자기의 생각대로 작동하지 않을 때, 현실의 살아 있는 여자들이 말하고, 행동하고, 경쟁하고, 눈을 마주칠 때 남자들은 박탈감과 분노, 그리고 공포에 휩싸인다. 어쩌면 그들은 그것이 그저 환상이라는 것을 어렴풋이 알고 있었으며, 그들이 훔쳐보는 그 육체들이 사실은 얼굴과 인격을 갖고 있다는 것도 알고 있었을 것이다. 그러나 그들은 자신들의 환상을 깨지 않기 위해, 그리고 무엇보다도 여자들의 눈을 직시하는 공포스러운 일로부터 달아나기 위해 명분도 이성도 없는 허수아비와의 전쟁을 벌인다. 나는 이 남자들을 지배하는 제일의 악덕은 비겁함이라고 생각한다. 잘못을 덮기 위해 더 큰 잘못을 저지르고, 사과를 피하기 위해 더 나쁜 짓을 하고, 자신을 직면하는 것을 피하기 위해 타인을 괴롭히는 비겁함 말이다.

그러나 우리는 21세기에 살고 있다. 그리고 전 세계적으로 창발하는 여성들의 분노와 저항을 마주하고 있다. 변화를 모색하거나, 아니면 환상에 둘러싸인 채로 천천히 질식하거나의 길만이 남자들에게 남아 있다.

항의하는 남성성의 프로젝트는 주변화된 계급적 상황에서도 전개된다. 헤게모니적 남성성의 중심에 있는 권력을 요구하는 주장은 이 남자들이 경제적, 문화적으로 취약하기 때문에 끊임없이 부정당한다. (……) 이 남자들이 직접 행동으로 상황을 개선하려 하면 국가 권력이 가로막을 것이다. (……) 이 모순을 해결하는 한 가지 방법은 주변성과 낙인을 활용해서 스펙터클하게 전시하는 것이다. 개인적 수준에서 스펙터클한 전시는 자신의 용모나 위신에 계속 신경 쓰는 것으로 나타난다. (……) 집단적 수준에서 남성성의 집합적 실천은 수행[퍼포먼스]이 되기도 한다. (……) 골칫거리는

그 수행이 이 남자들을 어느 곳으로도 데려가지 않는다는 것이다.[*]

이것이 궁극적인 문제다. 마스크를 쓰고 여성들의 시위에 나가 분탕질을 치는 것도, 염산을 뿌리겠다고 협박 글을 올리는 것도, 이퀄리즘을 주장하고 총여학생회를 없애자고 선동하는 것도 이 남자들을 아무 곳으로도 데려가지 않는다. 그러니 이제 결정해야 한다. 어디로 갈 것인가 형제여?

[*] R. W. 코넬, 앞의 책, 176~177쪽

한국 남자에게 미래는 있는가?

인공지능을 다룬 한 다큐멘터리*에서 재미있는 실험을 진행했다. 서로 얼굴을 보지 않고 채팅만으로 소개팅을 하면서, 여성들에게 3명의 실제 남성과 1기의 인공지능 챗봇과 함께 대화를 한 후 가장 호감이 가는 대상을 고르도록 했다. 이 챗봇은 20대 여성 1800명의 데이터를 수집한 머신러닝을 통해 제작된 것인데, 결과적으로 8명의 여성 참가자 중 4명의 여성이 챗봇에 가장 호감을 표했다.

물론 이는 실험을 위해 설정된 상황 속에서의 선택이다. 그러나 최근 다른 사람과의 대면 자체에 고통을 호소하는 사람들이 늘어나고 있으며, 연애나 결혼 같은 관계 맺기에 대한 근본적인 회의도 증가하고 있다. 친교는 인간의 본능의 영역에 속하고, 그것이 인류를 존속시켜온 중요한 요소임에도, 본능을 무찌르는 현실의 조건들이 형형색색으로 펼쳐지고 있기 때문이다. 만약 실존하는 파트너로부터 신체적, 정서적 만족을 얻을 수 있을 가능성이 낮다면 그 수많은 위험과 어려움을 무릅쓰고 굳이 그런 관계를 맺어야 할까? 만약 인공지능이 더 고도로 발전하고, 로봇의 발전도 진화해서 나와 완벽하게 교감하는

---

* EBS, 〈비욘드 스페셜 : 인공지능 2부—이미테이션 게임〉, 2017. 12. 7.

섹스 로봇이 등장한다면 그 수요는 오히려 여성들에게서 폭발할지도 모른다. 현실에 존재하는 '인간 남자 캐릭터'는 날이 갈수록 매력적인 선택지로부터 멀어지고 있다.

우리는 인류 역사상 이성애가 가장 인기가 없는 시대를 살고 있다. 보수 기독교도들이 주장하듯이 성 소수자들이 동성애를 전염시키고 있어서는 아니다. 생존을 위해서든, 즐거움을 위해서든, 특히나 여성들에게 있어 이성애가 더 이상 유일한 선택지가 아니기 때문이다. 그 수많은 대체물에도 불구하고 남성들이 결국 섹스라는 행위가 없이는 자신의 성적 긴장을 해소하지 못하는 데 반해, 여성의 성욕은 더 다양한 방식의 행위들에 열려 있으며 유동적이다.

'한남 패기'의 열풍에 맞서 미러링의 미러링을 시도하려던 몇몇 남성들이 "한국 여자와 섹스하지 말자!"라는 호기 어린 주장을 펼쳤다. 그리고 한국 남자들의 그 모든 주장 중에 이렇게 여성들로부터 큰 환영을 받은 것은 없었다. 이 염치없는 존재들은 여전히 가정부, 요부, 애엄마, 며느라기가 되어줄 나만의 개념녀를 꿈꾼다. 그래서 폭력과 여러 사회적 제도들로 우위를 점하고 있지만, 상호 관계만으로 보면 상대방에게 목을 매고 있는 것은 한국 남자들이다. 흔히 노예와 주인의 역설이라고 부르는 바로 그 문제다.

하지만 문제는 한국 남자의 비루하고 뻔한 섹슈얼리티에서 끝나는 것이 아니다. 더 큰 문제는 미래다. 오늘날 한국 남자라는 정체성이 미래에 어떤 역할을 해줄 것이라고 기대를 받는 분야가 단 하나라도 있는가? 한국 남자임에도 불구하고 무언가를 하는 사람은 있어도 그가 한국 남자이기 때문에 무언가가 될 것이라고 생각되는 사람이 있는가? 단언컨대 자국의 관점에서도 글로벌의 관점에서도 그런 것은 존재하지 않는다.

한국 남자가 '한남'으로 머물러 있고자 하는 한에야, 이런 상황은 더 악화 일로를 걸을 것이다. 하지만 문제는 그렇다고 해서 딱히 참고할 만한 롤모델이 있는 것도 아니라는 점이다. 남자의 이상형으로 제시되었던 과거의 상들은 동서양을 막론하고 모두 그것의 불가능성을 드러내며 한계에 봉착했다. 그것을 극복하고자 나타났던 새로운 남성성들에 대한 시도 역시 이렇다 할 진전을 거두지는 못했으며, 오히려 역행하는 흐름이 주가 되었다. 특히 최근 영어권의 남초 커뮤니티 사이트들을 중심으로 부상하고 있는 인셀^{incel}현상을 보면 더 그렇다. 인셀은 비자발적 순결주의자^{involuntary celibate}의 약자로 섹스를 못하는 젊은 남성들이 스스로를 자조하며 만들어낸 말이다. 하지만 이들은 한국의 커뮤니티 문화가 그러했듯이 과격화를 거듭했고, 북미에서만 벌써 여러 건의 혐오 범죄를 저지르고 수십 명의 인명을 살상하는 데까지 나아갔다. 이들이 총기를 난사하고 차로 행인을 향해 돌진하면서 내세운 이유는 여자들이 그들을 좋아하지 않았으며 섹스를 못했다는 것이었다.*

어떻게 해야 할까? '좋은 남자'가 되는 것은 그 자체로 어려운 일이지만, 더 이상 해법이 아니다. 그렇다고 하루아침에 남자이길 그만두기도 어렵다. 사회는 남자가 남자로 인식되는 한 그를 남자로 대접하고, 남자

---

* "캐나다 차량돌진 용의자는 '인셀'이었다", 〈경향신문〉, 2018. 4. 26.

로서의 역할을 기대할 것이다. 남자로 인식되지 않는 남자는 '여자 같은 남자', '변태', '보빨러', '고자', '게이', '트랜스젠더'로 재분류될 것이고, 그 기준은 필요에 따라 유연하게 움직일 것이다. 이성애 정상 가족을 기본 모델로 하는 사회 시스템이 작동하고 여성에 대한 남성의 지배가 유지되는 가운데에서는 남자로부터 자유로워질 수 있는 사람은 없다.

그렇다면 미래를 위한 새로운 시도는 그 시스템과 지배를 해체하는 법에 대한 고민이 되어야 할 것이다. 그러기 위해서는 오늘날 사회가 제시하는 남자 그리고 여자라는 것이 무엇인지에 대해 더 자세히 뜯어봐야 한다. 억압자이자 특권자로서의 자신을 경멸하고 자학하거나, 속죄의식의 일환으로 여성학 이론을 추종하는 것만으로(물론 이나마도 하는 사람은 너무나도 적고 아무것도 하지 않는 것보다는 백배 나은 것이지만) 이 고민을 끝낼 수는 없다. 사실 모든 지배 체제가 그렇듯이 이 문제에는 억압자뿐만 아니라 피억압자들 역시 연루되어 있다. 수많은 남성들뿐만 아니라 여성들, 때로는 성 소수자들 역시 이 시스템과 지배를 유지하는 데 이용당하고, 참여한다. 그러므로 나 혼자 착한 남자가 되는 것이 아니라, 나라는 존재의 불편함과 한계를 끌어안되 그것을 넘어서기 위해 끝없이 고민하는 인간이 되어야 한다.

궁극적으로 우리는 기존의 성별 질서로부터 벗어난 성적 주체를 세울 수 있는 방법을 고민해야 한다. 우리는 진정한 남자, 진정한 여자, 진정한 성 소수자가 되는 것이 아니라, 그런 것들이 의미를 상실하고 아무런 구분점이 되지 않는 상태를 향해야 한다. 이는 모두 천편일률적인 무성적 존재가 되자는 것이 아니라, 서로가 각자의 성적 지향과 성적 실천을 존중하고 아무렇지 않게 받아들일 수 있어야 하며, 폭력이나 강제가 아닌 한에서는 재단하거나 비난해서는 안 된다는 뜻이다.

노파심에서 말하자면 이 모든 것은 조심스러워야 하며, 그렇게 하기로 마음먹었으니 오늘부터 억압 같은 것은 없다는 식의 의지의 문제가 되어서는 곤란하다. 그러나 우리는 상처를 받는 것(지금까지 살펴봤다면 알 것이다, 누가 더 상처에 민감하게 구는지를)에 조금 더 용감해질 필요가 있으며, 서로가 서로를 변형하고 새로운 꼴이 되는 것을 받아들여야 한다. 새로운 주체는 하늘에서 떨어지는 것이 아니라 그것이 형성되는 사회적 과정에 개입하고 그 과정을 바꾸어내는 것으로 나타나기 때문이다.

물론 이런 이야기들은 지금으로선 머나먼 이야기들이다. 눈에 보이는 것들에서 문제점을 찾아내고, 문제를 제기하고, 할 수 있는 행동을 하는 것도 지금으로선 너무 소중한 일이다. 이 책을 쓰면서 나에게는 새로운 질문들이 생겼다. 하나는 이 모든 난리의 근원인 남자의 성욕과 섹슈얼리티가 어떻게 구성/작동되고 있으며 어떻게 변해왔는가를 살피는 일이다. 다른 하나는 가족이라는 최초의 준거집단 안에서 남자가 만들어지는 과정을 사회의 변화상과 함께 추적해보는 것이다. 이것들은 미래의 나 혹은 다른 연구자들에게 과제로 남기고자 한다.

이 책은 여러 불가피한 한계를 끌어안고 있다. 먼저 여성들의 이야기와 페미니즘이 빠진 이 서술은 불완전한 버전일 수밖에 없다. 또 한국 사회가 주조하고자 했던 남성성에 맞서 그것을 거부하고, 교란하고, 저항하고자 했던 이상한 남자들의 이야기를 담지 못했다. 어떤 사건이나 시대에 대한 설명들이 불충분하게 느껴질 수도 있다. 이 모든 것은 나의 허물이자 한계다. 그러나 나의 모든 작업들이 언제나 그렇듯이, 그런 것들을 끌어안고 처절한 고민 끝에 내놓은 최선의 결과물임에는 분명하다. 그러므로 나는 겸허히, 그러나 굳은 마음으로 이 책을 세상에 내놓았다.

이 책을 닫는 나의 마지막 말은 이 책의 처음과 같다. 우리는 어떻게 "누군가를 억압하지 않으면서도, 한 사람의 주체로, 또 타인과 연대하고 돌보는 자로 살아갈 수 있을 것인가?" 아직 답은 없지만, 한 가지는 확실하다. 결코 혼자서는 할 수 없을 것이다. 우리에겐 서로의 지혜와 탁월함뿐만 아니라, 우둔함과 바보스러움마저도 꼭 필요하므로.

감사의 말

나에게 사랑과 우정과 의리를 가르쳐준 여성들,
세상을 바라보는 더 나은 관점과 식견을 전해준 페미니스트들,
더 나은 사람이 되고 싶다는 열망과 초조함을 불어넣어준 당신,
이 책이 나오기까지 수고해주신 모든 분들과
나의 짜증을 감내해준 친구들에게.

2018년 10월
수색동에서

귀남이부터 군무새까지 그 곤란함의 사회사
한국, 남자

1판 1쇄 발행 2018년 10월 29일
1판 3쇄 발행 2018년 12월 10일

지은이·최태섭
펴낸이·주연선

책임편집·윤이든
디자인·권예진 이다은 안자은 김지수
마케팅·장병수 최수현 김다은 이한솔 강원모
관리·김두만 유효정 박초희

(주)은행나무
04035 서울특별시 마포구 양화로11길 54
전화·02)3143-0651~3 │ 팩스·02)3143-0654
신고번호·제 1997-000168호(1997. 12. 12)
www.ehbook.co.kr
ehbook@ehbook.co.kr

잘못된 책은 바꿔드립니다.

ISBN 979-11-88810-65-9   03330